GISELA BULLA

Die Katze, das rätselhafte Wesen

Richtig verstehen, gesund ernähren, artgerecht halten

BECHTERMÜNZ VERLAG

Die Autorin: Dr. Gisela Bulla, Jahrgang 1932, lebt in München als freie Autorin und Übersetzerin. Weitere Veröffentlichungen: »Katzen-Lexikon« (Wunderlich Verlag, 1986) und »Endzeit für Tiere« zusammen mit Sina Walden (Rowohlt, Neuauflage 1992).

Foto auf Seite 2: Maine-Coon-Katze

Umschlaggestaltung: Peter Engel, München
Zeichnungen: Manuela Hutschenreiter
Reproduktionen: Fotolito Longo, Frangart bei Bozen
Gesamtherstellung: Neue Stalling, Oldenburg
Printed in Germany
ISBN 3-86047-407-3

Für meine Freundin,
die Tierärztin Ingrid Ellinger-Hauber

Inhalt

Zur Einführung: Katzen brauchen Freiheit, aber ...

Katzen gehören zu den beliebtesten Haustieren. Bei uns in Deutschland haben sie sogar dem Hund den Rang abgelaufen. Hoffentlich nicht, weil sie irrtümlich als »pflegeleicht« gelten, das sind sie nämlich ganz und gar nicht.

Drei Faktoren bestimmen das mehr oder weniger glückliche Zusammenleben mit Katzen: das jeweilige Umfeld, wozu auch Ernährung, Haltung und Pflege gehören, die Kondition und die Persönlichkeit der Katze. Toleranz andersartigem Leben gegenüber und Einfühlungsvermögen muß der Mensch auch dann beisteuern, wenn alles andere optimal zusammentrifft.

Katzen lieben ihre Freiheit. Das muß man als Mensch respektieren, was nun nicht heißen soll, daß man sie im Betondschungel unserer Städte frei herumlaufen lassen oder dem überall mehr oder weniger chaotischem Verkehr schutzlos aussetzen soll. Je intelligenter eine Persönlichkeit ist – und Katzen besitzen einen hohen IQ –, desto mehr Freiraum braucht sie. Auf der anderen Seite sind Katzen – und auch das spricht für ihre Intelligenz – sehr anpassungsfähig. Wenn es denn kein Baum sein kann, auf den sie sich zurückziehen können, um in Ruhe ihren Träumen nachzuhängen, so genügt auch ein Schrank, ein friedliches Plätzchen auf der Fensterbank oder auf dem natürlich katzengerecht abgesicherten Balkon. Wichtig ist dabei eins: Man darf die Katze dort nicht stören und sie nie willkürlich von ihrem Zufluchtsort verjagen. Nur wenn wir ihr Vertrauen nicht enttäuschen und den Freiraum, den sie benötigt, um neben dem Leben in der Familie oder mit einem geliebten Menschen auch noch ihr eigenes Katzenleben führen zu können, uneingeschränkt akzeptieren, ermöglichen wir es ihr, auf Dauer den schwierigen Balanceakt zwischen »wildem« Tier auf der einen und Haustier auf der anderen Seite zu bewältigen.

Ich weiß nicht, was für Katzen meine großen Schriftstellerkollegen gehabt haben mögen... Die lagen, friedlich, schön und malerisch, stundenlang in der Nähe des Meisters, auf einem Platz, an dem sie keinesfalls stören konnten, und schnurrten beruhigend, während die unsterblichen Werke entstanden. Meine trampeln (anders kann man es nicht nennen) über den Schreibtisch, reißen Sachen herunter, verschleppen Stifte, tippen auf die Maschine, daß die Elektronik einen Schock erleidet, legen sich quer übers Manuskript, melden unablässig irgendwelche ganz dringenden Sonderwünsche an oder machen sich auf meinem Schoß so schwer, daß mir die Füße einschlafen.

Wahrscheinlich liegt's an mir, weil ich gar nicht erst den Versuch gemacht habe, sie zu »erziehen«.

Obwohl seit Jahrtausenden domestiziert, hat die Katze im Gegensatz zum Hund bis heute ihre natürlichen Instinkte zum Leben und Überleben in der Natur weitgehend behalten. Theoretisch wäre sie durchaus noch in der Lage, sich in der freien Natur zurechtzufinden und durchzubringen. In der Praxis sieht es allerdings anders aus, wie Scharen von verelendeten, kranken und halbverhungerten, ausgesetzten oder weggelaufenen Katzen beweisen. Aber das liegt nicht an der Untüchtigkeit der Katze, sondern an den lebensfeindlichen Bedingungen, die sie außerhalb des Schutzbereiches beim Menschen antrifft. Mäuse sind Mangelware geworden, ein Jäger darf jede Katze, die er weiter als 200 m vom nächsten Haus entfernt antrifft, erschießen, Autos und Motorräder erobern selbst die idyllischsten Fleckchen der Landschaft, und obendrein machen einige Hundebesitzer sich einen Spaß daraus, ihre gehorsamen Vierbeiner auf Katzen zu hetzen. – Keine Welt für Katzen?

Jeder muß diese Frage für sich selbst beantworten. Fest steht jedoch, daß jeder einzelne viel zu einem geglückten Zusammenleben zwischen ihm und seinen Katzen beitragen kann. Je mehr Informationen wir besitzen, desto besser können wir uns auf unsere vierbeinigen Gefährten einstellen, desto mehr werden wir das Zusammenleben mit ihnen genießen! Ich könnte mir jedenfalls ein Leben ohne meine Rasselbande – fünf sind es, fünf Kater – kaum noch vorstellen!

Kleine Kulturgeschichte der Katze

Die älteste ägyptische Katze war die Ginsterkatze oder Genette (Genetta genette) aus der Familie der Schleichkatzen, die in Afrika, Südasien, Spanien, Südfrankreich und auf Madagaskar zu Hause ist. Sie gehört nicht zu den echten Katzen, wie unsere Wild- und Hauskatzen oder die afrikanische (nubische) Falbkatze, Löwen und Tiger. Die Ginsterkatze ist klein und zierlich. Sie hat einen hübschen fuchsähnlichen Kopf, einen buschigen geringelten Schwanz und graues Fell mit schwarzen und rötlichen Tupfen. Dieses charakteristische Fellmuster ist auf frühen ägyptischen Fresken deutlich zu erkennen. Sie zeigen den Kampf des Sonnengottes Ra in Gestalt einer großen Katze gegen die Apophisschlange, den Gott der Finsternis.

Ra tötet seinen Gegenspieler am Fuß des heiligen Perseabaumes von Heliopolis. Bereits 2500 v. Chr. war dieser Mythos vom Sieg des Lichtes über die Finsternis fester Bestandteil der ägyptischen Religion. Ein weit in vorgeschichtliche Zeit hineinreichender Sonnen- und Mondkult steht dahinter. Der Sonnengott Ra, der an der Spitze der ägyptischen Gottheiten stand, war eng verbunden mit der Mondgöttin Bastet, der als heiliges Tier die Katze zugeordnet war.

Die heilige Katze im alten Ägypten tritt also in zwei verschiedenen Zusammenhängen auf, einmal verkörpert sie den Sonnengott selbst, zum anderen gehört sie zu Bastet und wird mit dem Mond identifiziert. Zwei verschiedene Aspekte, aber keine unvereinbaren Gegensätze, denn der Mond galt als das Auge des Sonnengottes bei Nacht, und die phosphoreszierenden Katzenaugen wurden als Spiegelung der Sonnenstrahlen angesehen. Aufgabe der Mondgöttin Bastet war es, als Mondkatze bei Nacht die Sonne zu bewachen und die Schlange der Finsternis, den Todfeind der Sonne, zu bekämpfen. Der ägyptische Name der Katze war »Mau«, ein Name, der zum einen lautmalerisch zu verstehen ist, zum anderen aber auch »Licht« bedeutet.

Man verehrte die Katze aber nicht nur als göttliches Wesen, sondern auch als Hüterin des himmlischen Korns. Die wachsame weiße Katze beschützte das Korn vor den grauen Mäusen der Nacht. Der eng mit der Katze verbundene Sonnengott Ra wurde auch als Vegetationsgottheit verehrt, als »die Saat«, denn ohne Sonne konnte das lebenswichtige Getreide nicht gedeihen. Selbst in Europa glaubte man lange an den Korngeist, der für die Getreideernte verantwortlich war. Oft stellte man sich diesen Korngeist in Gestalt einer Katze vor, der Kornkatze.

Mit dem Einbringen der Ernte waren allerlei Riten verbunden, die von Land zu Land, oft auch nur von Ort zu Ort variierten. Das ging vom feierlichen Schmücken einer Dorfkatze mit Bändern, Blumen und Ähren bis zu blutigen Katzenopfern, wenn der letzte Halm geschnitten worden war. Die Katze starb stellvertretend für Ra

Die Ginsterkatze gehört nicht zu den Vorfahren unserer Hauskatzen, sondern zu den Schleichkatzen

in seinem Aspekt als Osiris. Ihr zerstückelter Körper wurde über die Felder verteilt, um Fruchtbarkeit zu garantieren.

Doch nun zur ältesten echten Katze. Erst um das Jahr 2000 v. Chr. tritt die afrikanische oder nubische Falbkatze *(Felis silvestris lybica)* auf den Plan, die in ganz Afrika und in Vorderasien verbreitet ist. In Vorderasien scheint sie zu diesem Zeitpunkt schon seit langem gezähmt gewesen zu sein, wie Statuetten aus dem anatolischen Haçilar zeigen, die aus dem 6. Jahrtausend v. Chr. stammen. Die Falbkatze, gleichfalls klein und zierlich, ist wildfarben oder aguti. Das Wort »aguti« stammt aus dem Hasenlatein und gibt eine rötliche, bis ins Grünliche und/oder Gelbliche spielende Fellfärbung an. Die Falbkatze weist noch weitere Farbvariationen auf, sandfarben, graugelb, braungelb und rostrot. Sie erreicht mit Schwanz eine Länge von etwa 75 cm. Ihr Erscheinungsbild entspricht den späteren ägyptischen Darstellungen von Katzen, insbesondere den zahlreichen Weihgeschenken für Bastet in Ton und Bronze und den zahlreichen Mumienbehältern in Katzenform.

Im Gegensatz zur Ginsterkatze gehört die Falbkatze mit Sicherheit zu den Vorfahren unserer Hauskatzen. Ein weiterer Ahnherr ist die zierliche, gefleckte Steppenkatze Asiens *(Felis ornata)*. Als die ägyptische Hauskatze später von den Römern nach Europa gebracht wurde, hat sich die stämmige europäische Waldwildkatze *(Felis silvestris)* vielfach mit ihr gekreuzt und für Blutauffrischung gesorgt. Nirgends jedoch erfuhr die Katze eine solche Verehrung wie im alten Ägypten, obwohl es auch anderswo heilige Tempelkatzen gab, so z. B. die Siamkatzen in Bangkok und die Burmakatzen im Khmertempel von Lao-Tsun im Norden Burmas. Bei der Verehrung der Tempelkatzen in Siam und Burma spielte der Ahnenkult eine wichtige Rolle. Es herrschte die Vorstellung, daß die heiligen Katzen die Seelen der Toten aufnehmen.

In Japan wurden noch bis vor kurzem weiße Katzen mit einem kurzen dicken Schwanz und einem schwungvollen schwarzen Fleck auf dem Rükken, der an eine Frau im Kimono erinnert, als heilig angesehen. Man glaubte, daß sie die Seele eines Vorfahren in ihrem Körper beherbergen. Es war streng verboten, eine solche Katze auszuführen. Im Jahre 1910 soll es zum erstenmal gelungen sein, eine heilige japanische Katze an Bord eines Schiffes zu schmuggeln. Sie kam zu einer englischen Familie in Putney und starb bereits 1911. Zum gleichen Typus gehören übrigens die Mi-Ke-Katzen, japanische Stummelschwanzkatzen, die in ihrer Heimat als Glücksbringer gelten. Das kleine Stummelschwänzchen, das wie eine Quaste wirkt, entstand auf natürlichem Wege durch Mutation. Mi-Ke-Katzen sind zwei- oder dreifarbig gescheckt, die Grundfarbe ist stets weiß.

Folgende Seite:
Steppenkatze (oben),
Falbkatze (unten)

Weiße Katzen waren im alten Ägypten heilig

In Ägypten aber war jede Katze heilig, nicht nur diejenigen, die in Bubastis, dem Zentrum des Katzenkults, lebten, wo der große Tempel der Bastet stand, und auch nicht nur diejenigen, die eine bestimmte Fellzeichnung aufwiesen.

In Bubastis fand jedes Jahr im Frühlung ein großes Fest zu Ehren der Göttin statt. Aus ganz Ägypten strömten die Gläubigen herbei, viele führten die einbalsamierte Mumie einer inzwischen verstorbenen Hauskatze mit sich. Auf dem riesigen Katzenfriedhof, der dem Heiligtum angegliedert war, wurden die kleinen Toten feierlich bestattet. Im übrigen handelt es sich um ein fröhliches, oft sogar ausgelassenes Fest. Das Sistrum, eine Bronzerassel – dieses Musikinstrument war der Göttin Bastet geweiht –, wurde geschwungen. Man sang und tanzte, und der Wein floß in Strömen. Der griechische Historiker Herodot (etwa 484–430 v. Chr.) berichtet, daß zu seiner Zeit bis zu 700 000 Menschen zum Fest der Bastet anreisten. Bastet war beim Volk sehr beliebt. Man schätzte sie als eine milde, freundliche Göttin, die es gut mit den Menschen meinte. Vor allem beschützte sie die Frauen, schenkte ihnen reichen Kindersegen und stand ihnen bei der Geburt bei.

In fast jedem ägyptischen Haus lebte eine Katze. Ihr, die in einem geschmückten Schrein schlief, und nicht den menschlichen Bewohnern brachten Gäste kleine Geschenke mit. Geriet ein Haus in Brand, so wurde zuerst die Katze gerettet, nicht etwa wertvoller Hausrat. Bei ihrem Tode rasierten alle Familienmitglieder sich zum Zeichen der Trauer die Augenbrauen ab. Die Tötung einer Katze zog die Todesstrafe nach sich, auch wenn sie versehentlich erfolgt war. Doch häufig wurde der Schuldige oder vermeintlich Schuldige von einer empörten Volksmenge auf offener Straße gelyncht. Deshalb blieb jeder Ägypter, der am Wege eine tote Katze erblickte, sofort stocksteif stehen und beteuerte laut seine Unschuld. Dem sizilianischen Historiker Diodoros, der zwischen 60 und 57 v. Chr. Ägypten bereiste, verdanken wir folgenden Bericht: »Ein römischer Soldat, der in Alexandria stationiert war, überfuhr mit seinem Wagen eine Katze. Obwohl sein Status als römischer Bürger ihn schützte und obwohl der damalige ägyptische König Ptolemäus aus Angst vor der Rache Roms sich zu seinem Fürsprecher machte, wurde der Mann von einer aufgebrachten Volksmenge ergriffen und in Stücke gerissen.«

Obwohl die Ausfuhr von Katzen aus Ägypten streng verboten war, gelang es phönizischen Seefahrern schon in vorchristlicher Zeit vereinzelt ägyptische Hauskatzen nach Europa zu bringen. In Griechenland wurde die Katze der jungfräulichen Göttin Artemis als Attribut beigegeben, der göttlichen Herrin der Tiere, die im gesamten Mittelmeerraum unter verschiedenen Namen anzutreffen ist. Artemis wurde als Mondgöttin mit Selene identifiziert. Die Beziehung der Katze zum Mond blieb also erhalten – übrigens auch in Rom, wo sie zu

Witternde Wildkatze

Diana, der römischen Artemis, gehörte. Solange sie noch Seltenheitswert besaßen, wurden die Katzen in Griechenland nicht zum Mäusefang eingesetzt – das erledigte nach wie vor das Wiesel –, sondern als Statussymbol in vornehmen Häusern gehalten, was auch daran lag, daß die geschäftstüchtigen Phönizier sie zu horrenden Preisen verkauften.

Erst als die große Zeit Ägyptens endgültig vorüber war, die berühmte Kleopatra sich das Leben genommen hatte und das reiche Land eine römische Provinz geworden war (31 v. Chr.), nahmen die Soldaten ungehindert Katzen als Souvenir in ihre Heimat mit. Jetzt drängte die Katze in Griechenland und Rom rasch ihre Konkurrenten im Mäusefang aus dem Feld – Frettchen, Iltis, Wiesel und Schlange. Römische Legionen führten Katzen als Maskottchen mit sich. Auf diesem Wege gelangten die nicht nur von der Sonne verwöhnten ägyptischen Hauskatzen schließlich auch in unsere rauhen Klimazonen. Hier wurde die europäische Waldwildkatze, mit der sie sich bald vermischten, als heiliges Tier der Göttin Freya verehrt, die Herrin über neun Welten war. Der himmlische Wagen dieser germanischen Fruchtbarkeitsgöttin wurde von einem Gespann grauer Katzen gezogen.

Im ersten vorchristlichen Jahrtausend galt die Katze offenbar überall in Europa als wertvoller Besitz. Das geht aus Urteilen hervor, die für die Tötung einer Katze ausgesprochen wurden. Heinrich I. von Sachsen hat im 9. Jahrhundert n. Chr. festgelegt, daß der Schuldige eine Buße in Form von 60 Bündeln Korn zahlen mußte. Aus dem frühmittelalterlichen England kennen wir sogar die Preise, zu denen Katzen gehandelt wurden: Ein neugeborenes Kätzchen kostete ein Pence, eine Katze, die schon ihre erste Maus gefangen hatte, zwei Pence, und ein erprobter Mäusefänger vier Pence, was immerhin dem Wert eines Fohlens entsprach. Für die Tötung einer Katze wurde der Gegenwert von einem Lamm oder Schaf gefordert.

Ein echter Katzenfreund scheint Howel der Gute (Hywel Dda), König von Wales, gewesen zu sein, der 936 folgendes Gesetz erließ: Eine getötete Katze mußte am Schwanz aufgehängt werden, so daß ihr Kopf gerade den Boden berührte. Dann mußte man zu Lasten des Missetäters so lange Weizen auf die Katze schütten, bis auch die Schwanzspitze bedeckt war. Ein anderer mächtiger Katzenfreund, Papst Gregor der Große (im Amt 590–604), trug seine Katze immer im Ärmel seines Gewandes bei sich. Er soll auch die Katzenhaltung in Klöstern erlaubt haben. In vielen Nonnenklöstern durften sogar nur Katzen als Haustiere gehalten werden. Sie wurden oft so verwöhnt, daß das Wort Klosterkatze im Mittelalter zum Synonym für Schleckermäulchen wurde. In manchen Klöstern empfand man das ungehemmte Liebesspiel der Katzen als störend und ging dazu über, sich auf die Haltung von Katern zu beschränken, so z. B. in dem berühmten griechischen Kloster auf dem Berg Athos. Gelehrte Mönche waren auch die ersten, die sich mit der Kastration von Katzen beschäftigten.

Die Christen standen der Katze zunächst also durchaus nicht feindlich gegenüber, mit Hilfe der Legende schuf man ihr sogar einen bescheidenen Platz zu Füßen der Mutter Gottes. Bei der Geburt Christi soll sich im Stall von Bethlehem neben Ochs, Esel, Pferd und Schaf auch eine Katze mit ihren Jungen neben der Krippe befunden haben, mit denen das Jesuskind spielte. Diese Szene, das mit einer Katze spielende Kind, wurde vor allem in Italien von bekannten Malern dargestellt, der berühmteste unter ihnen ist Leonardo da Vinci (1452–1519). In Lough in Irland steht heute noch ein über tausend Jahre altes keltisches Kreuz, auf dem zu Füßen Christi zwei Katzen dargestellt sind, eine putzt ihre Jungen, die andere fängt einen Vogel. Und zur Zeit der schrecklichen Hexenverfolgungen gelang es in Italien, wenigstens alle Tabby- und Tigerkatzen zu retten, denn, so hatte ein findiger Katzenfreund herausgefunden, sie tragen auf der Stirn ein M – und das bedeutet nichts anderes als Maria.

Auch im islamischen Raum besaß die Katze einen mächtigen Verbündeten. Der Prophet Mohammed war ein erklärter Katzenfreund und erließ strenge Gesetze zu ihrem Schutz. Wer eine Katze tötete, mußte eine hohe Strafe in Form von Getreide entrichten. Selbst die Moschee durften Katzen ungehindert betreten, Nahrungsmittel und Wasser, von denen sie genommen hatte, galten nicht als unrein. Als eine Katze ihre Jungen auf dem Gewand des Propheten zur Welt brachte, ließ er sie gewähren und kümmerte sich freundlich um sie. Nach der Geburt war das Gewand so sauber wie zuvor. Seither gilt es im Islam als Zeichen großer Frömmigkeit, einer Katze beim Gebären zu helfen.

Zahlreiche orientalische Dichter feierten die Katze; der berühmteste unter ihnen ist Rumi (1207–1273), der in Konya den türkischen Orden der tanzenden Derwische gründete, dessen Anhänger die Liebe des Meisters zu Katzen übernahmen. Seine Lieblingskatze, die sieben Tage nach ihm starb, weil sie jede Nahrung verweigert hatte, wurde neben seiner heiligen Grabstätte beerdigt.

Noch heute hat die Katze im Orient viele Freunde, wobei allerdings ein deutliches Gefälle zwischen Arabern und den nicht seßhaften Beduinen besteht. Da Mohammed eine Katze im Haus hielt, gilt es als Verdienst, Katzen zu halten, zu streicheln und zu füttern. Es ist verboten, Katzen zu verzehren, wie es heute noch in China und Korea allgemein üblich und selbst bei uns keinesfalls untersagt ist. Nach dem in Deutschland geltenden Fleischbeschaurecht ist das Schlachten von Katzen und Hunden zur Gewinnung von Fleisch, Fett und Haut ausdrücklich vorgesehen.

Die schwarzen Zeiten für die Katzen brachen in Europa an, als im ausgehenden Mittelalter die Hexenverfolgungen einsetzten, deren Höhepunkt eindeutig in der Neuzeit lag, im 16. und 17. Jahrhundert. Plötzlich galt die Katze als Teufelstier und wurde böser Zauberkräfte verdächtigt. Was war geschehen? Warum loderten jetzt plötzlich überall Johannis- und andere Feuer auf, in die man lebende Katzen warf?

Die Umwandlung der Katze zum »Teufelstier« in der Vorstellung der Menschen erfolgte schrittweise und hat verschiedene Ursprünge. Neben den Göttern gab es im Aberglauben aller Völker stets auch böse Geister, Dämonen, die durch Opfer beschwichtigt werden mußten. Wenn irgendwo ein größeres Gebäude errichtet wurde, verlangten angeblich die Erdgeister nach einer beschwichtigenden Gabe. Deshalb mauerte man kleinere Tiere, mit Vorliebe Katzen, in eine Mauer ein, lebend, versteht sich. Bei Ausgrabungen stieß man auf zahllose solcher makabren Funde, so z. B. in räumlich und zeitlich so weit voneinander entfernten Bauten wie einem römischen Haus in Quseir (Kosér) am Roten Meer aus dem 1. und 2. Jahrhundert n. Chr. und in der Ostmauer der Westminsterabtei in London aus der Mitte des 13. Jahrhunderts n. Chr. Auch die Christianisierung fast ganz Europas hatte diesen tiefeingewurzelten abergläubischen Brauch nicht ausrotten können.

Ist eine Kultur im Niedergang begriffen, so degeneriert auch die vorherrschende Religion. In den letzten vorchristlichen Jahrhunderten verfiel der Glaube an die Götter im alten Ägypten. Der Aberglaube, die Zauberei blühte. Schwarze Magie fußt auf der Idee, man könne die Götter zwingen, die Wünsche der Menschen zu erfüllen, wenn man ihnen Geschöpfe, die sie lieben, opfert. Wer konnte besser dafür prädestiniert sein als die Katze, dieses Lieblingstier der höchsten ägyptischen Gottheiten? Auf die Idee, man könne sich auf diese Weise eher den Haß der Götter zuziehen, kam anscheinend niemand. Aber die Katze wurde auch den Göttern der Unterwelt zum Opfer gebracht, besonders die schwarze Katze wie auch andere schwarze Tiere, weil man hoffte, dadurch die Gabe des zweiten Gesichtes zu erhalten, das die Katze, wie man annahm, besaß.

Im Rom der Kaiserzeit, in den ersten nachchristlichen Jahrhunderten, war so ziemlich jede damals bekannte Religion vertreten. Ägyptische und andere Magier strömten in die Hauptstadt und schwärmten aus ins gesamte römische Reich. Sie verdienten ihren Lebensunterhalt mit Weissagungen, konnten angeblich Einfluß auf das Wetter ausüben, Tiere und Menschen je nach Wunsch des Auftraggebers gesund oder krank machen. Selbstverständlich sammelten sie auch Anhänger um sich, die in die Praktiken der Schwarzen Magie eingeführt wurden. Die Hexen galten vielfach als eine Art Nachfolgerinnen orientalischer Zauberer, und da sie, wie man glaubte, dem ebenfalls im ganzen römischen Reich verbreiteten Dianakult treu geblieben waren, kam die Katze als luneares Tier wieder ins Spiel. Die römische Göttin Diana war eine Furchtbarkeitsgöttin, die besonders von Frauen verehrt wurde, denen sie bei der Geburt beistand. Und da es sich um einen Mondkult handelte, fanden die Feiern und Versammlungen der Hexen folgerichtig in der Nacht statt, wozu wieder die Katze paßte.

Vermeintlich konnten Hexen sich in Katzen verwandeln und umgekehrt. Ob man also eine der Schwarzen Künste verdächtigte Frau oder eine Katze verbrannte, ertränkte oder zu Tode quälte, blieb sich nach dieser Logik im Grunde gleich. In den Schmerzensschreien der Katzen glaubte man die Stimme von Hexen zu hören, die die Gestalt einer Katze angenommen hatten.

Schwarze Katzen wurden – außer in Großbritannien – als Unterweltstiere mit dem Teufel assoziiert. Bei Teufelsmessen wurden (und werden) daher seit altersher schwarze Katzen geopfert, und zwar zu dem ausdrücklichen Zweck, den Herrn der Hölle zu zwingen, seinen Anhängern Reichtum, Macht oder was auch immer zu verschaffen. Bis in die Mitte des 18. Jahrhunderts n. Chr. wurden in Schottland grauenvolle Katzenopfer, Taigheirm genannt, praktiziert. Vier Tage und Nächte lang wurde dabei eine Katze nach der anderen auf einen Spieß gesteckt und über einem kleinen Feuer gebraten. Sowie eine Katze verstummte, weil der Tod sie von ihren Qualen erlöst hatte, mußte sofort die nächste auf den Spieß gesteckt werden, denn es durfte keine Pause eintreten in den jammervollen Schmerzensschreien. Das ehrgeizige Ziel dieses Wahnsinns war nichts Geringeres als die Beherrschung der Hölle, die Vertreibung des Teufels von seinem Thron. Aber am Ende der schaurigen Zeremonie war der amtierende Folterknecht, ganz in Schwarz, wie es sich gehört, der während der vier Tage und Nächte keinen Bissen zu sich nehmen durfte, so geschwächt,

Lackschwarze Hauskatze

daß er es gerade noch fertig brachte, der furchterregenden Riesenkatze, die ihm erschien, einen ganz persönlichen Wunsch zuzurufen wie Reichtum oder Nachkommen. Und das soll er dann auch prompt bekommen haben, allerdings nicht umsonst: Nach seinem Tode soll er in die Hölle gewandert sein, wo all die gemarterten Katzen schon auf ihn warteten.

Im 19. Jahrhundert endlich erlebte die Katze nach so viel Leiden eine Renaissance. Berühmte Staatsmänner, Dichter, Wissenschaftler und Maler entdeckten ihre Liebe zur Katze. Der französische Offizier, Staatsmann und Dichter Chateaubriand (1768–1848) erbte Micetto, die graurote Katze des Katzenfreundes Papst Leo XII., und wurde zum glühenden Anwalt der Katzen: »Ich arbeite an ihrer Rehabilitierung und hoffe, aus ihr ein geachtetes Tier zu machen.« In Deutschland trug als einer der ersten E. T. A. Hoffmann mit seinen »Lebensansichten des Katers Murr« (1776–1822) wesentlich zum besseren Image der Katze bei. Einen der berühmtesten Kater der Weltliteratur schuf sein Zeitgenosse Viktor von Scheffel (1826–1886) mit der Gestalt des Hiddigeigei, dessen schwarzes Samtfell gerühmt wurde. Der deutsche Zoologe Alfred E. Brehm (1829–1884) bemühte sich Zeit seines Lebens um den Abbau der Vorurteile gegen Katzen. Er bezeichnete sie als das höchstentwickelte Raubtier überhaupt.

Eine neuere Züchtung: Langhaar Tabby Point

In Frankreich setzten Charles Baudelaire (1821–1871) und Stéphan Mallarmé (1842–1898) der Katze Denkmäler in Versen. Das Pariser Künstlerlokal »Chat Noir« (Schwarze Katze) wurde zum Treffpunkt von Malern und Schriftstellern. Den gleichen Namen erhielten ein literarisches Kabarett und eine Kunstzeitung. Interessant ist, daß man sich jetzt ausdrücklich zu der schwarzen Katze bekannte, die Jahrhunderte lang so schmählich verfolgt worden war.

Der italienische Dichter Giovanni Raiberti (1805–1861) verglich die Schönheit der Katze mit der Schönheit einer Frau, wobei die Katze den Preis davontrug, denn sie braucht keinen Spiegel, keinen Friseur, keine Hüte und keine Schminke. In England zeichneten sich der Dichter William Blake (1757–1827) und Charles Dickens (1812–1870) durch ihre Zuneigung zu Katzen aus. »The Master's Cat«, die Katze von Dickens, löschte nachts mit der Pfote die Kerze aus, wenn der Meister zu lange am Schreibtisch saß. Mein Kater Angel, ein Halbsiam, macht das übrigens auch. Elf Katzen besaß der amerikanische Schriftsteller Mark Twain (1835–1910), von dem der Satz stammt: »Wenn der Mensch mit der Katze gekreuzt werden könnte, würde der Mensch verbessert, die Katze aber verschlechtert.«

Bald hatten auch viele Länder ihren »Katzen-Raffael«, einen Maler, der sich speziell auf Katzenbilder verlegt hatte. Der beste unter ihnen war der Schweizer Gottfried Mind (1768–1814). In Frankreich trat Eugène Lambert (1825–1900) auf den Plan, in Deutschland Julius Adam (1852–1913) und in Österreich Josef Laur (1818–1881). Diese Maler liebenswerter Genrebildchen wurden weit überragt von dem in der Schweiz geborenen Théophile A. Steinlen (1859–1923), der in Paris lebte und zahlreiche hinreißende Lithographien von Katzen schuf. Seine Modelle suchte er sich auf den Straßen von Paris.

Bei soviel Katzenbegeisterung wollte auch die Musik nicht zurückstehen. Franz Liszt (1811–1886) komponierte eine Katzenfuge, sein Kollege Frédéric Chopin (1810–1849) einen Katzenwalzer. Giacomo Rossini (1792–1868) erwies den Katzen seine Reverenz mit dem berühmten Katzenduett, und Peter Tschaikowsky (1840–1893) ließ in einem Ballett »Schlafende Schönheit« zwei als Katzen verkleidete Tänzer auftreten.

Um die Mitte des 19. Jahrhunderts wurden die ersten Perserkatzen aus Kleinasien nach Europa eingeführt, denen bald die Siamkatze aus Thailand folgte. Fast gleichzeitig wurde aus Rußland die Russisch Blau importiert.

In England züchtete man bereits am Ende des 19. Jahrhunderts die Abessinierkatze, die auf die nubische Falbkatze zurückgehen soll.

1871 wurde im Londoner Kristallpalast die erste große offizielle Katzenausstellung veranstaltet, bei der ausschließlich Britisch Kurzhaar und Perserkatzen gezeigt wurden. Etwa zur gleichen Zeit führte man in Amerika die erste Ausstellung durch, und zwar nur für Maine-Coon-Katzen.

In unserem Jahrhundert hat sich die Katze eine beachtliches Umfeld geschaffen. Allein mit Katzenbüchern ließe sich eine mittlere Bibliothek füllen. Ganze Industrien leben davon, Katzenfutter und Leckereien in immer neuen Geschmacksrichtungen herzustellen, phantasievolle Katzenkratzbäume zu bauen, bequeme Katzenhöhlen, -häuschen und -sofas zu basteln. Die Katze schläft natürlich lieber im Bett oder in einem alten Karton oder auf der Fensterbank, und ihre Krallen wetzt sie mit Vorliebe am Teppich oder an einem Sessel. Auch mit Katzenspielzeug lassen sich anscheinend gute Geschäfte machten. Das meiste davon ist für eine normale Katze vollkommen uninteressant, aber es kann natürlich vorkommen – Katzen sind unberechenbar –, daß sie ihr Herz an eine Spielmaus oder ein Bällchen hängen, vorübergehend jedenfalls. Außerdem sind Katzen zum Lieblingssujet der Geschenkindustrie avanciert. Auf den unwahrscheinlichsten Dingen findet man heute Katzenmotive, auf Vasen, Geschirr und Bücherstützen, T-Shirts, Briefpapier, Dosen, Küchenhandtüchern, Türmatten, Tabletts, Krügen, Pullovern, Bettwäsche, Teekesseln, Klobürsten und Taschen. »Katziger geht's nicht mehr.« Die Katzen-Raffaels des vorigen Jahrhunderts haben Legionen von Nachfolgern gefunden, in Comics, Katzenkalendern und -karten. Die Fotografie

Siamkatze mit ihren Jungen

Pummeliger Brauntiger

hat sich der Katze bemächtigt, wobei oft atemberaubend schöne Aufnahmen entstanden sind. Katzenstars treten in Filmen und im Fernsehen auf. Nur gute Katzenfilme gibt es kaum. Ich erinnere mich als einzige Ausnahme an einen ausgezeichneten deutschen Spielfilm über Wildkatzen.

Als Statussymbol ist die Katze jedoch aus der Mode gekommen. Teuere Zuchtkatzen werden vor allem deshalb gekauft, weil dem Interessenten entweder ein bestimmter Katzentypus besonders gut gefällt oder weil der Züchter dem Tier bestimmte Charaktereigenschaften zuschreibt, auf die der Kunde Wert legt. Darauf sollte man allerdings nicht viel geben, denn Katzen werden auf Schönheit gezüchtet und sonst nichts. Sie sollen einem bestimmten, bis ins einzelne festgelegten Standard entsprechen und bei Ausstellungen Preise erringen. Kein Preisrichter beurteilt den Charakter der Katze – nur kratzen und beißen darf sie ihn nicht. Die meisten Katzenfreunde halten ihre Tiere heute auch nicht mehr zum Mäusefang, sondern sind im Gegenteil hell entsetzt, wenn ihr Peterle oder die Tina tatsächlich mal eine Maus anschleppen. Auch die uralte geheimnisvolle Beziehung der Katze zum Mondkult spielt keine Rolle mehr bei der Entscheidung, eine Katze ins Haus zu nehmen.

Warum also suchen wir die Gesellschaft von Katzen? Sollten wir tatsächlich auf dem Wege sein, diese anmutigen, intelligenten Tiere um ihrer selbst willen zu lieben? Einfach so, wie man Rosenduft liebt, Sonnenschein, eine bestimmte Farbe, Musik? Ich wage noch nicht so ganz daran zu glauben, aber es spricht eigentlich kaum etwas dagegen. Damit wäre die beste Voraussetzung geschaffen für eine glückliche, dauerhafte Partnerschaft zwischen Mensch und Katze, bei der beide nur gewinnen können, der Mensch vielleicht am meisten, denn laut George Bernard Shaw (1856–1950), »ist der Mensch erst dann als zivilisiert zu betrachten, wenn er die Katze versteht«.

Abessinierkatze

Atemberaubende Katzenschönheit: eine weiße Maine-Coon

Hauskatzen und »ihre« Menschen

Die Umwelt der Katze trägt entscheidend zu ihrem Wohlbefinden bei. Katzen sind zwar keine Rudeltiere, d. h., sie lieben es, sich häufig abzusondern, aber sie sind auch nicht kontaktscheu und durchaus fähig, dauerhafte Freundschaften mit Menschen oder anderen Tieren zu schließen. Die Haltung einer Einzelkatze, hermetisch abgeschlossen in einer Wohnung mit nur ein oder zwei menschlichen Bezugspersonen, schränkt ihre Möglichkeit, Beziehungen zu anderen Lebewesen zu knüpfen, so drastisch ein, daß die Katze nur bei außergewöhnlich viel Zuwendung ohne psychische Schäden davonkommt. Deshalb lautet die Grundregel für reine Wohnungskatzen: Zwei sind besser als eine, und zwar ohne Ausnahme.

Für eine Katze gibt es nichts Interessanteres als eine andere Katze. Schläft einer meiner Stubentiger friedlich auf meinem Schoß, so springt er sofort mit einem Satz herunter, wenn das akustische Signal eines anderen Katers, oft so leise, daß ich es kaum vernehmen kann, ankündigt: »Hier ist etwas los.« Berühmte Verhaltensforscher haben herausgefunden, daß Katzen zu dem Menschen, den sie lieben, eine engere Beziehung eingehen als zu einer befreundeten Katze. Das ist sicher richtig, auch ich habe den Eindruck, daß meine Kater mich mehr lieben als ihren besten Spezi, aber Liebhaben ist nicht alles im Leben. Abgesehen davon, daß man gut schmusen kann mit mir, auf dem Schoß oder Bett schlafen darf, bin ich in den Augen meiner Katzen höchstwahrscheinlich eine recht langweilige Person: Ich jage weder hinter Fliegen noch Nachtfaltern her, ich habe einen schwach entwikkelten Geruchssinn, nehme leise Katzentöne, die Wichtiges verkünden, gar nicht wahr und bin selbst mit ausdrucksvollen Blicken nur schwer zu dirigieren. Wir haben eben bei aller Liebe sehr verschiedene Interessen. Und so wie ich meine Interessen gern mit einem verständnisvollen Artgenossen teilen möchte, möchte die Katze das auch.

Ich erinnere mich noch genau, wie ich zu meinem zweiten Kater kam. Nello war damals zwei Jahre alt, es war Sommer, und ich saß bei geöffneter Balkontür Stunden um Stunden am Schreibtisch und arbeitete an einem Buch. Nello langweilte sich fürchterlich, obwohl er jederzeit auf den Balkon und zu mir auf den Schoß springen konnte. Spielen sollte ich mit ihm, umherjagen, toben. Und weil ich seine Signale viel zu oft überhörte, absichtlich, wie ich zugeben muß, kratzte er schließlich aus Verzweiflung an meinen nackten Beinen. Ich sah bald aus, als wäre ich in einen Stachldrahtzaun geraten. Aber sobald der kleine Kater Kolja in die Wohnung kam, war Nello vollauf damit beschäftigt, den Kleinen zu bemuttern und ließ – von einzelnen Rückfällen abgesehen – meine Beine in Ruhe.

In ungewohnten Situationen orientieren sich Katzen, die miteinander befreundet sind, mehr aneinander als

an der menschlichen Bezugsperson. Vor einigen Jahren hütete ich die zwei Katzen meiner Freundin in ihrer Wohnung. Ich nahm zwei meiner damals vier Kater mit, die beiden andern blieben bei meinem Mann. Nello, das geborene Alphatier, kam sofort aus seinem Korb und schaute sich die neue Umgebung interessiert an. Angel wagte sich erst hervor, als meine Freundin sich verabschiedet hatte, und dann kam er nicht etwa zu mir, sondern lief zu Nello und schnupperte ihn ausgiebig ab, was in der Katzensprache wohl heißen mochte: »Ist alles in Ordnung? Keine Gefahr? Meinst du, daß man es hier aushalten kann?« Auch bei beunruhigenden Geräuschen im Treppenhaus kümmern meine Kater sich nicht im geringsten um meine Reaktion, sondern versammeln sich auf dem Flur hinter Nello, der einen Meter vor der Wohnungstür Posten bezieht und vernehmlich brummt. Alle spitzen die Ohren und beobachten ihn. Erst wenn er den Feind – wer oder was auch immer es gewesen sein mag – durch sein Drohbrummen in die Flucht geschlagen hat und Entwarnung gibt, ziehen sie sich beruhigt zurück. Eine Katze, die allein in der Wohnung ist, steht bestimmt große Ängste aus, wenn sie z. B. einen fremden Hund im Treppenhaus wittert. Zu zweit oder zu mehreren sind solche Gefahren viel leichter zu meistern. Deshalb ist eine Katze, die mit einer anderen friedlich zusammenlebt, in 95 % aller Fälle glücklicher als eine Einzelkatze.

Rotweiße Tigerkatze mit ihrem Jüngsten

Natürlich müssen die beiden Katzen sich miteinander vertragen. Das ist am besten gewährleistet, wenn man zwei Jungkatzen aus einem Wurf nimmt oder die Katzenmutter mit einem Jungen. Auf Grund der Jugendverträglichkeit gewöhnen sich aber auch zwei junge Kätzchen gleich welchen Geschlechts in der Regel rasch aneinander.

Wenn man eine erwachsene Katze an eine zweite gewöhnen will, nimmt man am besten ein Jungtier dazu, wobei sich im allgemeinen Kater am schnellsten mit einem kleinen Katzenweibchen anfreunden und umgekehrt. Und da bei guten Katzenfreunden das ältere Tier kastriert ist, besteht keine Gefahr, daß sich unerwünschter Nachwuchs einstellt. Will man eine zweite erwachsene Katze aufnehmen, so ist es gleichfalls empfehlenswert, das entgegengesetzte Geschlecht zu wählen. Kastrierte Katzen und Kater sind ja nicht impotent, sondern nur unfruchtbar und interessieren sich durchaus noch für das andere Geschlecht. Übrigens dominiert bei einem Katzenpärchen fast immer das weibliche Tier. Katzendamen sind ganz schön »emanzipiert«. Bei zwei erwachsenen Katern kommt es dagegen unweigerlich zu einem Rangkampf, und wenn den der neue gewinnt, wird es problematisch.

Ich denke heute noch oft mit Schrecken an meinen Versuch zurück, zu meinen beiden erwachsenen Katern einen dritten, Dino, aufzunehmen. Die Ritualkämpfe zwischen dem »Neuen« und den beiden Alteingesessenen, Kolja und Nello, führten dazu, daß Kolja handscheu und unsauber wurde. Mir blieb nichts anderes übrig, als Dino, den ich schon sehr liebgewonnen habe, schweren Herzens wieder herzugeben. Zum Glück fand ich einen guten Platz für ihn. Sowie der Rivale die Wohnung verlassen hatte, kam Kolja aus einem seiner Schlupflöcher hervor, inspizierte jeden Raum und benahm sich sofort wieder völlig normal.

In einem solchen Fall hat man gar keine andere Wahl, als sich von dem neuen Tier wieder zu trennen, und zwar so rasch wie nur möglich. Auf keinen Fall aber darf man die Katze mit den älteren Rechten verstoßen. Muß die Katze, die schon monate- oder jahrelang im Haus war, dem Eindringling weichen, so ist das für sie ein schwerer Schlag, von dem sie sich nur schwer oder überhaupt nicht mehr erholt, egal, welche Bedingungen sie an einem neuen Platz antrifft.

Auch zwei erwachsene weibliche Katzen raufen sich meist nur schwer zusammen. Das liegt an dem Mutterinstinkt, den auch jede kastrierte Katze noch hat. Sie wittert in der Neuen instinktiv eine Rivalin, die in ihrem Revier Junge zur Welt bringen will und dann natürlich die besten Plätzchen, die besten Bissen und die beste Pflege für sich in Anspruch nimmt. Das muß schon im Keim erstickt werden. Deswegen kommt es häufig vor, daß die ältere Katze die zweite nicht ans Futter läßt, von ihren Ruheplätzen verjagt, ohrfeigt und in jeder Weise tyrannisiert.

Im übrigen gibt es bei Katzen genau die gleichen Vorlieben und Abneigungen gegenüber ihrer Artgenossen wie bei uns Menschen. Schon Kinder im Vorschulalter suchen sich, wenn sie die Möglichkeit dazu haben, ihre Spielgefährten nach ganz individuellen Gesichtspunkten selbst aus. Statt brav mit dem gleichaltrigen Kind im Nachbarhaus zu spielen, schließen sie sich lieber irgendeiner ziemlich wilden, aber heiß bewunderten Range aus einem dubiosen Hinterhof an. So hat sich Kolja mit meinem Grischa, der als junger Kater im Alter von etwa vier Monaten zu uns kam, sofort angefreundet, während er Angel, den ich als Katzenbaby aufnahm, geradezu verabscheut.

Leben zwei oder mehr Katzen, die sich untereinander gut vertragen, beieinander, so ist eine wichtige Lebensbedingung bereits erfüllt: Sie haben einen Ansprechpartner, der ihre Sprache **wirklich** versteht, und trösten sich gegenseitig, wenn man sie tagsüber alleinlassen muß. Und der Mensch, bei dem sie leben, kann mit höchster Wahrscheinlichkeit damit rechnen, daheim zwei liebe, zufriedene Schnurrtiger vorzufinden, statt einer entweder rebellierenden oder nach und nach resignierenden, einsamen Katze.

Trotzdem brauchen natürlich beide Zuwendung vom Menschen, Streicheleinheiten und freundliche Worte. Wichtig ist auch, daß man auf die kleinen Eigenheiten des einzelnen Tieres eingeht. Wenn eine Katze Dosenmilch liebt, während die andere Durchfall davon bekommt, sie aber trotzdem aufschleckt, sollte man Dosenmilch nicht ganz streichen, sondern dem »Dosenmilch-Fan« – abseits – wenigstens ab und zu welche geben. Der anderen Katze kann man sicher

auch spezielle kleine Leckerbissen anbieten.

Auch mit anderen Haustieren kann eine Katze durchaus freundschaftlich zusammenleben. Ungeeignet sind selbstverständlich alle natürlichen Beutetiere der Katze wie Vögel, zahme Ratten und Mäuse, Rennmäuse und Fische. Sicher kann man die Vögel im Käfig halten und nur dann frei herumfliegen lassen, wenn die Katze in einem anderen Raum eingesperrt ist, aber glücklich wird niemand dabei. Die Vögel haben ständig Angst vor ihrem natürlichen Feind, und die Katze wird in ihrem Jagdtrieb frustriert, wenn sie das Beutetier ständig verlockend vor Augen hat. Außerdem ist die Wahrscheinlichkeit, daß sie es eines Tages doch noch erwischt, sehr groß, denn Katzen sind beharrlich und wissen eine günstige Gelegenheit blitzschnell zu nutzen. Auch Goldhamster, Zwergkaninchen und Meerschweinchen werden von Katzen aufgrund ihrer Größe und ihres Verhaltens als Beutetiere betrachtet und entsprechend verfolgt.

Deshalb ist es am besten, Katzen grundsätzlich nicht zusammen mit kleineren Tieren zu halten. Man sollte sich vorher überlegen, woran man mehr Freude haben wird, an zwitschernden Vögeln, farbenprächtigen Fischen, munteren Goldhamstern oder an Katzen. Ganz davon abgesehen, daß es für den menschlichen Betreuer auch keine reine Freude ist, in so einem gemischten Minizoo für Harmonie und Frieden zu sorgen. Der Zwang, ständig auf der Hut zu sein, nur ja nicht zu vergessen, dieses Türchen oder jene Klappe zu schließen, ist ein zusätzlicher Streßfaktor, der sich vermeiden läßt. Es ist entnervend, wenn man ständig in der Angst lebt, die Haustiere könnten sich gegenseitig zerfleischen.

Am besten eignet sich als artfremder Spielgefährte für eine Katze der Hund. Die sprichwörtliche Feindschaft zwischen Hund und Katze ist nichts weiter als ein Ammenmärchen. Das sieht man besonders gut in südlichen Ländern, wo heimatlose Hunde und Katzen friedlich miteinander koexistieren. Wenn Hunde Katzen jagen und töten, sind sie entweder von ihren Besitzern dazu aufgehetzt worden, sind neurotisch, eifersüchtig oder haben die Körpersprache der Katze mißverstanden. Die letzte Gefahr ist allerdings groß. Wenn eine Katze den Schwanz hin- und herschwingt, bedeutet das Aggressivität, wenn sie die Pfote hebt, heißt es, gleich bekommst du eine Ohrfeige, während der Hund durch Schwanzwedeln und Pfoteheben freundliche Gefühle zum Ausdruck bringt. Diese Sprachbarriere muß erst einmal überwunden werden, was aber kein unüberwindliches Problem ist, denn beide, Hund und Katze, sind intelligent und lernfähig.

Am leichtesten ist es auch hier, zwei Jungtiere aneinander zu gewöhnen. Eine erwachsene Hündin oder Katze ist in der Regel schnell bereit, ein junges Tier als »Kind« anzuerkennen. Natürlich erzieht sie es auch, und das kann dazu führen, daß der erwachsen gewordene Hund sich putzt wie eine Katze, wogegen ja nichts einzuwenden ist. Aber auch erwachsene Hunde

und Katzen können noch dicke Freunde werden, der Mensch muß dem Hund nur von Anfang an beibringen, daß die Katze tabu ist und zur Familie gehört wie er. Da der Hund den Menschen als Rudelführer anerkennt, ihm also gehorcht, wird er sich seinem Menschen zuliebe mit der Katze arrangieren.

Ein mit mir befreundetes Ehepaar hat vor zwei Jahren eine siebenjährige Boxerhündin, deren Besitzerin verstorben war, zu sich genommen, obwohl bereits vier erwachsene Katzen in ihrer Wohnung leben. Bella hat sich problemlos eingefügt, und die Katzen haben sich rasch an sie gewöhnt. Nur Maxl, der Alphakater, versetzt ihr ab und zu mal aus heiterem Himmel eine Ohrfeige, was die Hündin gelassen hinnimmt.

Trotzdem sollte man sehr vorsichtig vorgehen, wenn man zwei erwachsene Tiere miteinander bekanntmacht. Der Hund sollte zunächst an der Leine bleiben, bis man sicher ist, daß er nicht auf die Katze losgeht. Auch sollte man die Tiere anfangs nicht ohne Aufsicht alleinlassen, damit es keinen Streit gibt. Dabei ist es wichtig, beide viel zu streicheln, sie zu loben, weil sie so brav sind, und ihnen gut zuzureden. Nichtbeachtung des einen Teils und krasse Bevorzugung des anderen kann zu einer Katastrophe führen. Demjenigen Tier, das zuerst da war, sollte man immer das Gefühl vermitteln, daß gar keine Gefahr besteht, daß es wegen des Neuen in irgendeiner Form zurückgesetzt wird. Es macht natürlich nichts, wenn ein Familienmitglied sich besonders gern mit dem Hund beschäftigt, während ein anderes sich vorwiegend um die Katze kümmert.

Ein wesentlicher Faktor für das Wohlergehen der Katzen und »ihrer« Menschen ist auch, daß alle Familienangehörigen und sonstigen Mitbewohner Katzen gern haben und damit einverstanden sind, daß welche ins Haus kommen. Katzen sind zwar Weltmeister darin, Menschen, die ihnen anfangs skeptisch gegenüberstehen, um die Pfoten zu wickeln, aber immer gelingt ihnen das auch nicht. Und wenn ein Familienmitglied häufig abfällige Bemerkungen über »das Biest« macht und die Katze willkürlich umherscheucht, so gerät der Hausfrieden in Gefahr, das Tier wird verunsichert und möglicherweise verhaltensgestört, was alles nur noch schlimmer macht. Solche Komplikationen kann man leicht von vornherein vermeiden, indem man rechtzeitig die Meinung aller Beteiligten einholt.

Vorsicht ist deshalb geboten, wenn ein Kind sich brennend eine Katze wünscht. Die Eltern haben vielleicht nichts dagegen, wollen sich aber auch keine Mehrarbeit aufladen und glauben darüber hinaus, erzieherisch zu wirken, wenn sie sagen: »Na gut, einverstanden, aber du mußt die Katze selbst versorgen.« Damit ist ein Kind überfordert, wieviel guten Willen es auch mitbringen mag. Die Katze braucht regelmäßig frisches Futter und Wasser, die Schälchen müssen ausgewaschen, das Kästchen geputzt werden. Viel Zeitaufwand erfordert das alles nicht, aber es darf auch nicht in Vergessenheit geraten. Kinder neigen dazu, sich heute für dieses und morgen für jenes zu begeistern, das ist völlig normal. Aber die Katze kann nicht warten, bis der Spaß am neuen Fahrrad oder Kassettenrecorder wieder abgeebbt ist, und wenn ein Kind ständig vorwurfsvoll an seine Pflichten dem Tier gegenüber erinnert wird, wächst seine Zuneigung zu dem kleinen Geschöpf auch nicht unbedingt. Deshalb sollte man den Wunsch eines Kindes nach einer Katze nur dann erfüllen, wenn man selbst dazu bereit ist, die Versorgung des Tieres zu übernehmen. Erlaubt man dem Kind dann ab und zu, die Katze ganz allein zu füttern, so wird es behutsam an einen Aufgabenbereich herangeführt, den es vor der Anschaffung des Tieres noch gar nicht überblicken und deshalb auch nicht verantwortlich übernehmen konnte. In diesem Fall, d.h. mit behutsamer Unterstützung der Eltern, ist allerdings das Zusammenleben von Kindern und Katzen rundherum zu befürworten. Eine amerkanische Studie ergab sogar, daß Kinder, die mit Tieren zusammenleben in der Schule besonders beliebt sind, häufig zum Klassensprecher gewählt werden, bei Streitigkeiten als Schlichter auftreten und insgesamt mehr Verantwortungsgefühl besitzen als Gleichaltrige, die kaum oder keinen Kontakt zu Tieren haben.

Kleinkinder sind in der Regel begeistert von Katzen und spielen gern mit ihnen. Das Spiel sollte aber unter Aufsicht stattfinden. Erwachsene Katzen haben viel Verständnis für die Ungeschicklichkeit von kleinen Kindern und lassen sich manches von ihnen gefallen. Aber wenn es ihnen zu bunt wird, wehren sie sich natürlich und kratzen schon mal. Das kommt besonders dann vor, wenn das Kind sie festhält und sie keine Möglichkeit haben, sich durch einen Sprung auf die Fensterbank oder den Schrank in Sicherheit zu bringen. So ein kleiner Kratzer kann durchaus erzieherisch wirken, besonders, wenn man das Kind nicht nur tröstet, sondern ihm auch erklärt, daß es sich falsch verhalten hat, da man eine Katze nie gegen ihren Willen zu etwas zwingen darf. Kinder haben das natürliche Bedürfnis, auf allen Gebieten auszuprobieren, wie weit sie gehen können. Bei Katzen ist die Grenze, drastisch ausgedrückt, genau dort, wo das Spiel in Tierquälerei übergeht. Wenn sie ausprobieren wollen, wie fest so ein Katzenschwanz oder ein Katzenohr oder eine Katzenpfote eigentlich angewachsen ist, wird die Katze mit vollem Recht ausgesprochen sauer reagieren. Verständnisvolle Eltern, die beiden gerecht werden wollen, der Katze und dem Kind, werden keine Probleme haben, dem Kind zu erklären, daß der Unterschied zwischen einem Teddybären und einer lebendigen Katze darin besteht, daß es dem Plüschtier nicht weh tut, wenn man ihm ein Bein ausreißt, der Katze aber sehr wohl.

Und wie steht es, wenn die Katze vor dem Kind da ist? Warum nicht, wenn beide zu ihrem Recht kommen! Man muß der Katze zeigen, daß man sie genauso lieb hat wie vorher, damit keine Eifersucht aufkommen kann. Deshalb sollte man ihr von Anfang an erlauben, das Baby ab und zu abzuschnuppern. Damit die Katze nicht auf die Idee kommt, das auch auf eigene Faust zu versuchen, empfiehlt es sich, das Kinderbett vorsorglich

mit einem Drahtgitter abzusichern. Grundsätzlich gilt, wer oft Baby und Katze gleichzeitig streichelt und freundlich mit ihnen spricht, legt damit bereits den Grundstein für eine dauerhafte Freundschaft.

Die Gefahr der Übertragung von Toxoplasmose von der Katze auf die werdende Mutter, wodurch das ungeborene Kind gefährdet wäre, ist übrigens weit geringer, als manchmal angenommen wird. Die Ansteckung erfolgt ausschließlich durch direkte Berührung mit Katzenkot und nur, wenn die Katzentoilette nicht regelmäßig mit heißem Wasser ausgewaschen wird. Die Gefahr, sich beim Hantieren mit rohem Fleisch, wie Tatar, zu infizieren, ist wesentlich größer. Werdende Mütter können beim Tierarzt einen Toxoplasmosetest machen lassen, um festzustellen, ob ihre Katze Toxoplasmoseträger ist.

Bei Senioren können Katzen sehr glücklich werden, denn ältere Menschen sind in der Regel viel daheim und haben Zeit, sich mit Tieren zu beschäftigen. Umgekehrt tragen Katzen auch zum Wohl der älteren Menschen bei, wie zahlreiche Untersuchungen in den letzten Jahren zeigen. Haustierhalter sind gesünder und erholen sich selbst nach einem Herzinfarkt rascher. Deshalb haben sich auch die Hausordnungen in Altersheimen gelockert, häufig ist es bereits erlaubt, ein oder zwei Haustiere mitzubringen, aber die Bestimmungen lauten meist dahingehend, daß der Betreffende noch in der Lage sein muß, sein Tier ohne fremde Hilfe zu versorgen. Für viele wird im Alter die Katze zu einem echten Freund, der ihm auch dann die Treue hält, wenn andere Kontakte allmählich einschlafen. So entsteht zwischen einem älteren Menschen und seinen Katzen oft eine ganz besonders enge Bindung, denn die Tiere spüren natürlich, wieviel sie »ihrem« Menschen bedeuten, und stellen sich völlig auf ihn ein.

Tragisch kann es werden, wenn eine so innige Beziehung plötzlich abbricht. Wenn der Besitzer schwer erkrankt oder gar stirbt, muß die Katze oft ins Tierheim wandern. Sie versteht die Welt nicht mehr. Vorher stand sie stets im Mittelpunkt, jetzt ist sie von heut auf morgen eine unter vielen Artgenossen, muß vielleicht sogar mit ihnen ums Futter raufen, worin ihr jede Übung fehlt. Niemand nimmt sie mehr auf den Schoß, niemand spricht mehr leise und zärtlich mit ihr, niemand hat Zeit für sie. Es kommt gar nicht so selten vor, daß eine solche Katze vor Verzweiflung aufhört, Nahrung zu sich zu nehmen, also stirbt. Deshalb sollten Senioren sich rechtzeitig überlegen, was aus ihren Katzen wird, wenn sie selber einmal nicht mehr in der Lage sind, sich um sie zu kümmern. Am besten sucht man jemanden in der Familie, im Freundeskreis oder in der Nachbarschaft, dem man die Katzen mit gutem Gewissen anvertrauen kann. Es kann nichts schaden, wenn man den »Erben« der Katzen im Testament großzügig bedenkt. Wer ganz sichergehen will, setzt einen Testamentsvollstrecker ein, der in regelmäßigen Abständen überprüft, ob die Katzen wirklich gut gehalten werden. Tiere selbst kann man bei uns in Deutschland nicht als Erben einsetzen.

Ohne »dem lieben Gott ins Handwerk pfuschen zu wollen«, sollte man ruhig auch die natürliche Lebenserwartung von Mensch und Tier ins Kalkül ziehen. Beim Menschen liegt sie laut Statistik bei 72 bis 78 Jahren, bei der Katze zwischen 12 und 20 Jahren. Wenn also ein Ehepaar um die siebzig zwei junge Kätzchen zu sich nimmt, ist die Wahrscheinlichkeit, daß die Tiere es überleben, von vornherein sehr groß. Außerdem sind lebhafte, verspielte Jungkatzen auch aus anderen Gründen für Senioren nicht unbedingt empfehlenswert. Die kleinen Fellbündel wollen nicht nur schmusen und futtern, sie wollen vor allem auch toben. Wenn man selber schon ein wenig ruhiger geworden und nicht mehr ganz so beweglich ist, kann das ganz schön anstrengend werden. Man wird vom Fernseher aufgescheucht, weil es plötzlich irgendwo kracht. Vielleicht ist nur der Papierkorb umgestoßen worden, vielleicht aber auch eine wertvolle Bodenvase. Hochinteressant sind auch die Blumentöpfe, sie müssen unbedingt umgegraben werden. Und was eine richtige Katze werden will, muß sich natürlich auf eine glanzvolle Karriere als »Klettermaxe« vorbereiten. Hinauf kommt sie immer, aufs Regal, den Schrank, die Gardinenstange. Aber herunter? Da stimmt man lieber ein klägliches Geschrei an, damit die Riesen auf zwei Beinen helfen. Und wenn dann erst die Trittleiter aus dem Keller geholt werden muß und die kleine Katze inzwischen pausenlos wie am Spieß schreit, dann ist das so ein richtig gelungener Auftakt für einen gemütlichen Sonntagmorgen und eine perfekte Einstimmung auf den Rest des Tages. Da Katzen dämmerungsaktiv sind, ist vor dem Schlafengehen der gleiche Trubel noch einmal zu erwarten. Also wenn ich ins entsprechende Alter komme, nehme ich mir bestimmt nicht solche Temperamentsbündel ins Haus, sondern zwei vernünftige ältere Katzen aus dem Tierheim, die ein ruhiges Plätzchen und einen guten Bissen zu schätzen wissen.

Singles und Katzen – das geht durchaus, sogar zur vollsten Zufriedenheit auf beiden Seiten, wenn man ein paar Punkte berücksichtigt. Im Normalfall werden die Katzen tagsüber allein in der Wohnung sein, deshalb muß man unbedingt zwei Katzen nehmen, die sich miteinander beschäftigen können. Zu kleinen Katzen kann man hier nur raten, wenn es sich um eine ungewöhnlich tolerante Person handelt, die dem Chaos, das daheim während ihrer Abwesenheit höchstwahrscheinlich angerichtet wurde, gelassen gegenübertritt. Außerdem sollen Jungkatzen drei-, besser noch viermal am Tage gefüttert werden, morgens, mittags, abends und vor dem Schlafengehen. Es muß also gewährleistet sein, daß irgend jemand mittags in die Wohnung kommt und neues Futter verteilt.

Katzen, die den ganzen Tag allein zu Hause sind, warten verständlicherweise sehnsüchtig auf die Heimkehr »ihres« Menschen. Singles, die ihre Freiheit so richtig genießen möchten, viel ausgehen und oft erst spät in der Nacht todmüde heimkommen, sollten deshalb entweder ihre Gewohnheiten radikal ändern oder auf Katzen verzichten. Auch optimales Futter, regelmäßige Besuche beim Tierarzt und teures Katzenspielzeug können nicht verhindern, daß die Tiere über kurz oder lang aus permanentem Mangel an Zuwendung psychische Störungen davontragen. Sie können aggressiv werden, handscheu, unsauber und unberechenbar.

Für häusliche Singles dagegen sind Katzen ideale Gefährten, die Leben und Wärme in die »Bude« bringen und sich rasch dem Lebensrhythmus ihres Besitzers anpassen. Sie werden am Tage viel schlafen und erst abends, wenn »ihr« Mensch heimkommt, so richtig aufdrehen. Wer sich dann als erstes eine halbe Stunde Zeit für sie nimmt, bevor er irgend etwas anderes anfängt, wird viel Freude an seinen zufriedenen Schnurrtigern haben. Die Katzen fühlen sich für den langen einsamen Tag entschädigt, wenn ihre freudige Begrüßung liebevoll erwidert wird, man sie lobt, streichelt, ein bißchen mit ihnen schmust und spielt. Anschließend serviert man ihnen am besten ein tolles Abendfutter, dann besteht die beste Aussicht auf einen friedlichen, harmonischen Feierabend zu dritt.

Katzenpersönlichkeiten

Tierfreunden im allgemeinen und Katzenfreunden im besonderen wird häufig der Vorwurf gemacht, sie vermenschlichten ihre Tiere. Ich bin strikt gegen jede Vermenschlichung der Katze. Wozu soll das gut sein? Aber was meinen diese Leute eigentlich, wenn sie von »Vermenschlichung« der Tiere reden?

Das fängt schon bei der Sprachregelung an, wird man belehrt. Ein Tier hat keine Persönlichkeit. Ein Tier hat ein Maul, es frißt und säuft, wirft seine Jungen und verendet oder krepiert oder verreckt. Jedenfalls im deutschen Sprachraum, im angelsächsischen besitzt es wie wir einen Mund, ißt und trinkt, gebiert seine Jungen und stirbt. Vermenschlichung? Ich lasse es mir ja noch eingehen, daß man bei einem Haifisch oder Rhinozeros von einem Maul spricht, aber hat die kleine Maus ein Maul? Frißt die Katze? Ich habe oft Menschen beobachtet, für deren Art der Nahrungsaufnahme diese Bezeichnung besser zutrifft als für die manierlich speisende Katze. Selbst in der naturwissenschaftlichen Nomenklatur gehört die Katze zu den Lebendgebärenden, nicht -werfenden. Und ob ein Lebewesen stirbt oder krepiert, das hängt wohl mehr von den äußeren Begleitumständen ab als von seiner Artzugehörigkeit.

Diese Sprache verrät sich selbst. Das Tier wird herabgesetzt, entwürdigt. Wie verunsichert müssen Menschen sein, die es nötig haben zu glauben, sich mit Hilfe desavouierender Vokabeln vom Tier abzusetzen. Man vermenschlicht ein Tier nicht, wenn man es liebevoll behandelt, genau beobachtet und Rücksicht auf es nimmt, sondern wenn man ihm Eigenschaften andichtet, die nur beim Menschen anzutreffen sind, wie z.B. Falschheit. Katzen sind gar nicht in der Lage, sich zu verstellen. Oder Eifersucht. Auch Eifersucht ist bei Katzen, zumindest wenn es um Sex geht, ein Fremdwort. Wird eine Mitkatze vom Besitzer bevorzugt oder zieht sie aus anderen Gründen einen großen Teil seiner Aufmerksamkeit und Fürsorge auf sich, so können sie schon eifersüchtig werden. Darauf muß man Rücksicht nehmen. Wenn's aber ums Weibchen geht, gilt das nicht. In einer Art von Showkampf produzieren sich die Bewerber vor der Katzendame, aber *sie* wählt aus, und sie erhört keineswegs immer den Stärksten. Der läuft nun aber nicht hinter seinem glücklicheren, wenn auch schwächeren Rivalen her und beißt ihn ins Bein, sondern versucht nach einiger Zeit sein Glück aufs neue. Mit guten Aussichten, denn Katzenweibchen paaren sich häufig mit mehreren Katern innerhalb einer Rolligkeitsperiode.

Vermenschlichung von Katzen heißt also, sie auf unser moralisches Niveau herabzuziehen, ihnen Schwächen anzudichten, die nicht sie, sondern wir besitzen. Eine ganze Reihe von Eigenschaften, Schwächen und Stärken, die wir von uns kennen, sind jedoch auch bei Katzen zu beobachten. Wer sich mit Katzen beschäftigt,

Papierbällchen, ganz allein. Die geborene Einzelkatze. Die anderen mischten sich nicht ein, nicht einmal die vorwitzige Kleo. Wahrscheinlich wußten sie aus Erfahrung, daß ihre kleine Schwester ganz schön grantig werden konnte.

Vier Wochen mußte ich noch warten, denn kleine Katzen sollen mindestens acht Wochen bei der Mutter bleiben. Zeit genug, um alles sorgfältig vorzubereiten, damit das Katzenkind sich bei mir wohl fühlte. Einen Tag vor dem vereinbarten Termin ein Anruf: »Können Sie heute schon kommen? Goldi hat das Katzentürchen entdeckt.« Natürlich konnte ich, das war ein Alarmsignal. Man hatte eine Katzenklappe in die Hintertür eingebaut, damit die Katzen – es waren auch noch ein paar erwachsene da – jederzeit ungehindert in den Garten laufen konnten. Leider liefen sie auch auf die Straße, ein paar waren schon überfahren worden. Mein Nello unter einem Auto – ein Alptraum.

Er schien mich erwartet zu haben, ließ sich sofort von mir auf den Arm nehmen und schnurrte. Dann verabschiedete er sich von seiner Mutter, die ihn ein letztes Mal liebevoll abschleckte und ihm gewiß noch ein paar gute Ratschläge mit auf den Weg gab. Mütter sind so. Sicher war er auch ihr Liebling gewesen. Und natürlich nahm ich auch Kleo mit.

Zu Hause spielte sich dann etwas ab, was mich lebhaft an den ersten Urlaubstag in fremden Städten erinnerte. Man ist zu zweit hingereist, das Gebiet ist beiden fremd, aber der eine hat sich vorbereitet und übernimmt mit Hilfe eines Straßenplans die Führung. Nello konnte das auch ohne Plan. Kleo folgte ihm auf Schritt und Tritt und schnupperte sorgfältig an genau den gleichen Stellen, die er eine Sekunde zuvor inspiziert hatte. Nach einer halben Stunde wagte Nello sich auf den Balkon. Wie ein Bergsteiger in einer gefährlichen Wand probierte er vorsichtig mit der einen Vorderpfote, ob der Beton sein beträchtliches Gewicht von knapp zwei Pfund wohl auch tragen könnte. Es war hinreißend. Und Kleo, zwei Katzenschritte hinter ihm, machte es natürlich genauso.

Vier Wochen lang ging alles gut. Die beiden waren ein Herz und eine Seele, futterten zusammen, spielten zusammen und schliefen zusammen, am liebsten auf meinem Schoß. Rechts der eine, links der andere. Bei so kleinen Katzen geht das noch. Und dann stürzte Nello aus dem 7. Stockwerk vom Balkon und brach sich beide Vorderpfoten, eine im Schultergelenk, seitdem hinkt er. »Erfahrene Katzenexperten« hatten mir versichert: »Sie können die Katzen ruhig auf den Balkon lassen. Von so breiten Blumentrögen stürzen sie garantiert nicht ab.« Na, ja. Als Nello nach zehn Tagen aus der privaten Tierklinik zurückkam, abgemagert – er hatte dort das Futter verweigert –, kaum fähig, sich auf den Beinen zu halten, war es vorbei mit der Idylle. Kleo dachte gar nicht daran, die geringste Rücksicht auf den kleinen Invaliden zu nehmen. Sie sprang ihn an, riß ihn um, versuchte, in den Clinch zu gehen. Damals nahm ich an, sie wollte einfach die günstige Gelegenheit nutzen und selber Alphatier werden, das mag zum

Teil richtig gewesen sein, aber heute weiß ich, daß es oft vorkommt, daß gesunde Katzen kranken Tieren gegenuber keine Rücksichtnahme kennen, den schlechten Zustand des anderen ignorieren oder vielleicht gar nicht realisieren, und dann auch noch sauer sind auf den anderen, weil er nicht mit ihnen herumtobt. Die notwendige räumliche Trennung der beiden – Nello braucht absolute Ruhe, hatte der Tierarzt gesagt – führte dazu, daß Kleo pausenlos an der Wohnzimmertür kratzte und schrie. Gelang es ihr, durch den Türspalt zu schlüpfen, so stürzte sie sich sofort auf ihren lädierten Bruder. Nach drei Tagen und Nächten war ich so genervt, daß ich die Vorbesitzerin anrief und bat, Kleo zurückbringen zu dürfen, damit Nello sich erholen konnte. Zum Glück zeigte sie Verständnis für die Situation und willigte ein.

Kleo fand wenig später einen sehr guten Platz bei einem Ehepaar mit Haus und Garten. Gleich zur Begrüßung ohrfeigte sie den Schäferhund, der wohl zu verblüfft war, um sich zu wehren. Dann bekam sie frühzeitig vier Junge, die auch in der Familie bleiben durften. So ist ihr Traum, Alphatier zu werden, doch noch in Erfüllung gegangen. Unumschränkt herrscht sie über vier Katzen, einen Hund – und zwei Menschen. Nello war so erleichtert, als sie fort war, daß er sofort viel besseren Appetit bekam und sichtlich auflebte.

Nello ist jetzt siebzehn, das entspricht etwa einem Menschenalter von 84 Jahren, hat ein altersbedingtes Nierenleiden, schläft viel, putzt sich wenig, ist beim Futter mehr als heikel geworden, wird aber nach wie vor von den anderen Katern als Boß respektiert. Ich glaube, das liegt zum großen Teil daran, daß sie ihn mögen. Es gibt Alphatiere, die schaffen sich mit Brachialgewalt Respekt. Da setzt es gleich Ohrfeigen, wenn einer aus der Reihe tanzt, und Katzen können sehr schmerzhafte Ohrfeigen austeilen. So ein Despot ist natürlich ziemlich unbeliebt bei den anderen, und es warten in der Regel schon mehrere darauf, ihn abzulösen. Nello wendet ein viel sanfteres, ebenso wirkungsvolles Mittel an. Er setzt sich vor die andere Katze und starrt sie unentwegt an, bis sie sich zurückzieht. Dieses Drohstarren übt auf Katzen eine nahezu hypnotische Wirkung aus. Den anderen ohne besonderen Grund zu fixieren, gilt in Katzenkreisen als ausgesprochen schlechter Stil. Wenn zwei rangniedere Kater sich streiten, mischt Nello sich nie ein. Das ist ihre Sache, denkt er wohl. Es ist ihm auch nie in den Sinn gekommen, eine andere Katze zu tyrannisieren, wie es sonst leider durchaus vorkommt. Und deshalb versuchen die jüngeren Kater jetzt auch nicht, ihm den Rang streitig zu machen, wenn er steifbeinig durch die Wohnung stakst. Autorität ist nicht allein eine Sache der Körperkraft.

Wenn im folgenden von hervorstechenden Persönlichkeitsmerkmalen bei Katzen die Rede ist wie Selbstbewußtsein, Geselligkeit, Eigensinn, Dankbarkeit u. a., so heißt das natürlich nicht, daß Selbstbewußtsein Dankbarkeit ausschließt oder Geselligkeit Vorsicht. Die Persönlichkeit einer Katze umschließt viele verschie-

dene, allerdings nicht einander widersprechende Komponenten.

Eine selbstbewußte Katze habe ich bereits vorgestellt, meinen Nello. Für mich ist eine Katze mit ausgeprägtem Selbstbewußtsein das Nonplusultra. Aber das ist natürlich Geschmackssache. Eine selbstbewußte Katze ist großmütig. Sie gönnt anderen Katzen das Futter, den sonnigen Platz auf der Fensterbank, die liebevolle Zuwendung. Sie weiß, daß sie dadurch nichts einbüßt. Denn eine selbstbewußte Katze kann ihre Persönlichkeit nur dann voll entwickeln, wenn sie spürt, daß sie ihrem Menschen felsenfest vertrauen darf. Um kleine Vorteile des Augenblicks zu kämpfen, ist unter ihrer Würde. Und völlig überflüssig. Es ist ihr klar, daß sie die Liebe ihres Menschen nicht verliert, wenn der vorübergehend vollauf damit beschäftigt ist, eine kranke Katze zu pflegen oder ein mutterloses Kätzchen aufzuziehen. Dieses feste Vertrauen ist das schönste Geschenk, das eine Katze einem Katzenfreund machen kann. Eine engere Beziehung zwischen verschiedenen Arten ist kaum denkbar.

Die selbstbewußte Katze übersteht auch die zeitweilige Abwesenheit ihrer Bezugsperson wegen Krankheit oder Urlaub besser als andere, vorausgesetzt, daß in der Zwischenzeit gut für sie gesorgt wird, und fremdelt weniger bei der Heimkehr. Dabei scheint sie mit unfehlbarer Sicherheit zu wissen, ob man im Krankenhaus war oder am sonnigen Mittelmeer.

Der bedauernswerte Rekonvaleszent verdient natürlich eine freudigere Begrüßung als der egoistische Vergnügungsreisende.

Selbstbewußtsein darf nicht mit Eigensinn verwechselt werden. Die selbstbewußte Katze kommt nicht, wenn man sie ruft, ganz klar, aber die eigensinnige läuft schnurstracks in die entgegengesetzte Richtung. Die selbstbewußte Katze rührt das Fischmenü aus der Dose nicht an, wenn es ihr nicht schmeckt, aber die eigensinnige Katze futtert es manchmal auch dann nicht, wenn es ihr Lieblingsgericht ist, ohne ersichtlichen Grund. Die selbstbewußte Katze macht ihre Leute darauf aufmerksam, wenn irgend etwas vergessen wurde, was sie zu ihrem Wohlbefinden braucht, wenn z. B. das Kästchen nicht geputzt, das Trinkwasser nicht erneuert wurde. Die eigensinnige Katze setzt sich unter Umständen neben das Kästchen, wenn es tipptopp ist. Sie sehen schon, worauf es hinausläuft, die selbstbewußte Katze verhält sich vernünftig, die eigensinnige nicht. Ausgeprägter Eigensinn bei Katzen gehört meiner Meinung nach zu den Verhaltensstörungen und sollte behandelt werden. Nur gibt es leider noch viel zu wenige Tierpsychologen.

Die distanzierte Katze weiß im Unterschied zur selbstbewußten genau, was sie *nicht* will: *nicht* auf den Schoß kommen, *nicht* mit anderen Katzen spielen, *nicht* gegenseitige Fellpflege betreiben, wie befreundete Katzen es oft tun. Da es sich bei derart distanzierten Katzen oft um besonders schöne Tiere handelt, kann der Eindruck entstehen, daß sie, verliebt in sich selbst, sich selbst auch vollauf genügen. Beides mag durchaus der Fall sein, hat aber bestimmt nichts mit ihrer Schönheit zu tun. Es ist äußerst unwahrscheinlich, daß Katzen wissen, daß sie schön sind, genauer, daß der Mensch sie als schön empfindet, auch dann nicht, wenn man es ihnen noch so oft sagt. Mit absoluter Sicherheit interessieren sie sich nicht im geringsten für ihr Spiegelbild.

Einzelgänger unter den Katzen sind nicht identisch mit der distanzierten Katze, die wir schon kennen. Eine distanzierte Katze hat nichts einzuwenden gegen die Anwesenheit anderer Katzen in ihrem Revier, sprich Wohnung, Haus, Balkon, Garten, sofern die anderen sie in Ruhe lassen und möglichst ebenso distanziert sind wie sie selbst. Anders der typische Einzelgänger. Schon als Katzenkind sondert er sich von den Geschwistern ab, gut, das tut die distanzierte Katze auch, im Gegensatz zu ihr, kann er aber eine enge Bindung zum Menschen entwickeln und in der geeigneten Umgebung sogar zur richtigen Schmusekatze werden.

Du und ich, das scheint die Devise solcher Einzelgänger zu sein. Mein Mensch und ich, aber bitte keine anderen Katzen. Bei der distanzierten Katze dagegen scheint eine Art Scheu vor Körperkontakten, vor Berührungen vorzuliegen, natürlich läßt auch sie sich streicheln, aber nie für längere Zeit, und man kann oft deutlich erkennen, daß sie derartige Vertraulichkeiten nicht allzusehr schätzt. Der Einzelgänger kennt keine Berührungsängste im Wortsinn, will aber mit seinen Artgenossen absolut nichts zu tun haben. Dafür kommen, soweit ich es übersehen kann, vor allem zwei Gründe in Frage. Einmal sind auffallend viele Einzelgänger Tigerkatzen, und die Tigerkatze scheint der Wildkatze nicht nur im Phänotypus noch recht nahe zu stehen. Wildkatzen leben das ganze Jahr über allein, sie treffen sich nur zur Paarungszeit mit einem Partner. In ihren meist ausgedehnten Revieren darf sich zu anderen Zeiten keine andere Katze blicken lassen. Sie wird sofort mit Vehemenz vertrieben. Ganz ähnlich verhält sich der Einzelgänger unter unseren Stubentigern.

Zum anderen wäre zu überlegen, ob die kleine Katze vielleicht schon in frühester Kindheit irgendein Trauma erlitten hat, eine aus ihrer Sicht grobe Zurückweisung durch die überlastete Katzenmutter, an Terror grenzende Belästigung durch die anderen Geschwister oder dergleichen. Einzelgänger scheinen mir ganz besonders sensibel zu sein. Nimmt man ihr stark ausgeprägtes Bedürfnis nach Liebe und Streicheleinheiten hinzu, so wäre es durchaus erklärlich, daß eine Zurückweisung von der Katzenmutter zum falschen Zeitpunkt zusammen mit dem unter Katzenjungen üblichen rauhen Umgangston einen Schock ausgelöst hat, aus dem dann der Schluß gezogen wurde: »Andere Katzen sind einfach unausstehlich.« Hatte so ein Katzenkind das Glück, bei einem liebevollen menschlichen Betreuer aufzuwachsen, so wird es versucht haben, sich möglichst eng an ihn anzuschließen. Aber auch da erwarteten es neue Enttäuschungen. Denn der Mensch hat sich natürlich ebenfalls um die anderen Kätzchen gekümmert, die einfach auf den Schoß kletterten, wenn unser kleiner Einzelgänger gerade so schön schmuste. Solche Erlebnisse festigen nur die Überzeugung: »Andere Katzen sind Störenfriede und gönnen mir keine schöne Minute.«

Einzelgänger sind sehr eifersüchtig und empfindlich. Sie wollen ihre Menschen für sich allein haben, mit Haut und Haaren. Wenn sie einen Einzelplatz finden, auf dem sie sich wohlfühlen, kann man sie um den Finger wickeln – solange keine andere Katze aufkreuzt. In der Haltung ist so ein kleiner Sonderling in der Regel völlig unproblematisch. Er stellt keine besonderen Ansprüche und paßt sich seinem Besitzer und der Umgebung gut an. Viel Trubel und Gäste mag der Einzelgänger natürlich nicht, es kann sein, daß er sich dann irgendwo versteckt und erst wieder zum Vorschein kommt, wenn auch der letzte Besucher sich verabschiedet hat.

Das genaue Gegenteil ist die gesellige Katze. Freudestrahlend marschiert sie auf jeden Gast zu, egal, ob es sich um Zwei- oder Vierbeiner handelt. Unbefangen streift sie wildfremden Handwerkern um die Beine, zutraulich springt sie Leuten auf den Schoß, die sie noch nie im Leben gesehen hat. Wird eine Party gegeben, so ist sie in ihrem Element. Herrlich, diese vielen netten Leute, und was für interessante Duftinformationen sie mitbringen. Für eine Großfamilie mit Kindern ist sie die ideale Katze, nur muß man etwas aufpassen, damit die Kinder keinen Unfug mit ihr anstellen. Selbstverständlich liebt sie auch alle anderen Katzen, ohne Einschränkung, und Hunde ebenso.

Mein Grischa ist so eine »Kontaktnudel«. Als meine Freundin Sascha zum erstenmal ihre zierliche Dackelhündin Judy mitbrachte, stürmte Grischa sofort mit hocherhobenem Schwanz auf sie zu. Die vorschriftsmäßige Katzenbegrüßung mit gegenseitigem Nasenabschnuppern klappte auf Anhieb, denn Judy ist daheim von vier Katzen erzogen worden. Aber dann sah Grischa, daß der Dackelschwanz hin- und herpeitschte, stutzte und zog sich ganz vorsichtig und enttäuscht zurück. Warum wollte diese liebe kleine Hündin ihn angreifen? Wollte sie gar nicht, aber das ist halt die Sprachbarriere zwischen Katze und Hund, die nur allmählich, bei engerem Vertrautwerden, abgebaut werden kann.

Die gesellige Katze liebt Körperkontakt. Bei mehreren Katzen in der Wohnung findet sie immer eine, die sich gern eng an sie kuschelt. Sind die Sprachprobleme erst einmal geklärt, so schmiegt sie sich auch vertrauensvoll an den Hund. Es kommt ihr nie in den Sinn, mit anderen Katzen Streit anzufangen, sie ist glücklich, wenn eine friedliche, freundschaftliche Atmosphäre herrscht. Das kann so weit gehen, daß sie sogar zum häuslichen Friedensrichter wird. Wenn sich bei mir zwei Kater streiten, kommt Grischa zielbewußt an und setzt sich in die Mitte zwischen die beiden Kontrahenten. »Gebt Ruhe«, heißt das. Und es stört ihn auch nicht, wenn er, bevor

Schwarzweiße Hauskatzen gelten als besonders verspielt und liebesbedürftig. Die Augen können gelb oder grün sein.

der Kampfeseifer abflaut, ein paar Tatzenhiebe von beiden Seiten einstecken muß, die natürlich nicht ihm galten. Gar nicht daran zu denken, daß er sich etwa wehren würde. Wenn die Kampfhähne sich dann in verschiedene Richtungen absetzen, geht er auch wieder, offensichtlich sehr zufrieden mit seinem Erfolg.

Einsamkeit ist für die gesellige Katze Streß. Sie braucht Leben um sich, Bewegung, Abwechslung. Sie schnurrt für ihr Leben gern, und ihr Schnurren drückt reines Wohlwollen, reine Zuneigung aus. Sie ist von allen Katzen die sozial am höchsten entwikkelte und leider noch relativ selten. Von Geburt an Alphatier, ist sie aber auch durchaus bereit, sich einer Katze mit älteren Rechten und mehr Erfahrung unterzuordnen. Rangkämpfe liegen nicht auf ihrer Linie, sie würden ja die erwünschte Harmonie nur stören. Mit jüngeren Tieren hat sie unglaublich viel Geduld.

Der gut sechs Jahre ältere Grischa ließ sich von Aljoscha buchstäblich alles gefallen. Schon lange nachdem der Kleine erwachsen und gesund geworden war, spielte er immer noch brav das Kindermädchen für ihn, ließ sich umherjagen und als Reittier benutzen, bis ich eingriff, damit der Große auch mal seine Ruhe bekam. Zur Ehrenrettung von Aljoscha muß ich hinzufügen, daß er sich revanchiert. Er springt auf die Klinken und öffnet so für Grischa, der das nicht kann, jede Tür, läßt ihm oft etwas von seinem Futter übrig – Grischa hat immer Appetit –, schleckt ihm Kopf und Ohren und ist sofort zur Stelle, wenn Grischa ihn braucht.

Katzen kennen zwar keinen Eigentumsbegriff – von der selbstgefangenen Maus einmal abgesehen –, aber sie gewöhnen sich an ihre Futterschale, ihr Schlafkissen, ein Lieblingsspielzeug. Für die gesellige Katze existiert, wenn ich von Grischa ausgehen darf, dagegen nur Gemeinschaftseigentum. Bedenkenlos bedient er sich aus fremden Futternäpfen, hat aber auch nicht dagegen, wenn eine andere Katze an seine Schale geht. Es ist ihm völlig egal, ob er mit diesem oder jenem Bällchen herumtollt, und wenn es ums Schlafen geht, zeigt er weniger Vorliebe für diesen oder jenen Platz als die anderen.

Geradezu kriminell wird das, wenn er gelegentlich unsere Nachbarn besucht, die vier Katzen haben und eine Boxerhündin. Dort führt er sich auf wie der Kaiser von China, stolziert mit hocherhobenem Schwanz durch alle Räume, schnuppert hier, schnuppert dort, steckt sein neugieriges Näschen sogar ins Hundefutter, nimmt ungeniert auf der Lieblingsdecke des dortigen Alphakaters Platz und hält sogar sein Nickerchen darauf, wenn unsere Unterhaltung sich in die Länge zieht. Die ansässigen Katzen beobachten dieses Treiben aus respektvoller Entfernung, so viel Unverfrorenheit ist ihnen noch nicht begegnet. Ich nehme an, sie atmen erleichtert auf, wenn wir wieder fort sind. Kommt aber eine der dortigen Katzen einmal in unsere Wohnung, so läuft Grischa ihr begeistert entgegen und heißt sie per Katzenbegrüßung herzlich willkommen, als wollte er sagen: »Siehst du, so empfängt man einen lieben Gast. Merk dir's fürs nächste Mal, dann werden wir noch die besten Freunde.«

Einen Sonderfall stellt die auf ihren Menschen fixierte Katze dar. Zur Fixierung auf den Menschen kann es aus verschiedenen Gründen kommen, entweder weil der Mensch die Katze anstelle der Katzenmutter aufgezogen hat oder weil er sie vor dem Verhungern oder aus einer großen Gefahr gerettet hat. Im zweiten Fall tritt jedoch seltener eine echte Fixierung ein, das hervorstechende Persönlichkeitsmerkmal der Katze ist in diesem Fall vielmehr Dankbarkeit. Die dankbare Katze hängt mit glühender Liebe an ihrem Menschen und würde jederzeit ihr Leben für ihn einsetzen, wozu Katzen glücklicherweise kaum Gelegenheit haben, führt aber im übrigen trotzdem ihr eigenes Katzenleben und geht ihre eigenen Katzenwege. Dankbare Katzen schnurren beispielsweise jedesmal, wenn man ihnen ihr Futter hinstellt, reiben das Köpfchen schnell noch an der menschlichen Hand, bevor sie es sich schmecken lassen, oder erfinden irgendein anderes kleines Ritual, mit dem sie ihre Dankbarkeit zum Ausdruck bringen.

Katzen, die, aus welchen Gründen auch immer, viel zu früh von der Katzenmutter und den kleinen Geschwistern getrennt wurden, werden zu Kaspar-Hauser-Katzen, d. h., sie sind von vornherein ausschließlich mit Menschen zusammen. Ihnen fehlt nicht nur eine gute Portion Muttermilch – die läßt sich offenbar durch Dosenmilch recht gut ersetzen –, sondern eine entscheidende Periode in ihrer Entwicklung. Die Katzenmutter bringt den Kleinen nicht nur bei, wie man Mäuse fängt, sie führt sie auch in das zwischen Katzen herrschende Sozialgefüge ein. Die Kaspar-Hauser-Katze hat von all dem keine Ahnung. Sie kennt nur den Menschen, der ihr Milch eingeflößt, sie gestreichelt und herumgetragen hat, bei dem sie geschlafen hat, der immer für sie da war. Ihre Ahnungslosigkeit in bezug auf zwischenkatzliche Beziehungen kann manchmal groteske Formen annehmen. Ich habe schon berichtet, daß ich Angel und Nello mitnahm, als ich die beiden Katzen meiner verreisten Freundin betreute. In dieser Zeit wurden ihre beiden Katzenmädchen zum erstenmal rollig. Meine beiden waren natürlich kastriert, aber kastrierte Kater sind nur zeugungsunfähig, nicht impotent. Nello erhörte denn auch die dringenden Aufforderungen der beiden Hübschen, während Angel – ein unvergeßlicher Anblick – auf seinem Stuhl sitzen blieb und mich fassungslos anschaute. Zu seinen Füßen wälzte sich voll Liebenssehnsucht das entzückendste Katzenmädchen. Und Angel, ganz Abwehr, setzte eine ausgesprochen angewiderte Miene auf, die etwa besagte: »Soll das so weitergehen? Was will die eigentlich? Wie kann man sich nur so aufführen.«

Kaspar-Hauser-Katzen haben insgesamt große Schwierigkeiten, ein echtes, ungebrochenes Verhältnis zu anderen Artgenossen zu finden. Auch wenn sie frühzeitig Gelegenheit haben, von anderen älteren Katzen zu lernen, nehmen sie nur das eine oder andere an, es bleibt Stückwerk.

Ich konnte das recht deutlich sehen, als ich eines Tages Aljoscha mit nach

Hause brachte. Da es ihm schlecht ging, trennte ich ihn vorsichtshalber von den anderen Katzen. Eines morgens hatte ich versehentlich die Schlafzimmertür nicht richtig hinter mir ins Schloß gezogen, als ich schnell etwas aus der Küche holen wollte. Als ich zurückkehrte, lehnte Aljoscha völlig erschöpft am Türpfosten – mir ist es heute noch ein Rätsel, wie er es geschafft hatte, sich dorthin zu schleppen –, und Angel stand aufgebracht und mit hocherhobener Pfote vor ihm. Ich bin ziemlich sicher, daß er eigentlich nur mit ihm spielen wollte, wozu Aljoscha aber wirklich nicht in der Lage war, was Angel, der Kaspar-Hauser, wiederum nicht begreifen konnte. Als Grischa gekommen war, hatte er, obwohl es ihm auch nicht besonders gutging, stundenlang mit dem unermüdlichen Angel gespielt und damit den Grundstein zu einer dauerhaften Freundschaft gelegt. Angels Erfahrung belief sich also darauf, daß man mit jungen Katzen herrlich spielen kann, und jetzt machte dieser Neue nicht mit. Das nimmt er ihm heute noch übel. Und natürlich auch, daß er dem Kleinen zuliebe seinen angestammten Platz auf meinem Bett vorübergehend räumen mußte.

Die fixierte Katze oder Kaspar-Hauser-Katze lebt, ähnlich wie die zahme Ratte, am liebsten eng beim Menschen. Bei Angel kam noch erschwerend hinzu, daß ich ihn zu Hause wochenlang wie eine Kängurumutter mit mir herumschleppen mußte, denn die beiden Großen waren keineswegs begeistert von dem Zuwachs. Ich frage mich heute noch, was für ein exotisches (Beute?)tier ich ihrer Meinung nach wohl mitgebracht hatte aus dem Urlaub, bevor sie es schließlich als junge Katze erkannten und anerkannten.

Der Kaspar Hauser, dem die Mutter das Jagen nicht mehr beibringen konnte, interessiert sich weder für Vögel noch für Fluginsekten und aller Wahrscheinlichkeit auch nicht für Mäuse. Angel könnte sich ein Vogel auf die Schulter setzen, er würde noch nicht einmal den Kopf wenden. Wenn ihm eine aufdringliche Fliege um die Nase surrt, wechselt er höchstens den Standort. Aber wenn ich ihm Spielbällchen werfe, läuft und springt und apportiert er und kann gar nicht genug davon bekommen, während Auslaufkatzen, die draußen sicher nicht nur andächtig dem Gesang der Vögel lauschen und den Duft der Blumen genießen, sich an solchen häuslichen Spielchen eher halbherzig beteiligen, als wollten sie ihre Zweibeiner, denen das doch soviel Spaß macht, nicht enttäuschen.

Wenn es einem gelungen ist, der Kaspar-Hauser-Katze beizubringen, daß sie nicht ausschließlich in engem Kontakt mit ihrem Menschen leben kann, sucht ihre Fixiertheit sich andere Ausdrucksformen. Manche Katzen folgen ihrem Besitzer auf Schritt und Tritt wie ein Hund, andere, und dazu gehört mein Angel, suchen ständig Blickkontakt. Wo er auch sitzt in meinem Arbeitszimmer, ständig wendet er mir den Kopf zu. Anfangs war das ziemlich verwirrend für mich, denn die anderen, besonders Nello, sehen mich so an, wenn sie etwas Bestimmtes von mir wollen. Aber Angel verbindet keine Wünsche oder Forderungen mit diesem Blick, er will mich offenbar einfach nur anschauen.

Andererseits, und das habe ich lange nicht begreifen können, ist es ausgerechnet Angel, der mir blitzschnell einen Kratzer versetzt, scheinbar aus heiterem Himmel. Damit sind wir bei einem der großen Mißverständnisse zwischen Mensch und Katze. Immer ist behauptet worden, und zwar aus genau diesem Grund, Katzen seien falsch. Eben noch lieb und sanft, zeigen sie plötzlich ihre Krallen. Dazu ist zu sagen, daß eine Katze nie etwas ohne Grund tut und nie ohne Vorwarnung angreift. Sie ist genausowenig falsch wie eine Kaffeetasse. Ein absurder Vergleich? Wieso? Ein Kind wirft wütend die Kaffeetasse auf den Boden, wenn es sich die Finger daran verbrannt hat. Wer ist schuld? Die Kaffeetasse natürlich, wenigstens aus der Sicht des Kindes. Dem gleichen Trugschluß unterliegen wir, wenn wir die Katze als falsch verleumden, nur weil sie sich wehrt. Sie glaubt nämlich, sich wehren zu müssen, wenn sie mitten beim Schmusen eine Kehrtwendung macht und kratzt. Vielleicht haben wir versehentlich und ohne es zu bemerken, eine besonders empfindliche Stelle berührt, das Bäuchlein z. B. darf man nur mit größter Vorsicht ein wenig kraulen. Oder wir haben das Tier eine Spur zu fest an uns gedrückt, was bei Katzen Angstgefühle auslöst, oder einen anderen winzigen Fehler gemacht. Die Katze fürchtet, daß das erst der Anfang war und will klare Verhältnisse schaffen, um ganz deutlich zu zeigen: bis hierher und nicht weiter. Dann kommt die Vorwarnung, die wir auf Grund der Sprachschwierigkeiten nicht bemerkt, nicht richtig gedeutet oder nicht rasch genug beachtet haben. Vielleicht hat sie nur ein wenig gestrampelt in unseren Armen, und wir haben darüber gelacht, aber für sie war es Ernst und bedeutete: Hör sofort auf damit, sonst schlag ich zu. Oder sie hat sich steif gemacht oder einen ganz leisen Drohlaut ausgestoßen, den wir kaum wahrgenommen haben. – Und dann diese Reaktion, blitzartig, wie aus heiterem Himmel! Katzen sind eben wesentlich schneller als wir Menschen. Der gesamte Ablauf von erstem Unbehagen, Drohung und Reaktion spielt sich so rasch ab, daß wir kaum folgen können.

Aber das ist kein Grund zur Resignation. Ein Katzenfreund entwickelt sehr bald ein unwahrscheinlich feines Gespür für seine Miniraubtiere und wittert ihren Zorn buchstäblich, mit einer einzigen Ausnahme vielleicht, dem der Kaspar-Hauser-Katze. Bei ihr beschränkt sich die Vorwarnung auf ein unumgängliches Minimum, weil der Mensch, der sie aufgezogen hat, für sie wahrscheinlich nichts anderes ist als eine äußerlich etwas seltsam geratene Katzenmutter – und Katzenmütter verstehen ihre Jungen immer –, meinen Katzen.

Die meisten Katzen freuen sich auf die Mahlzeiten und futtern mit großem Appetit. Eine Ausnahme von dieser Regel bildet die schwierige Katze. Sie ist heikel, wählerisch, mag dies nicht und jenes nicht, nimmt oft nur ein paar kleine Häppchen zu sich und geht wieder. Häufig ist eine solche

Katze einfach krank, und ihr Verhalten hat nicht das Geringste mit ihrer Persönlichkeit zu tun. Manchmal liegt es nur an den Zähnen, und nach einem Besuch beim Tierarzt ist alles wieder in Ordnung. Bei Auslaufkatzen kommt es auch vor, daß sie noch eine zweite Futterstelle haben, irgendwo in der Nachbarschaft, wo sie sich so richtig sattessen. Kein Wunder, daß sie dann zu Hause keinen Appetit mehr haben. Ob dieser Fall vorliegt, läßt sich durch regelmäßige Gewichtskontrolle leicht überprüfen. Eine Katze, die wirklich fastet, nimmt ab, und zwar ziemlich rasch. Manche Katzen können die Trennung von ihrem Vorbesitzer, aus welchen Gründen diese auch immer erfolgte, nicht so leicht verkraften und zeigen das an ihrem neuen Platz, auch wenn sie dort liebevoll umsorgt werden, dadurch, daß sie Schwierigkeiten beim Essen machen. In einem solchen Fall hilft es, wenn man sich viel mit der Katze beschäftigt, mit ihr schmust und spielt und ihr zwischendurch immer wieder ein paar gute Bissen anbietet. Irgendwann stellt sich dann der Appetit wieder ein, und das Tier kehrt allmählich zu normalen Eßgewohnheiten zurück.

Eine gute Bekannte von mir hatte einen verwilderten Bauernkater von etwa einem Jahr aufgenommen, der sehr heruntergekommen war. Er lehnte kategorisch alles Futter ab. In ihrer Verzweiflung hielt sie ihm beim Abendessen ein Stück Salzkartoffel hin, das nahm er, der Himmel mag wissen, warum. Den bereits erwähnten Kater Dino habe ich auf eine ganz verrückte Weise wieder zur Nahrungsaufnahme bewegen können. Von seinem ersten Frauchen, das ihn hergeben mußte, weil sie ein Kind erwartete und der liebe Ehemann glaubhaft angekündigt hatte, er würde die Katze in die Isar werfen, während sie im Krankenhaus ist, erfuhr ich, daß Dino besonders gern Erdbeerjoghurt mochte. Eine seltsame Vorliebe für Katzen, dachte ich, aber immerhin habe ich noch Glück gehabt als Vegetarierin, daß er nicht auf rohe Leber erpicht ist. Dann hätte ich meinen Plan nicht so leicht in die Tat umsetzen können. Ich setzte mich also mit einem Becher Erdbeerjoghurt vor ihn hin. Schmatzend vor angeblicher Wonne, leckte ich an meinem Löffel. Dino beobachtete mich genau, und langsam erwachte sein Interesse. Ich tat so, als ob ich das nicht bemerkte, und schmatzte weiter. Zögernd kam er ein wenig näher, den Blick fest auf meinen Löffel gerichtet. »Magst du auch ein bißchen?« fragte ich so ganz nebenbei und hielt ihm den gefüllten Löffel hin. Er schleckte daran, schleckte noch einmal, schluckte. Schnell schüttete ich den Inhalt des Bechers auf ein Tellerchen und schob ihn Dino hin. Er putzte ihn leer. Und ein paar Stunden später, als die anderen ihr Abendbrot bekamen, stellte er sich auch ein und futterte sein Schälchen fast zur Hälfte leer. Der Bann war gebrochen.

Nun war Dino nicht viel älter als ein Jahr, deshalb konnte er die Umstellung noch verhältnismäßig leicht vollziehen. Immerhin, ganz ohne spätere Folgen blieb seine Fastenzeit auch nicht. Auf seinem neuen Platz entwikkelte er eine Vorliebe für Hundefutter aus der Dose und Hundeknochen. Wie seine Leute das festgestellt haben, weiß ich nicht, denn er ist dort das einzige Haustier. Vielleicht hat der Nachbarshund sein Futter mit ihm geteilt.

In unserem Zusammenhang aber ist wichtig, daß Katzen, die einmal im Leben aus psychischen Gründen Schwierigkeiten beim Fressen machten, dazu neigen, diese Verhaltensweise zu wiederholen, gewissermaßen in ihre Persönlichkeit zu integrieren, sei es, daß sie ganz ungewöhnliche Geschmacksrichtungen entwickeln wie Dino, sei es, daß sie an allem herummäkeln, was man ihnen gibt, sei es, daß sie sich plötzlich mit Heißhunger auf etwas stürzen, was sonst mit schöner Regelmäßigkeit abgelehnt wurde. Man weiß nie, woran man ist. Man weiß nur eins, essen muß die Katze, und zwar unbedingt, sonst geht sie zugrunde.

Wichtig ist, daß Sie immer viel flüssige Nahrung bereitstellen, denn die wird erfahrungsgemäß eher akzeptiert als feste: Dosenmilch, pur oder mit Eigelb und/oder Traubenzucker verrührt, Joghurt, Dickmilch und natürlich immer frisches Wasser, denn eine Katze, die innerlich austrocknet, ist noch eher verloren als eine, die zu wenig oder keine feste Nahrung zu sich nimmt. Bieten Sie ihr alles an, was an Lebensmitteln in der Wohnung ist, einschließlich Pellkartoffeln, Brot und trockenen (ungekochten) Nudeln.

Ich kenne eine Katze, die bald zehn Jahre alt wird und sich nach Aussage ihrer Besitzerin vorwiegend von trokkenen Nudeln ernährt, während die anderen Katzen neben ihr Herz verspeisen. Allerdings handelt es sich um eine Auslaufkatze, die möglicherweise einen zweiten Futterplatz hat oder sich ihre Zukost draußen einfach selber fängt. Es gibt Katzen, die Erbsensuppe, Sauerkraut und Gurkensalat zu sich nehmen, Oliven, Mohnkuchen oder Kirschen. Das alles ist natürlich als Katzenfutter im Grunde völlig ungeeignet, aber bei einem Hungerkünstler kommt es darauf an, daß er überhaupt irgend etwas zu sich nimmt. Später kann man dann schrittweise zu normaler Katzenkost übergehen.

Einen Sonderfall der schwierigen Katzen stellt die alte Katze dar, die im nächsten Kapitel ausführlich behandelt wird. Oft hat sie ihr ganzes Leben lang völlig normal gefressen, im Alter aber wird sie wählerisch und heikel. Das ist in der Regel gesundheitlich bedingt, denn alte Katzen neigen genauso wie alte Menschen zu allen möglichen Leiden und Gebrechen. Auch der Darm-Magen-Trakt funktioniert oft nicht mehr so einwandfrei wie bei jüngeren Tieren. Die Katze spürt das natürlich und reagiert darauf mit Ablehnung von Futter, das ihr nicht mehr so gut bekommt.

Relativ leicht zu verwechseln sind die ausgesprochene Schmusekatze und die geduldige Katze. Bei genauerer Beobachtung ist der Unterschied allerdings gut zu erkennen. Die echte Schmusekatze ist aktiv, sie kommt zu ihren Menschen, schmeichelt ihnen um die Beine, springt auf den Schoß, um gestreichelt zu werden, und das bis zu zehn- oder zwanzigmal am Tag. Die geduldige Katze läßt es sich gefal-

len, wenn man sie oft hochnimmt und mit ihr kuschelt, genießt es vielleicht sogar, kommt aber nur selten von selber. Am ausgeprägtesten ist der Typus der geduldigen Katze bei den aus Amerika stammenden Ragdolls, die sich trotz ihrer beachtlichen Größe nur selten wehren, wenn man sie herumschleppt und alle möglichen Spiele mit ihnen anstellt. Ihre Passivität kann ihnen sogar gefährlich werden, z. B. wenn Kinder beim Spiel unabsichtlich zu weit gehen. Auch unter unseren Hauskatzen sind es vor allem große, kräftige Tiere, die zu den ausgesprochen geduldigen gehören, so wie auch bei Menschen oft die besonders großen, kräftigen keiner Fliege etwas zuleide tun können.

Gelegentlich wird behauptet, daß Katzenweibchen verschmuster wären als Kater. Ich kann das eigentlich nicht bestätigen. Gewiß, meine schwarze Petra war eine typische Schmusekatze, aber Angel und Aljoscha sind das auch. Bei den Katzen meiner Freunde konnte ich auch nicht beobachten, daß die Weibchen mehr nach Streicheleinheiten verlangen als die Männchen, das ist individuell ganz verschieden und offenbar unabhängig vom Geschlecht. Junge Katzen sind natürlich verschmuster als erwachsene. Ebenso besteht im Bedürfnis nach Zärtlichkeit kein gravierender Unterschied zwischen Wohnungs- und Auslaufkatzen. Draußen mag sie soeben noch ein aufregendes Abenteuer bestanden und sich erfolgreich unter ihren Artgenossen behauptet haben, aber ins Haus zurückgekehrt, ist sie wieder das verschmuste Kätzchen, das dem Besitzer schnurrend auf den Schoß springt.

Domestizierte Katzen bleiben, wie Verhaltensforscher nachgewiesen haben, ihr Leben lang kindlich, vermutlich, weil sie keinen Existenzkampf kennen. Wenn eine verwilderte Katze jagt, tut sie es, um sich und vielleicht auch noch ihre Jungen am Leben zu erhalten, während eine Hauskatze lediglich ihrem angeborenen Jagdtrieb folgt und die Beute womöglich gar nicht oder nur teilweise verzehrt. Bringt sie ein totes Beutetier ins Haus und legt es dort ab, so will sie, nach der schönsten Deutung jedenfalls, die ich kenne, damit ihren Beitrag zum Unterhalt der Familie leisten, in der sie lebt. Andere Autoren sprechen davon, daß sie ihren Leuten ein Geschenk machen will. In beiden Fällen handelt es sich um eine großherzige Geste, und wir verhalten uns völlig falsch, wenn wir schreien und zetern, sie anbrüllen oder gar bestrafen. Die Katze ist fassungslos angesichts einer solchen Reaktion und mit Recht beleidigt. Bei Auslaufkatzen muß man auf derartige Überraschungen immer gefaßt sein. Da ist Diplomatie angebracht – und ein wenig Verstellung. Wir brüllen ja auch einen Gast nicht empört an, wenn er uns ausgerechnet die Blumen schenkt, deren Duft wir nicht ausstehen können. Also, Nerven behalten, die Katze loben, das Corpus delicti auf die Müllschippe nehmen und beseitigen. Mehr Entgegenkommen kann die Katze allerdings nicht verlangen. Wir konnen schließlich nicht ihr zuliebe die Gabe zum Abendessen servieren.

Die unberechenbare Katze gibt es nicht, ich will es gleich vorwegnehmen. Die »unberechenbare Katze« ist eine Erfindung, von uns Menschen, genauso wie die »falsche Katze«.

Unberechenbarkeit ist nicht etwa ein Persönlichkeitsmerkmal bestimmter Katzen, wie z. B. Distanziertheit oder Geselligkeit, sie ist viel mehr Ausdruck dafür, daß wir als Menschen viele Verhaltensweisen der Katze nicht ausreichend verstehen können. Meist liegt es, wie auch dann, wenn wir eine Katze falsch nennen, daran, daß sie sehr viel schneller reagiert als wir, oft auch daran, daß wir kleine Reaktionen der Katze nicht wahrnehmen und dann über die großen verblüfft sind, oder unsere Sinne schlicht etwas nicht registrieren, während die Katze deutliche Signale einfängt. Da sich dennoch das Vorurteil der unberechenbaren Katze hartnäckig hält, sei an einigen Situationen, die jeder Katzenfreund kennt, noch einmal verdeutlicht, wann und warum uns Katzen unberechenbar erscheinen.

Unser Schmusetiger liegt gemütlich schnurrend auf unserem Schoß oder dem Sofa. Plötzlich springt er mit einem Satz ab, als sei ein Haufen wilder Hunde hinter ihm her. Erstaunt sieht man dann, daß er auf dem Teppich sitzt und sich in aller Ruhe putzt.

Das konnte doch so dringend und unaufschiebbar nicht sein. Oder vielleicht doch? Hat er plötzlich einen starken Juckreiz verspürt? Schon möglich. Fragen kann man ihn ja leider nicht. Wahrscheinlich ist aber, daß er nur irgendein leises Geräusch gehört hat, das uns entgangen ist, oder ihm ist einfach etwas eingefallen, was er jetzt, in diesem Moment, gern tun würde, einen Schluck Wasser trinken, auf die Fensterbank springen oder sich putzen. Und da Katzen, wie bereits erwähnt, ein sehr viel schnelleres Reaktionsvermögen besitzen als wir, ist die Zeitspanne zwischen Vorstellung und Tat außerordentlich gering. Hätte er sich erst ein wenig gestreckt, einen Buckel gemacht, wäre langsam aufgestanden und abgesprungen, wäre der Fall klar. Aha, jetzt hat er etwas anderes vor, würden wir uns sagen, mit einer gewissen Erleichterung sogar, wenn er auf dem Schoß saß, denn es ist ja eine ganz angenehme Abwechslung, wenn man die Beine mal so richtig ausstrecken kann. Da wir aber seine Absicht aus Zeitmangel nicht vorher durchschauen können, kommt seine Reaktion uns unberechenbar vor.

Geschwindigkeit ist keine Hexerei, sagte meine Großmutter oft. Das gilt besonders für Katzen, schnell sind sie, blitzschnell, aber nicht unberechenbar. Am meisten fällt dieses unglaubliche Tempo auf, wenn sie uns so aus dem Stand vom Schoß springen. Aber wenn man genauer aufpaßt, kann man es bei allen möglichen Gelegenheiten beobachten.

Ich will Kolja bürsten, drehe mich um, nehme die Bürste aus der Schublade. Wo ist er denn? Eben saß er doch noch vor mir. Ja, eben. Jetzt ist er vielleicht schon auf dem Schrank im Wohnzimmer, futtert Gras auf dem Balkon oder hat sich auf dem Sessel schlafen gelegt. Oder ich nehme eine Bluse aus dem Kleiderschrank, rasch, ohne die Tür ganz zu öffnen, denn in den Kleiderschrank schlüpfen die Katzen mit Vorliebe. Eine Stunde später, den kleinen Vorfall habe ich längst vergessen, gibt's Futter. Alle kommen, nur Angel nicht. Wo steckt er nur? Unterm Bett ist er nicht, hinterm Vorhang nicht, auf dem Balkon nicht. Angel! Keine Antwort, natürlich nicht, es macht doch einen Heidenspaß, sich suchen zu lassen. Angel!? Grischa, der Liebe, Gutmütige, scheint den leichten Anflug von Hysterie in meiner Stimme gespürt zu haben. Er läßt sein Futter stehen – wo er doch so gern ißt –, trottet zum Kleiderschrank und mauzt leise. Da fällt mir die Bluse wieder ein. Das kann doch nicht wahr sein, ich habe doch so aufgepaßt. Ganz lässig spaziert er heraus, der Angel. Ist was? Nein, Kleiner, hier ist dein Futter. Und guten Appetit. Hexerei? Unberechenbarkeit? Nein, Geschwindigkeit.

Kleine und große, alte und junge Katzen

Im Gegensatz zur Persönlichkeit der Katze ist ihre Kondition dem Wechsel unterworfen. Junge Katzen werden erwachsen, kranke wieder gesund, scheue bei richtiger Behandlung zutraulich, nur die alte Katze ändert sich nicht mehr, sie wird höchstens noch älter. Deshalb verlangt die Kondition der Katze dem Besitzer in der Regel nur vorübergehend besondere Aufmerksamkeit und Rücksichtnahme ab. Je mehr man sich auf die unter Umständen kritische Situation einstellt, desto rascher läßt sie sich überwinden.

Junge Katzen werden anhänglicher und verschmuster, wenn man sich viel mit ihnen beschäftigt. Sie brauchen vor allem Körperkontakt, deshalb ist bei jungen Katzen das, was sich für erwachsene Tiere nur mit Einschränkungen empfehlen läßt, genau richtig: viel hochnehmen, einfach so zwischendurch, und streicheln. Bei erwachsenen Tieren sollte man das nur machen, wenn sie deutlich zeigen, daß sie zu Zärtlichkeiten aufgelegt sind, um die Beine streichen, Köpfchen geben, sich auf den Boden werfen und einen erwartungsvoll anschauen. Kleine Katzen freuen sich immer, wenn wir ihnen unsere Zuneigung zeigen, es sei denn, man reißt sie aus dem Schlaf oder stört sie beim Essen. Es ist erwiesen, daß Tier- wie Menschenkinder gesünder und widerstandsfähiger, selbständiger und lebenstüchtiger werden, wenn sie in der ersten Zeit ihres Lebens viel Liebe und Wärme erfahren haben.

Ebenso wichtig ist es, kleine Katzen möglichst nie ungeduldig zurückzuweisen, wenn sie eifrig angelaufen kommen, um zwischen Spiel und Schlaf, Futter und Entdeckungsreisen den Kontakt zu ihren Menschen zu erneuern. Wenn man hier und da mal wirklich keine Minute erübrigen kann, weil man gerade Kuchtenteig knetet oder sich die Fingernägel lakkiert, ist das nicht gleich eine Tragödie, häufige Zurückweisungen aber verunsichern die jungen Katzen und untergraben ihr Vertrauen zu allen Menschen, nicht nur zu ihrem Menschen.

Deshalb sollten wir in Fällen, in denen wir die kleinen Racker absolut nicht gebrauchen können, ihnen wenigstens ein paar freundliche Worte gönnen. Natürlich verstehen sie es nicht wortwörtlich, wenn wir sagen: »Im Moment geht es wirklich nicht, Schätzchen, nicht böse sein. Spielt noch ein bißchen.« Aber sie entnehmen dem Klang der vertrauten Stimme die wesentliche Information: Mein Mensch mag mich, auch wenn er jetzt gerade nicht mit mir schmusen will. Und darum geht es, wir sollten den Katzen immer das Gefühl vermitteln, daß wir sie gern haben, uns freuen über ihre Anwesenheit, sie lieben. Dann haben wir zufriedene, brave Schnurrtiger im Haus.

Kleine Katzen führen uns auch gern vor, was sie schon alles können, vielleicht gerade erst neu gelernt haben. Einen kühnen Sprung von einem Sessel auf den anderen oder einen

Salto mortale, dem in die Höhe geworfenen Bällchen nach. Man sollte nach solchen Leistungen mit Lob und Bewunderung nicht sparen. Und wenn mal etwas nicht so ganz klappt, beim Absprung von der Fensterbank auf den Schrank vielleicht ein Blumentopf zu Bruch geht, ist es falsch, ein Drama daraus zu machen. Mit so etwas muß man rechnen, wenn man kleine Katzen daheim hat.

Mich macht es immer ganz krank, wenn ich mit ansehen muß, wie ängstlich und geduckt so ein kleiner Missetäter sich nach einem solchen Malheur davonschleicht. Wir zerbrechen schließlich auch mal ein Glas oder eine Vase, weshalb sollten Katzen das nicht dürfen? Zerbrechliche Wertgegenstände hebt ein gewiefter Katzenfreund sowieso unter Verschluß auf. Die Katze ist erleichtert und dankbar, wenn man so ein kleines Mißgeschick mit taktvollem Schweigen übergeht. Sie zieht mit Sicherheit nicht den Schluß daraus, daß sie sich in Zukunft alles erlauben darf. Katzen sind stolz auf ihre Geschicktlichkeit und stellen sich nie mit Absicht tolpatschig an. Sie sind im Gegenteil beschämt, wenn ihnen etwas nicht glückt. Aber die kleine Katze muß natürlich erst lernen, ihre Kräfte und Fähigkeiten richtig einzuschätzen und einzusetzen, und das kann sie nur durch Übung.

Ein gutes Mittel, um Katzen in dieser Lernphase beizustehen, ist Ermutigung. Als mein Aljoscha wieder gesund war und anfing, seine verlorene Jugend nachzuholen, hatte er zunächst Schwiergkeiten beim Springen. Er verschätzte sich in der Entfernung, rutschte ab und zögerte, ziemlich verunsichert, vor jedem neuen Sprung länger. Ich habe mich damals oft neben ihn gestellt und die Lage »fachmännisch« begutachtet. »Ich glaube, das schaffst du«, habe ich dann ganz ruhig gesagt. »Ja, ich denke schon. So weit ist das gar nicht, was meinst du?« Genau diesen Beistand, dieses gute Zureden, scheint er gebraucht zu haben. Langsam kehrte sein Selbstvertrauen zurück, und die Sprünge wurden sicherer. Da er damals schon über ein Jahr alt war, also ein erwachsener Kater, habe ich ihn nicht überschwenglich gelobt, irgendwie wäre mir das albern vorgekommen und ihm wahrscheinlich auch, sondern ihm nur wie ein Trainer freundlich und sachlich Anerkennung gezollt: »Gut war das, Kleiner. Siehst du, es geht schon wieder.« Bei kleinen Katzen darf man das Lob ruhig etwas dicker auftragen. Freuen Sie sich mit ihnen über ihre Fortschritte.

Erziehen wie Hunde kann man Katzen jedoch nicht, das ist eine Binsenwahrheit. Am besten, man versucht es gar nicht erst. Dann erspart man sich viele Enttäuschungen. Ein wenig gängeln lassen sie sich schon. Sehr hilfreich sind dabei die beiden Zauberworte »Ja« und »Nein«. Diese zwei Worte sollte die kleine Katze neben ihrem eigenen Namen als erstes lernen. »Ja» steht für alles Positive, Erfreuliche, Angenehme, »nein« ist Warnung, Verbot, Tabu. Die entsprechende Assoziation verstärkt sich, wenn man die Katze daran gewöhnt hat, mit »ja« Streicheleinheiten zu verbinden, während man sie sanft, aber energisch woanders hinsetzt, wenn sie im Begriff ist, etwas anzustellen oder sich selber in Gefahr zu bringen, und dabei mehrmals deutlich »nein« sagt. Danach sollte man sofort mit ihr spielen, ein Bällchen werfen oder verführerisch mit Papier knistern oder sich etwas anderes einfallen lassen, um sie abzulenken. Ablenkung wird in der »Katzenerziehung« ganz groß geschrieben. Die Katzenkinder betrachten jede Ablenkung als Anregung, und für Anregungen sind sie immer dankbar. Bei dem neuen Spiel vergessen sie völlig, was sie eigentlich vorhatten, jedenfalls für eine Weile. Junge Katzen können manchmal, ich sagte es schon, ziemlich anstrengend werden. Schaffen Sie sich eine Ruhepause, indem Sie sie an ein Mittagsschläfchen gewöhnen. Kleine Katzen toben viel herum, aber sie schlafen auch viel, um neue Kräfte zu tanken. Nach einer guten Mittagsmahlzeit werden sie ganz von allein schläfrig. Tragen Sie sie in ein Zimmer, das zur Zeit nicht benutzt wird, in der Regel wird es das Schlafzimmer sein, und legen Sie sie auf den dort vorhandenen Katzenschlafplatz. Noch ein paar leise, freundliche Worte, ein letztes Streicheln, und dann können Sie aufatmend die Tür hinter sich ins Schloß ziehen. Jetzt haben Sie zwei Stunden vor sich, in denen Sie sich in Ihren vier Wänden ganz normal bewegen dürfen. Das ist nämlich, wenn man kleine Katzen im Haus hat, völlig unmöglich. Die geraten einem dauernd zwischen die Füße. Um nicht auf so ein zerbrechliches kleines Wesen zu treten, gewöhnt man sich am besten einen schlurfenden Schleichschritt an, bei dem die Füße kaum noch vom Boden gehoben werden. Sehr zu empfehlen ist es, barfuß zu gehen oder in Socken. Türen und Schränke darf man nur noch langsam und vorsichtig öffnen und vor allem schließen, damit man nicht versehentlich so ein winziges Fellbündel einklemmt, das es fertigbringt, überall zugleich zu sein. Man kann gar nicht genug aufpassen, um Unfälle zu vermeiden. Auch die heiße Herdplatte, die brennende Kerze, den Aschenbecher, auf dem eine Zigarette vor sich hinglimmt, muß so ein vorwitziges Katzenkind natürlich begutachten, und zwar aus nächster Nähe. Mein Angel hat sogar einmal an meinem Whisky-Soda geschleckt. Akohol ist für Katzen aber reines Gift! Man darf auch nie vergessen, den Toilettendeckel zu schließen. Die kleine Katze fällt nicht etwa hinein, nein, sie klettert freiwillig hinein, aus reiner Abenteuerlust. Nur heraus kommt sie nicht mehr. Viele sind schon im Becken ertrunken.

Eine Wohnung ist keine Apotheke. Da muß nicht alles in Reih und Glied stehen, aufgeräumt und griffbereit. Aber auch wenn man daheim ein gemütliches Durcheinander liebt, wenn es um kleine Gegenstände geht, muß man wohl oder übel zum verhaßten preußischen Ordnungsprinzip zurückkehren. Kleine Katzen spielen mit allem, was ihnen unter die Pfötchen kommt, aber leider nehmen sie auch alles, was die richtige Größe hat, in den Mund, und dabei verschlucken sie vieles. In den Mägen von Katzen haben Tierärzte schon die unwahrscheinlichsten Dinge gefunden: Gummiringe, Nadeln aller Art, Büroklammern, Perlen, Knöpfe, Spielsteine, Zigarettenstummel, Verschlußkappen

von Flaschen, Radiergummis, Ohropax, Wattekugeln, Styropor von Verpackungen, Bindfäden, Wollreste, Glas- und Porzellanscherben, Knöpfe, Nußschalen, Haarnadeln, Ohrringe. Die Liste läßt sich beliebig verlängern. Das heißt, kleine Gegenstände dürfen in einem Haushalt mit jungen Katzen nicht offen herumliegen. Am besten gewöhnt man sich gleich daran, sie auch dann noch sicher zu verwahren, wenn die Katzen erwachsen geworden sind, denn auch große Katzen sind verspielt und neigen dazu, Dinge zu verschlucken, die ihnen danach buchstäblich schwer im Magen liegen, so schwer, daß oft nur noch eine Operation in letzter Minute sie retten kann. Ganz besonders vorsichtig muß man mit Medikamenten aller Art sein, Tabletten und Dragées, egal, ob sie für den Menschen bestimmt sind oder für ein anderes Haustier, müssen sofort nach Gebrauch wieder verwahrt werden. Größte Vorsicht ist auch bei Zimmerpflanzen und Blumensträußen geboten. Für Katzen ist das ein Stück Natur. Meine werfen gefüllte Vasen grundsätzlich um, damit sie besser an die Blumenpracht herankommen. Ich bitte deshalb alle Bekannten inständig: Bringt mir keine Schnittblumen mit! Viele Zimmerpflanzen und Blumen sind für Katzen giftig, die wichtigsten davon führe ich im Kapitel »Verletzungen und Krankheiten« (s. S. 219f.) auf.

Katzen sind verspielt. Es müssen nicht unbedingt Bauklötzchen sein – aber warum nicht?

Mein Angel hält Zellophan- und Plastikfolien - Verpackungsmaterial für einen Leckerbissen. So schnell kann man das Zeug oft gar nicht wegräumen, wie er danach schnappt. Als Grischa ins Haus kam, zeigte sich, daß er perfekt Mülltüten aufschlitzen konnte, aber wenigstens nagte er nicht daran herum. Wahrscheinlich hat er auf Ischia von seiner Katzenmutter gelernt, wie man am besten an den Inhalt herankommt, um nach etwas Eßbarem zu fahnden. Seit er davon überzeugt ist, daß er bei mir genügend Futter bekommt, hat er zum Glück damit aufgehört. Aber Angels lebensgefährlicher Appetit auf Plastikverpackungen hält unvermindert an. Normalerweise und in einer natürlichen Umwelt wissen Katzen ganz genau, was ihnen bekommt und was nicht. Für domestizierte und der Natur entfremdete Katzen gilt das leider nur noch bedingt. Da absonderliche Geschmacksrichtungen sich vor allem bei gezüchteten Rassekatzen häufen, nehme ich an, daß bei Angel in diesem Punkt das Siamerbe durchbricht. Bei meinen anderen Katzen konnte ich derartige Abweichungen von der Norm jedenfalls nicht beobachten.

Junge Katzen, die zu früh von der Mutter getrennt wurden »treteln«, und zwar oft ihr ganzes Leben lang. Langsam und mit Genuß graben sie abwechselnd ihre beiden Vorderpfoten in eine weiche Unterlage, mit ausgezogenen Krallen, oft wird gleichzeitig ein Stoffzipfel in den Mund genommen, um daran zu nuckeln. Die Katze wirkt dabei völlig versunken. Es handelt sich um die Fortsetzung des sogenannten Milchtritts, mit dem kleine Katzen versuchen, den Milchfluß der Mutter anzuregen. Hatten sie dazu zu wenig Gelegenheit, so manifestiert diese Gewohnheit sich später, was natürlich Folgen hat. Mit Vorliebe nämlich wählen sie zum Treteln die Magengegend des Besitzers, während sie auf dem Schoß sitzen. Ich weiß nicht, wie viele Pullover Angel, der keine drei Wochen bei seiner Mutter war, bevor er ausgesetzt wurde, mir auf diese Weise schon aufgearbeitet hat. In zwölf Jahren kommt da einiges zusammen.

Manche Katzen begnügen sich mit einer Wolldecke, aber das dürfte die Ausnahme sein. In der Regel lassen sich allenfalls die Folgen mildern, wozu auch mehr oder weniger schmerzhafte kleine Krähler auf der Haut gehören, indem man zur Schmusestunde einen alten, möglichst dicken Pullover anzieht. Selbst die klügste Katze hat keinerlei Verständnis dafür, wenn man ihr das Treteln zu untersagen versucht, es nützt auch nichts, sie kommt immer wieder darauf zurück. Es handelt sich offensichtlich um ein elementares Bedürfnis, dem die Katze nicht widerstehen kann. Wie soll sie begreifen, daß die menschliche Ersatzmutter – es kann natürlich auch ein Mann sein – abwehrend darauf reagiert?

Man kann versuchen, die Katze umzustimmen, indem man sie eifrig streichelt, sobald sie mit dem Treteln anfängt, vor allem am Köpfchen. Das irritiert sie, und zwar auf angenehme Weise. Sie weiß dann nicht so recht, was schöner ist, das Streicheln zu genießen oder Treteln, und hört oft mit letzterem auf. Aber das ist auch nicht mehr als eine Soforthilfe, abgewöhnen kann man ihr das Treteln damit nicht. Bei Katzen, die eine normale Kindheit verlebt haben und acht bis zehn Wochen bei der Katzenmutter bleiben durften, tritt dieses Treteln allerdings auch höchstens gelegentlich mal auf.

Es ist ein wunderschönes Erlebnis, kleine Katzen aufzuziehen, zu beobachten, wie sie sich entwicklen, ihren Lebensraum erforschen und erobern, feste kleine Gewohnheiten annehmen und so zauberhaft miteinander spielen, daß man ihnen stundenlang zuschauen könnte. Aber jedes Vergnügen hat auch seinen Preis. Man muß viel Zeit und Geduld investieren und das häusliche Leben vorübergehend weitgehend auf die Katzenkinder abstellen. Ein halbes Jahr etwa dauert dieses Phase, dann sind sie geschlechtsreif oder werden es bald und gelten damit in Katzenkreisen als erwachsen. In diesen acht Monaten, wenn man die ersten acht Wochen bei der Katzenmutter hinzurechnet, haben sie ein unglaubliches Lernpensum hinter sich gebracht. Jetzt, aber erst jetzt, beginnen sie zu verstehen, daß ihre Menschen auch noch andere Aufgaben haben, und man kann anfangen, sich mit ihnen für die nächsten zehn bis zwanzig Jahre zu arrangieren. Das geht um so reibungsloser, desto mehr Zuwendung sie in ihrer Kindheit erfahren haben. Katzen aber, die aus Mangel an Zeit oder anderen Gründen als Jungtiere viel auf sich selbst angewiesen waren und wenig Anregung und Beachtung erhielten, verkümmern oder entwickeln Verhaltensstörungen.

Ein extremer, aber gar nicht so seltener Fall als warnendes Beispiel: Ein junger, temperamentvoller Kater lebt bei einer berufstätigen Dame, die abends oft ausgeht, als Einzelkatze in der Wohnung ohne Auslauf. Er muß seine Frustration, Einsamkeit und Langeweile irgendwie abreagieren. Er wird unsauber, zerfetzt alles, was ihm unter die Krallen kommt, einschließlich der Arme und Beine der Besitzerin. Nachts, wenn sie schlafen will, will er mit ihr spielen. Außerdem markiert er natürlich, sobald er geschlechtsreif wird, das tun alle unkastrierten Kater. Der Geruch ist für unsere Nasen unerträglich. Die Katastrophe – für die Katze – ist vorprogrammiert. Ab ins Tierheim.

Sehr viel weniger Anforderung als ein Jungtier stellt die physisch und psychisch gesunde, erwachsene Katze, und dazu dürften rund 80 Prozent aller Wohnungskatzen gehören. Wenn sie liebevoll behandelt, gut verpflegt und sowenig wie nur möglich gegängelt wird, ist sie ganz zufrieden und gewöhnt sich meist auch in einer neuen Umgebung verhältnismäßig rasch ein. Wichtig ist, daß wir auch mit erwachsenen und älteren Katzen noch regelmäßig spielen. Gerade reine Wohnungstiger brauchen ihr tägliches Fitneßtraining und sind mit Feuereifer bei der Sache. Allerdings sollte die Spielstunde vor und nicht nach den Mahlzeiten stattfinden, sonst kommt es leicht zum Erbrechen.

Nach dem Essen will die Katze sich putzen, und danach hält sie oft ein Verdauungsschläfchen.

Die in vielen Katzenbüchern vertretene Ansicht, daß erwachsene Katzen von 24 Stunden zwanzig schlafen, neuerdings ist sogar von 93 Prozent des Tages die Rede, das wären rund 22 Stunden, kann ich aus meiner eigenen Praxis nicht bestätigen. Für alte Katzen, die gesundheitlich nicht mehr ganz auf der Höhe sind, mag das zutreffen, aber mein Aljoscha, der 5½ Jahre alt ist, hat z. B. wesentlich längere Aktivitätsphasen. Allein am späten Abend läuft er, wenn ich noch arbeite, mindestens zwei Stunden zwischen Balkon, Küche und Wohnzimmer hin und her. Zwischendurch kommt er zwar mal für zehn Minuten auf den Schoß, wo er aber nicht etwa schläft, sondern schnurrt und gekrault werden will. Wenn er sich dann auf ein Regal heben läßt, um von dort aus zu seinem geliebten Schlafkarton auf dem Schrank zu spazieren, so kommt er mindestens noch zweimal wieder herunter, weil er irgend etwas furchtbar Wichtiges vergessen hat. Das allein sind schon drei Stunden, er müßte also sämtliche anderen Aktivitäten in einer einzigen Stunde erledigen, wovon gar keine Rede sein kann. Ich kann mich nicht mit der Stoppuhr in der Hand neben ihn stellen, aber mehr als 18 Stunden innerhalb von 24 schläft er mit Sicherheit nicht, eher weniger. Bei meinen anderen Katern war das, als sie noch jünger waren – heute sind sie zwischen elf und siebzehn – nicht anders, nur Grischa hat schon immer auffällig viel geschlafen oder zumindest gedöst, doch er war, vorgeschädigt durch vier bis fünf schwere Monate auf Ischia, wohl nie hundertprozentig gesund.

Der Schlafrhythmus ist bei Katzen ganz anders als beim Menschen. Wir legen uns abends ins Bett, schlafen im Durschschnitt sieben bis acht Stunden durch, und das war's dann. Der Mittagsschlaf ist bei Erwachsenen weitgehend aus der Mode gekommen. Die Katze schläft nie so lange durch, auch nachts nicht, legt dafür aber am Tage mehrere Schlafpausen ein, die bis zu zwei, drei Stunden dauern können. Auch kurze Nickerchen von zwanzig bis dreißig Minuten sind beliebt. In den dazwischen liegenden Aktivitätsphasen erledigt sie das gesamte Katzenpensum: Nahrungsaufnahme, Putzen, Krallenpflege, die notwendigen Gänge ins Katzenkästchen, Spielen, Schmusen, Kontaktpflege mit Artgenossen und anderen Haustieren, Beobachtung aller interessanten Vorgänge im Haus und draußen, Abschnuppern all der aufregend riechenden Taschen und Körbe, die in die Wohnung gebracht werden, Begrüßung heimkommender Familienmitglieder oder Gäste, Inspektionsgänge durch die Wohnung und Ausflüge auf den Balkon oder in den Garten. Hinzu kommen die unvermeidlichen Wartezeiten, bis das Futter endlich fertig ist – die Katze, die dabei einschläft, möchte ich sehen –, und die leider immer wieder erforderlichen Mahnungen an den säumigen Besitzer, sich um sie zu kümmern, statt um irgend etwas anderes. Da reichen vier Stunden nur aus, wenn man einige Punkte nur ganz oberflächlich abhakt oder ganz streicht.

Und eben genau das macht die alte Katze.

Schlaf und Ruhe gewinnen für Katzen bei zunehmendem Alter immer mehr an Stellenwert. Auch wenn die alte Katze noch kerngesund ist, verliert sie doch allmählich an Beweglichkeit, wird ruhiger, das Gehör und die Sehfähigkeit lassen langsam nach, so daß ihr vieles, was früher mit Sicherheit ihr Interesse geweckt hätte, gar nicht mehr auffällt.

Die Frage, ab wann man von einer alten Katze spricht, ist nicht leicht zu beantworten. Vor einigen Jahren hieß es noch, daß bereits eine zehnjährige Katze zum alten Eisen gehört. Nun rechnet man für das erste, entscheidende Lebensjahr einer Katze zwanzig Jahre im Menschenleben, für jedes weitere vier Menschenjahre. Eine zehnjährige Katze wäre demnach also 56. Das kann man noch nicht als alt bezeichnen. Ich denke, man sollte auch bei Katzen stärker differenzieren und die Begriffe der älteren oder alternden Katze einführen. Dabei käme man der Realität wohl ziemlich nahe, wenn man die Katze zwischen dem elften und dreizehnten Lebensjahr, also zwischen 60 und 72, als älteres Tier anspricht, und das Alter für alles, was darüber hinausgeht, ansetzt.

Vergleiche ich meinen zwölfjährigen Angel mit dem siebzehnjährigen Nello, so liegen Welten dazwischen. Aber auch bei Nello war vor fünf Jahren vom nahenden Alter noch kaum etwas zu spüren. Kommt ein chronisches Leiden hinzu, so altert die Katze natürlich rascher, Kolja, jetzt 14, erkrankte mit neun Jahren an einer chronischen Insuffizienz der Bauchspeicheldrüse. Damals war er ein kräftiger Kerl mit einem regelrechten Stiernacken und dichtem Fell. Durch die Krankheit nahm er jedoch rapide ab und verlor büschelweise Haare.

Merkwürdig ist, daß bei Katzen im Gegensatz zu uns das Gesicht im Verhältnis zum Körper kaum altert. Der Körper wird magerer, zum Teil, weil die Tiere im Alter weniger essen, zum Teil, weil sie die aufgenommene Nahrung nicht mehr voll verwerten können. Die Bewegungen sind nicht mehr so elegant, sie werden eckiger, steifer. Das Fell kann zottelig werden, weil die alte Katze sich nicht mehr so häufig und gründlich putzt. Aber das Katzengesicht verändert sich kaum. Das liegt daran, daß Katzen wesentlich weniger Gesichtsmuskeln besitzen als der Mensch, weshalb ihre Mimik auch viel weniger ausgeprägt ist. Wer das schöne, freundliche Gesicht seiner Katzen besonders liebt, kann sich weiter daran erfreuen, auch wenn das Tier schon über achtzig ist.

Wie bereits erwähnt, entwickeln alte Katzen sich oft zu schwierigen Essern. Wenn sie alles, was man ihnen gibt, unkontrolliert hinunterschlingen, sind sie krank wie mein Kolja. Sehr viel häufiger tritt das Gegenteil auf, die Katze mag heute dies nicht, morgen jenes nicht und nimmt nur noch kleine Häppchen zu sich. Man muß ihnen oft etwas anbieten, denn sie halten sich nicht mehr an die üblichen Futterzeiten, sondern kommen irgendwann in die Küche, wenn sie gerade mal Appetit verspüren. Und dann geht das Theater erst richtig los.

Seit etwa zwei Jahren hat Nello beschlossen, als Hauptmahlzeit nur noch Rinderhack zu akzeptieren, aber frisch muß es sein. Woher bekomme ich am Pfingstmontag frisches Rinderhack? Ein Rest vom Vortag ist noch da, aber den verschmäht er. Vielleicht etwas Dosenmilch? Nein danke, jetzt nicht. Erwartungsvoll schaut er mich an. Er will essen, aber was? Ein wenig Käse? Natürlich kommt nur eine einzige Sorte in Frage. Auch nicht. Schon halb verzweifelt gebe ich ihm eine kleine Portion Dosenfutter aufs Tellerchen. Tatsächlich, er nimmt gnädig ein paar Bissen. Da habe ich Glück gehabt. Es hätte auch ein verrührtes Eigelb sein können oder Hefeflocken oder Fleischbrühe mit Haferflocken. Eine chinesische Reistafel ist leichter herzurichten.

Wenn der mehr als mollige Grischa oder der ihm langsam nacheifernde Aljoscha mal eine Mahlzeit ausließen, würde ich mir keine Gedanken darüber machen. Aber der alte Nello, der immer leichter wird, obwohl man das bei seinem halblangen Fell – da muß sich mal ein Perser unter die Vorahren gemischt haben – kaum sieht, muß unbedingt Futter zu sich nehmen. Deshalb gehe ich auch zu ihm und biete ihm etwas an, wenn er sich mal gar nicht am Futterplatz blicken läßt. Meist ist die Eßlust an ungewohnten Plätzen überraschenderweise größer. Man muß also Geduld und Zeit investieren, um eine alte Katze über die Runden zu bringen, sich etwas einfallen lassen, um ihren Mangel an Appetit zu überlisten. Wenn sie länger als 24 Stunden fastet, ist der Gang zum Tierarzt an der Reihe, es sei denn, man weiß, daß sie an Verstopfung leidet. Dann kann man es zunächst mit einem Teelöffel Öl versuchen, jedes gute Speiseöl erfüllt seinen Zweck, wenn die Katze es absolut nicht nehmen will, helfen auch ungekochte Frischmilch oder Ölsardinen. Ist der Darm wieder leer, so erwacht auch der Hunger, und zwar oft schon wenige Minuten später.

Wenn eine alte Katze sehr schlecht ißt, beim Trinken aber keine Schwierigkeiten macht, sollte man ihr eine gute lauwarme Fleischbrühe mit einem Löffelchen Haferflocken hinstellen, und wenn sie das nimmt, beim nächstenmal noch ein Eigelb hineinrühren. Dadurch bekommt sie nicht nur lebenswichtige Flüssigkeit zugeführt, sondern auch noch ein paar Kalorien. Stellen Sie ihr Dosenmilch hin, unverdünnt, am besten mit zehn Prozent Fettgehalt, oder das Gelée von Fleischsülze. Ebenso lohnt sich ein Versuch mit Babynahrung, womit übrigens auch bei der Aufzucht von kleinen Katzen gute Erfolge erzielt werden. Grundsätzlich gilt: Ein Versuch ist zuwenig, man muß ihr etwas Neues schon mehrmals vorsetzen, erst dann kann man feststellen, ob sie es immer, nur gelegentlich oder überhaupt nicht mag.

Bei dieser Art der Fütterung bleiben notgedrungen häufig Reste übrig. Es empfiehlt sich deshalb, immer nur kleine Mengen zu kaufen. Wenn ein Hund oder andere Katzen da sind, bekommen die halt die Überbleibsel. Im Winter kann man mit den festen Bestandteilen auch die Krähen füttern. Sonst bleibt nichts anderes übrig,

als das Zeug wegzuwerfen. Eine heikle Katze verhungert lieber, als die Reste vom Vortag zu verzehren, auch wenn sie im Kühlschrank aufbewahrt und leicht angewärmt wurden.

Man darf auch nicht entsetzt sein, wenn eine alte Katze nicht mehr ganz so zuverlässig stubenrein ist. Es kommt vor, daß sie sich neben das Kästchen setzt oder auch an einen ganz anderen Platz. Selbst mein Nello, der ausnahmslos brav ins Kästchen ging, selbst nach seinem schweren Sturz vom Balkon, als er wirklich schlecht dran war, hat in letzter Zeit ein paarmal den Boden im Bad, einmal auch in meinem Schlafzimmer mit der Katzentoilette verwechselt. Wobei ich nicht weiß, ob es sich wirklich um eine Verwechslung handelte. Sicher ist, daß der Geruchssinn die Katze unfehlbar zum Kästchen führt, wenn es soweit ist, aber auch, daß die Sinnesorgane der Katze im Alter nachlassen. Andererseits geht er ja fast immer ins Kästchen, ich habe oft beobachtet, wie er sich redlich plagt, um dann manchmal doch unverrichteter Dinge wieder abzuziehen. Vielleicht liegt eine Art Altersvergeßlichkeit vor, die nur sporadisch auftritt.

Auch das Erbrechen tritt bei älteren Katzen häufiger auf. Der Magen ist empfindlicher geworden, sie vertragen vieles nicht mehr so gut wie in jüngeren Jahren. Wenn man feststellt, daß sie ein bestimmtes Futter regelmäßig wieder ausspucken, streicht man es am besten ganz. Nicht verzichten darf man allerdings auf den Grastopf, obwohl gerade nach der Aufnahme von Gras sich Katzen oft übergeben müssen. Das Gras hilft den Tieren dabei, im Magen zusammengeklumpte Fellhaare, die Bezoare, wieder auszuwürgen. Außerdem, und das ist noch wichtiger, enthält es das für Katzen lebensnotwendige Enzym Folat, das sich auf andere Weise nicht ersetzen läßt. Sorgen Sie nach Möglichkeit dafür, daß die Katzen nicht ausgerechnet vor den Mahlzeiten Gras aufnehmen. Manche Katzen essen genau wie manche Menschen zu hastig. Oft spucken sie dann das noch nicht einmal anverdaute Futter wieder aus.

Ein weiteres spezielles Problem alter Katzen ist die Fellpflege. Wenn die Katze aufhört, sich richtig zu putzen, verfilzt das Fell, und das kann wegen der damit verbundenen Beeinträchtigung der Hautatmung gefährlich für sie werden. Katzen mit langem und halblangem Fell leiden darunter mehr als Kurzhaarkatzen. Um der alten Katze bei der Fellpflege zu helfen, benutzt man am besten eine Gummibürste mit kleinen Noppen. Man bekommt sie in Zoohandlungen, und zwar als Hundebürste (zum Striegeln von Kurzhaarhunden). Mit einer solchen Bürste lassen sich auch alte, empfindliche Katzen, die schon davonlaufen, wenn sie Kamm und Bürste auch nur sehen, noch gern pflegen. Sie scheinen das Bürsten als eine Art von Massage zu empfinden. Freilich lösen sich damit nur die bereits abgestorbenen Haare, aber das ist ja auch schon etwas. Man beginnt immer auf der Stirn, gleitet dann den Rücken hinunter, über die Flanken, und wenn man das lange genug wiederholt und die Katze sich auf die Seite wirft, kann man vorsichtig auch ein paarmal über das Bäuchlein fahren. Wenn man anschließend mit beiden Händen den ganzen Körper fest abgreift, wird man staunen, wieviel überschüssiges Fell noch daran hängenbleibt. Verfilzte Haarpartien und Zotteln schneidet man am besten dicht über der Haut mit einer kleinen, vorn stumpfen Schere ab. Besonders gerne läßt sich das die Katze meist nicht gefallen, aber einige Stellen am Tag kann man schaffen. Nehmen die Verfilzungen trotzdem nicht wesentlich ab, so muß man den Tierarzt bitten, die am stärksten betroffenen Stellen zu scheren. Keine Angst, das sieht nur vorübergehend etwas komisch aus, das Fell wächst schnell nach, und zur Schönheitskonkurrenz wollen wir unser Alterchen ja nicht schicken.

Ein paar Tips noch für den traurigen Fall, daß die Katze stirbt. Was bei Menschen verboten ist, ist bei Haustieren erlaubt. Der Tierarzt darf ein schwerkrankes Tier, für das keine Hoffnung mehr besteht, von seinen Leiden erlösen. Die Katze bekommt eine erhöhte Dosis eines wirksamen Narkosemittels gespritzt und wacht nicht mehr auf. Ob es wirklich keine Chance mehr gibt für das kranke Tier, kann nur der Tierarzt entscheiden, Sache des Besitzers ist es, zu bestimmen, ob sein Haustier eines natürlichen Todes sterben soll oder die erlösende Spritze bekommt. Das ist eine Gewissensfrage, und verantwortungsvolle Katzenfreunde werden sich die Entscheidung nicht leicht machen.

Wenn die kurze Frist, die das Tier noch zu leben hat, nach Aussage des Tierarztes und nach dem eigenen Eindruck mit schweren Schmerzen und Leiden verbunden sein wird, sollte man sie dem Tier ersparen. Es ist selbstverständlich, daß man dabei ist, wenn die Katze die letzte Spritze bekommt, sie beruhigt, auf dem Schoß hält, streichelt. Man läßt ein liebes Familienmitglied nicht allein in den letzten Minuten.

Der Körper eines toten Tieres gelangt im allgemeinen über den Tierarzt oder die Polizei in die Tierkörperverwertungsanstalt. Daraus macht man Seife, Leim und andere nützliche Dinge. In einigen Städten wie z. B. Berlin oder Augsburg gibt es Tierfriedhöfe, wo man sein Haustier begraben lassen kann. Die Kosten richten sich nach den individuellen Wünschen des Besitzers. Andernorts ist dem Tierheim ein Krematorium angeschlossen, wo man sein Haustier einäschern lassen kann, so z. B. in München. Dafür bezahlt man ohne Urne 60–80 Mark und mehr.

Wenn Sie nicht wollen, daß Ihre verstorbene Katze in der Tierkörperverwertungsanstalt landet, erkundigen Sie sich bitte rechtzeitig beim örtlichen Tierschutzverein und bei Tierärzten, ob es in Ihrer Nähe einen Tierfriedhof oder ein -krematorium gibt. In den meisten Fällen ist es wegen der Gefahr der Grundwasserverschmutzung nicht erlaubt, Haustiere im eigenen Garten zu beerdigen.

Wenn man eine schwerkranke Katze in die Tierklinik gibt, sollte man sich vorher vergewissern, ob man sie nach dem Tode wieder zurückbekommt. Manchmal bedingt das Institut sich aus, den Körper zu Forschungszwecken zu behalten. Man muß einen Aufnahmeschein unterschreiben, auf dem meist klein gedruckt auch dieser Fall geregelt wird. Also Vorsicht – fragen kostet nichts!

Wie Katzen die Welt erfahren

Neun Leben hat die Katze, so heißt es im Volksmund, neun Sinne hat der amerikanische Katzenexperte Michael Fox ihr zuerkannt: Geruch, Geschmack, Tastsinn, Hören und Sehen, Gefühl für Temperatur und Gleichgewicht sowie Zeit- und Richtungssinn.

Da die Augen der Katze nachts leuchten, galt sie früher als Teufelstier. Die wissenschaftliche Erklärung dieses Phänomens ist prosaischer. Der Augenhintergrund ist mit einer reflektierenden Schicht (tapetum lucidum) ausgekleidet, die wie ein Spiegel hinter der Netzhaut Licht auf die Nervenzellen zurückwirft. Deshalb können Katzen auch bei ganz geringem Lichteinfall noch sehen, etwa bei fortgeschrittener Dämmerung, nicht aber bei vollständiger Dunkelheit. Zusätzlich kann die Katze den Lichteinfall mit Hilfe ihrer elliptoiden Schlitzpupillen regulieren. Der vertikale Spalt in der Pupille wird bei strahlender Helligkeit eng zusammengezogen, um den Lichteinfall zu vermindern. Wenn sie den Blick haarscharf auf ein Objekt konzentrieren will, zieht sie gleichzeitig die Augenlider zusammen. Die Lichtempfindlichkeit des Katzenauges ist so groß, daß sie ohne diese Möglichkeiten ein kleines Tier nur noch als blendendes Lichtbündel sehen würde. Nachts dagegen öffnen sich die Pupillen so weit, daß von der Iris nur noch ein ganz schmaler Randstreifen übrig bleibt, damit auch der geringste Lichtschimmer noch genutzt werden kann.

Das Auge spiegelt auch die verschiedenen Stimmungslagen der Katze. Bei Angriffslust werden die Pupillen zu schmalen Schlitzen verengt, weit geöffnet signalisieren sie Abwehrbereitschaft. Vorsicht: Auch eine Katze, die glaubt, sich verteidigen zu müssen, kann blitzschnell zuschlagen. Wer die Augensprache der Katze kennt, weiß, wann sie genug hat, z. B. vom Schmusen. Sie öffnet auf jeden Fall weit die Pupillen, bevor sie weitere »Zudringlichkeiten« abwehrt. Bei halbgeschlossenen Lidern ist die Katze völlig entspannt und angstfrei. Blinzeln mit mehrmaligem Öffnen und Schließen der Lider bedeutet Friedfertigkeit. Dieses Signal versteht die Katze auch, wenn es vom Menschen ausgeht, in der Regel blinzelt sie dann zurück. Fixieren dagegen empfindet sie als Vorstufe eines Angriffs, auch bei dem Menschen, mit dem sie vertraut ist. Man sollte es deshalb möglichst vermeiden, einer Katze in die Augen zu starren. Sowie der Blick abweicht, ist das Tier beruhigt. Dominierende Katzen verwenden das Fixieren des Gegenübers als Mittel der Einschüchterung, man spricht dann vom Drohstarren. Bei miteinander vertrauten Katzen bleibt es in der Regel ohne Folgen, die rangniedere Katze wendet den Blick ab und geht. Mein alter Nello behauptet sich mit Hilfe des Drohstarrens immer noch auf Platz eins, obwohl er auf einem Auge blind und körperlich zu einer kämpferischen Auseinandersetzung gar nicht mehr in der Lage ist.

Lange umstritten war die Frage, ob Katzen Farben sehen und unterscheiden können. Ihre Netzhaut enthält, wie übrigens auch beim Menschen, jedenfalls signifikant mehr Stäbchen, die nur auf Schwarz und Weiß ansprechen, als Zäpfchen, mit denen Farben wahrgenommen werden können. Heute wissen wir, daß Katzen die meisten Farben voneinander unterscheiden können, nicht aber die feineren Nuancen innerhalb einer Farbe. Das gilt allerdings nicht für die verschiedenen Grautöne, unter denen sie noch die subtilsten Abschattierungen herausfindet. Als dämmerungsaktives Tier ist es lebenswichtig für sie, sich in einer Grau in Grau getönten Umgebung einwandfrei zurechtzufinden. Aber auch Rot und Grün, Rot und Blau, Rot und Grau, Grün und Blau, Grün und Grau, Blau und Grau, Gelb und Blau sowie Gelb und Grau kann die Katze mit Sicherheit voneinander unterscheiden, Gelb und Rot dagegen wahrscheinlich nicht.

Außerordentlich hochentwickelt ist das Gehör der Katze. Im Vergleich zu ihr sind wir Menschen alle schwerhörig. Nur 20 000 Tonschwingungen pro Sekunde können wir wahrnehmen, und auch das nur in jüngeren Jahren, auf dem Höhepunkt unserer körperlichen Entwicklung. Katzen dagegen hören noch Töne mit 60 000 bis 65 000 Schwingungen pro Sekunde und darüber, manche Experten sprechen sogar von 100 000 Schwingungen. Je mehr Schwingungen ein Ton hat, desto höher liegt er. Während die Katze also mindestens dreimal soviel hohe Töne aufnehmen kann wie wir, ist der Unterschied bei der Wahrnehmung tiefer Töne gering. Jeder Katzenfreund hat schon beobachtet, daß die Katze plötzlich aus dem Schlaf erwacht, sich aufrichtet, die Ohren spitzt und angestrengt lauscht. Wir hören nichts, jedenfalls absolut nichts Ungewöhnliches. Was mag sie hören? Das Zirpen eines Schmetterlings? Das Lied einer Ameise? Hört sie nur die Töne, oder versteht sie auch die Botschaft? Weiß sie, ob das Insekt Angst hat, sich paaren will, eine neue Futterquelle erschlossen hat? Es ist schon eine seltsame Vorstellung, daß sie in einer Klangwelt lebt, die uns für immer verschlossen bleibt.

Ist das fünfte Lebensjahr überschritten, so läßt das Gehör der Katze allmählich nach, alte Katzen werden häufig taub. Das gilt zumindest für domestizierte Katzen. Nun ist es eine bekannte Tatsache, daß junge Leute, die in einer Disco arbeiten, oft schon früh schwerhörig werden. Unsere Hauskatzen leben auch in einer Art Discothek. Da wird der Fernseher aufgedreht, in der Küche das Radio, das Telefon schrillt, vor der Tür kreischen spielende Kinder, Hunde bellen, Motorräder preschen vorbei. Eine einzige Lärmhölle, auch für uns, viel mehr aber noch für das hochempfindliche Katzenohr. Und ständige Überforderung von Organen führt zum frühzeitigen Verschleiß. Deshalb sollten wir darauf achten, unnötigen Lärm zu vermeiden. Damit tun wir nicht nur der Katze einen Gefallen, sondern auch uns.

Grautiger mit grünen Augen

Schildpattkatze mit Weiß

Erstaunlich ist auch, wie genau die Katze alltägliche Geräusche zu deuten vermag. In meiner Studienzeit wohnten wir in einer Münchener Altbauwohnung, direkt unterm Dach. Mein Mann hatte damals wechselnde Dienstzeiten. Wann er auch heimkehrte, meine Petra spitzte die Ohren und lief sofort zur Tür, um ihn als erste zu begrüßen, und das nicht etwa, wenn er schon vor der Wohnungstür stand, sondern wenn er unten die Haustür aufschloß. Woher wußte sie, daß er es war und nicht irgendein Nachbar? Entsteht ein ganz bestimmtes, unverwechselbares Klangbild, wenn eine bestimmte Person eine Tür aufschließt? Sicher ist das nicht, aber jedenfalls hat sie sich kein einziges Mal geirrt.

Bei der akustischen Verständigung mit Katzen sollte man ruhig auch Lautbildungen anwenden, die außerhalb unseres sprachlichen Bereichs liegen. Sehr wirkungsvoll ist es z. B., das Zischen einer Schlange zu imitieren, wenn man die Katze warnen will, etwa vor einem kühnen Sprung in die Badewanne, in der gerade die nasse Wäsche liegt. Die Schlange gehört zu den natürlichen Feinden der Katze, und das wissen auch unsere Stubenkatzen noch.

Um Unwillen zum Ausdruck zu bringen, habe ich mir eine Art leises Brummen angewöhnt, der Katzensprache entnommen, wo es ungefähr heißt: »Laß mich in Ruhe, komm mir nicht zu nahe.« Als mein kleiner Aljoscha in die Wohnung kam, hat er die ersten zwei Stunden fast ohne Unterbrechung gebrummt, und die anderen saßen da und starrten ihn ganz erstaunt an. Niemand hatte die Absicht, ihn anzugreifen.

Katzen verfügen über ein reichhaltiges Repertoire an Stimmlauten. Amerikanische Wissenschaftler, die umfangreiches Tonbandmaterial ausgewertet haben, kamen zu dem Schluß, daß das Vokabular der Katze das aller anderen Tiere – mit Ausnahme des Menschen – übertrifft. Ein weiterer Beweis für die hohe Intelligenz der Katze. Es wurden etwa einhundert verschiedene spezifische stimmliche Laute gezählt. Die Vielfalt der Katzensprache ist erstaunlich, wenn man bedenkt, daß die Körpersprache ja noch hinzukommt.

Im Stimmbereich unterscheidet man drei Hauptgruppen verschiedener Laute: Ruftöne, Plauder- und Erregungslaute. Die domestizierte Katze behält auch im Erwachsenenalter das Vokabular der Kindheit bei und verwendet es im Umgang mit Menschen, während die Wildkatze es durch ein neues Lautsystem zur Kommunikation mit Artgenossen und anderen Tieren ersetzt. Diese Sprache der erwachsenen Katze beherrschen unsere Stubentiger ebenfalls.

Noch komplizierter wird die Situation dadurch, daß Katzen – wie Menschen – ganz verschiedene Stimmen haben. Perser verfügen wie die meisten großen, mollig wirkenden Katzen mit langem oder halblangem Fell über feine, zarte Stimmchen, die sich erst im Alter, mit zunehmender Schwerhörigkeit, ändern. Sie werden lauter, weil die Katze ihre Stimme nicht mehr kontrollieren kann, dunkler und oft ein wenig heiser. Siamkatzen haben dunkle, etwas metallisch klingende

Altstimmen. Der Stimmbereich der normalen Hauskatze liegt zwischen diesen Extremen, wobei jede Katzenstimme ihr ureigenes Timbre besitzt.

Die einzelnen Mitteilungen oder Signale klingen also bei jeder Katze ein wenig anders. Verschieden ist auch das Redebedürfnis der Tiere. Es gibt auffallend stille Tiere, dazu gehören oft die der Wildkatze noch eng verwandten Tabbys, also alle Tiger- und Räderkatzen in wildfarbenem Aguti, und ausgesprochene Plaudertaschen wie die Siamesen, die oft ganze Geschichten erzählen. Auch der persönliche Hintergrund spielt eine Rolle. Katzen, die von draußen kommen, also heimatlos waren, sind in der Regel stiller als diejenigen, die im Haus unter Menschen aufgewachsen sind. Das liegt zum einen daran, daß Katzen sich im Freien ruhiger verhalten, um keine Feinde auf sich aufmerksam zu machen, zum anderen daran, daß Katzen ohne nähere Kontakte zum Menschen das kindliche Vokabular nicht weiter pflegen.

Aus der Katzenbabysprache stammen die meisten freundlichen Plaudertöne und viele Ruflaute. Mit einer reich modifizierten Skala an Miaulauten fordern sie Aufmerksamkeit vom Menschen, so wie das kleine Kätzchen miaut, um die Beachtung der Mutter zu erlangen. Desmond Morris, ein bekannter britischer Verhaltensforscher, unterscheidet zwischen bettelndem und forderndem Miau, klagendem und ängstlichem Miau, erwartungsvollem Miau (etwa wenn eine Dose geöffnet wird), einem sanften, tiefen Miau, wenn die Katze ins Haus gelassen werden will, und einem mitleiderregenden, langgezogenen Miau, wenn sie wieder hinein will, weil es anfängt zu regnen. Miaulaute formt die Katze mit Hilfe von Lippen und Gaumen und willkürlich gesteuerten Veränderungen der Mundhöhle, der Kehlkopf ist nicht daran beteiligt. Auch das Schnurren stammt aus dem kindlichen Sprachrepertoire. Das Schnurren einer Katze bedeutet im Grundtenor: »Ich bin friedlich gestimmt«, nicht unbedingt: »Ich bin zufrieden«, obwohl natürlich beides zugleich der Fall sein kann. Katzenmütter schnurren, um ihren Jungen zu sagen, daß alles in Ordnung ist, keine Gefahr besteht. Jungkatzen schnurren, wenn sie bei der Mutter trinken. Schnurren hat aber auch eine beschwichtigende Funktion. Junge, untergeordnete und kranke Katzen schnurren, wenn sich ihnen ein dominierendes Tier nähert, eine erwachsene Katze schnurrt, wenn sie sich in freundlicher Absicht einem Kätzchen nähert. Dieser Beschwichtigungsversuch liegt gleichfalls dem Schnurren mancher Katzen beim Tierarzt zugrunde.

Als mein Nello den kleinen Kolja adoptierte, hat er ununterbrochen beruhigend geschnurrt, um dem Kleinen die Angst zu nehmen. Mein Grischa, der seit zwei Jahren unter epileptischen Anfällen leidet, schnurrt, sobald er sich wieder davon erholt hat, mindestens eine halbe Stunde lang, während er mir gleichzeitig um die Beine streicht und Köpfchen gibt. In diesem Fall bedeutete das Schnurren wohl weniger Friedfertigkeit als vielmehr Freude darüber, daß es ihm wieder besser geht und daß ich bei ihm bin und ihn tröste. Viele Katzen schnurren auch, wenn man ihnen das Futter hinstellt, und bringen damit Freude und/oder Dankbarkeit zum Ausdruck.

Beim Katzenschnurren wird der Zungenbeinapparat in Vibration versetzt, der Verbindungsbogen zwischen Schädel und Kehlkopf. Das Schnurren selbst entsteht im Kehlkopf, der sich dabei zwanzig- bis dreißigmal in der Sekunde zusammenzieht. Nur Kleinkatzen mit einem vollständig verknöcherten Zungenbein können richtig schnurren. Tiger z. B. bringen nur ein Einwegschnurren beim Ausatmen zustande, während Katzen das Zweiwegschnurren beim Aus- und Einatmen beherrschen, und zwar auch bei geschlossenem Mund. Es gibt aber auch Katzen, die nicht richtig schnurren können. Mein Angel schnurrt nur sehr selten, ganz leise und kurz, und zwar ausschließlich in besonders zärtlicher Stimmung beim Schmusen.

Der charakteristische Begrüßungstriller der Katzen, mit dem sie auf den vertrauten Menschen zukommen, hat gleichfalls seinen Ursprung in der Kindheit. Die Katzenmutter fordert die Jungen mit einem sanften, leisen Zwitscherlaut auf, zu ihr zu kommen oder ihr zu folgen, und begrüßt sie auch auf diese Weise nach einer längeren Abwesenheit. Es ist ein entzückender Lockruf, dem man nur schwer widerstehen kann, egal, ob eine Aufforderung zum Schmusen oder zum Füttern damit verbunden ist. Zu den Erregungslauten der Katze gehören das aggressive Kreischen und Jaulen in Angriffsstimmung, ein kehliger Heulton, der Verteidigungsbereitschaft trotz Angst signalisiert, Fauchen und Spucken zur Abschreckung von Feinden, Schnattern, wenn ein Vogel gesichtet wird, der typische Schmerzensschrei und ein eindrucksvoller Hilferuf, das Katzen-SOS.

Das gellende Gekreisch von Katzen, das vorwiegend zu nächtlichen Stunden ertönt, hat nichts mit Sex zu tun. Es stammt von angriffslustigen Katern oder Katzenweibchen, die auf einen Rivalen in ihrem Revier gestoßen sind, und bedeutet: »Mach dich aus dem Staub, oder ich greife an!« Weicht der Gegner nicht, sondern ist bereit, sich der Auseinandersetzung zu stellen, so sitzen die beiden sich erst mal eine Zeitlang gegenüber und bedrohen sich lautstark, bevor einer von ihnen den anderen blitzschnell anspringt und in einen Kampf verwikkelt. Der kreischende, jaulende Angriffslaut schwillt an und ab und erfährt alle möglichen Modulierungen, deshalb spricht man auch von Katergesang, obwohl Weibchen das genausogut fertig bringen. Sind beide Gegner etwa gleich stark und kampferprobt, so dauert es oft lange, bis einer sich zum Angriff entschließt. Fühlt sich einer von Anfang an unterlegen, will aber trotzdem nicht weichen, so bereichert er das Katzenkonzert durch kehlige Heultöne, die den anderen abschrecken sollen.

Meine beiden Schwarzweißen, Angel und Aljoscha, sind in einer Art Haßliebe miteinander verbunden. Manchmal sitzen sie sich gegenüber und drohen einander offenbar Fürchterliches an. Bemerkenswert ist dabei, daß immer nur einer das große Wort führt. Der andere hört schweigend zu, bis er an der Reihe ist. Menschen könnten da von den Katzen eine ganze Menge lernen. Zu einem echten Kampf kommt es nicht. Angel springt zwar irgendwann auf den anderen los, läßt aber fast ebenso rasch wieder von ihm ab. Das dürfte daran liegen, daß der schon zwölf Jahre alte Angel erstens ein Kaspar Hauser ist und zweitens ein Leichtgewicht, während Aljoscha sich zu einem kräftigen Kater entwickelt hat und, obwohl er den anderen nie angreift, doch zeigt, daß er entschlossen ist, sich zu verteidigen.

Die landläufige Vorstellung, daß es besonders laut zugeht, wenn Katzen Hochzeit feiern, ist darauf zurückzuführen, daß sich selten ein Kater allein um ein rolliges Weibchen bewirbt. Die Rivalen führen dem Weibchen Showkämpfe vor, bei denen es natürlich leicht mal ernst werden kann. Außerdem treffen bei solchen Gelegenheiten Kater von nah und fern zusammen, die einander sonst lieber aus dem Wege gehen. Da kommt es einfach zwangsläufig zu Reibereien und Auseinandersetzungen.

Die Paarung selbst verläuft lautlos, erst wenn der Kater den mit Stacheln besetzten Penis zurückzieht, schreit das Weibchen vor Schmerz laut auf. Ihr nächste Reaktion ist Wut auf den Kater, der diesen Schmerz verursacht hat. Sie stößt eine Art helles Kreischen aus und schlägt nach ihm. Der Kater läuft schleunigst davon, um sich vor ihren scharfen Krallen in Sicherheit zu bringen. Rollige Weibchen jammern und klagen dagegen von früh bis spät, wenn man keinen Kater in ihre Nähe kommen läßt. Dabei entstehen feine, gurrende Töne, die unverkennbar als Lockrufe zu verstehen sind.

Wenn eine Katze starke Schmerzen leidet, stößt sie gellende Schreie aus, die einem buchstäblich durch Mark und Bein gehen. Befindet sie sich gleichzeitig in einer Situation, aus der sie nur durch fremde Hilfe befreit werden kann, z. B. wenn sie eingeklemmt ist, so ertönt das Katzen-SOS, eine Folge ganz kurzer, durchdringender Schreie oder Rufe, die höchste Not und höchste Dringlichkeit zum Ausdruck bringen: »Hilf mir, aber sofort, sonst ist es zu spät!«

Weit verbreitet ist auch der Irrtum, eine Katze fauche, wenn sie angriffslustig ist. Das Gegenteil ist der Fall. Fauchen ist ebenso wie Spucken immer defensiv, was nicht ausschließt, daß eine fauchende Katze, wenn sie weiter in die Enge getrieben wird, auch zuschlagen kann. Fauchen und Spucken scheint die Katze der Schlange abgelauscht zu haben, die damit gefährliche Gegner abzuschrecken versucht. Es bedeutet: »Verschwinde, sonst beiße ich dich!« Eine bei Giftschlangen durchaus ernst zu nehmende Warnung. Da fast alle Tiere diese Laute kennen und Angst vor Giftschlangen haben, gelingt es der Katze oft, damit sogar große Hunde zu irritieren. Und schon ein Augenblick des Zögerns beim Angreifer genügt meist, um zu entkommen.

Mit Schnattern reagieren Katzen auf Vögel, die am Fenster vorbeifliegen, und auf Insekten, die ins Zimmer kommen. In Wirklichkeit handelt es sich um eine Art Zähneklappern, das Geräusch wird nämlich ausschließlich

mit den Zähnen erzeugt. Man nimmt an, daß sie dieses Schnattern von der Katzenmutter übernommen haben, die wahrscheinlich auf diese Weise ihre heranwachsenden Jungen auf potentielle Beutetiere aufmerksam macht.

Wie hoch der Geschmackssinn der Katze entwickelt ist, merkt man spätestens, wenn man versucht, ihr übers Futter Medikamente einzugeben. Sie merkt den Betrug sofort und läßt die »gesalzene Torte« empört stehen. Nur mit homöopathischen Tabletten auf Milchzuckerbasis, die einen schwach süßen Geschmack haben, klappt es. Man muß sie vorher im Mörser zerstampfen und unters Futter mischen. Auf Süßes scheinen die Geschmacksnerven der Katze nur wenig anzusprechen, wahrscheinlich, weil sie in der Natur nie Süßes zu sich nehmen.

Auf sauere, bittere und salzige Geschmackskomponenten reagieren Katzen stärker. Ihr Geschmackssinn ist aber insgesamt nicht ganz so fein ausgebildet wie der des Menschen.

Der Geruchssinn dagegen ist unserem weit überlegen. Wenn eine Katze vor dem Futterschälchen steht, schnuppert sie erst einmal ausgiebig. Dabei erhält sie alle Informationen, die sie braucht. Geht sie dann wieder, so entspricht das Futter nicht ihrem Geschmack, obwohl sie noch gar nichts davon probiert hat.

Auf weitere Entfernungen können

Katzen den sexuellen Lockduft ihrer Artgenossen wahrnehmen. Durch Analkontrolle, das Schnuppern am Hinterteil einer anderen Katze, erfahren sie alles Wissenswerte über deren Stimmung, Absicht und Gesundheitszustand. Wenn meine Grischa einen epileptischen Anfall hatte, nimmt Aljoscha sofort eine Analkontrolle bei ihm vor. Wenn ich von einer Reise zurückkehre, wird das Gepäck sorgfältig abgeschnuppert. Ob sie dann wissen, wo ich war? Den Oleander riechen?

Im Garten und auf dem Balkon kann man oft beobachten, wie akribisch sie die einzelnen Grashalme abschnuppern, bevor sie sich für einen entscheiden. Der Geruchssinn spielt eine sehr wichtige Rolle im Leben der Katze. Trotzdem ist es schwierig, sie mit Hilfe von ihr unangenehmen Düften von bestimmten Stellen im Haus fernzuhalten. Sie gewöhnt sich allmählich mit der Zeit daran. Essig und Zwiebelsaft zum Reinigen oder Absprühen bestimmter Polstermöbel, an denen sie mit Vorliebe ihre Krallen wetzt, zeigen oft nur vorübergehend eine gewisse Wirkung. Empfohlen wird auch Orangen- oder Zitronensaft, ein Duft, der uns Menschen weniger stört, aber meiner Erfahrung nach die Katze auch nicht sehr. Zwiebelsaft mögen sie jedoch wirklich nicht. Wenn ich in der Küche Zwiebeln schneide, laufen sie davon. Aber wer möchte schon in einer Wohnung leben, die permanent nach Zwiebeln riecht? Die in der Zoohandlung ange-

botenen Fernhaltesprays sind auch nicht zuverlässig.

Desmond Morris hat ein altes Hausmittel der Antike wiederentdeckt und selbst erfolgreich ausprobiert: das Öl aus den Blättern der Gartenraute. Schon Linius der Ältere (23–79 n. Chr.) hat es in seiner »Naturgeschichte« empfholen. Morris hat ein paar Blätter zwischen den Fingern zerrieben und dann die Katze an seinen Fingerspitzen schnuppern lassen. Sie sprang entsetzt weg, und es dauerte Stunden, bis sie ihm verziehen hatte und ihn nicht mehr »wie ein wandelndes Abschreckungsmittel für Katzen behandelte«.

Ich habe erst kürzlich herausgefunden, daß Zitronenöl Katzen wirkungsvoll abschreckt. Man kann damit auch Möbel polieren, die tabu bleiben sollen.

Wenn die Katze einen besonders köstlichen, interessanten Geruch intensiv aufnehmen will, hebt sie leicht den Kopf, schürzt die Oberlippe und entblößt ein wenig die Zähne. Dabei bleibt sie wie angewurzelt stehen und starrt versunken vor sich hin. Es sieht aus, als sei sie plötzlich in Trance gefallen. In Wirklichkeit konzentriert sie sich einzig und allein auf eine wichtige Duftinformation. Wir nennen diesen Verhalten, das übrigens auch bei Pferden zu beobachten ist, Flehmen. Die Katze bedient sich dabei des bei uns Menschen seit langem verkümmerten Jacobsonschen Organs, einem Schmeck-Riech-Organ, das als winziger Kanal hinter den Schneidezähnen in die Mundhöhle mündet. Es reagiert außerordentlich sensibel auf Düfte aller Art, die beim Atemholen zusammen mit dem Luftstrom eingesogen werden. Je interessanter der Geruch ist, desto länger und intensiver flehmt die Katze. Äußerst sensible Tastorgane sind die Schnurrbarthaare der Katze, die sogenannten Vibrissae. Im Durchschnitt besitzt sie 24 davon, sie sind in vier Reihen übereinander angeordnet. Berührt man sie vorsichtig, so schließt die Katze sofort die Augen. Dieser Mechanismus wird von einem Reflexbogen ausgelöst, der von den Barthaaren zum Augenlid führt und bei nächtlichen Pirschzügen von größter Bedeutung ist. Jedes Hindernis, etwa ein spitzer Zweig, wird von den Barthaaren, die willkürlich nach vorn und nach hinten gedreht werden können, sofort registriert, bevor es das Auge der Katze gefährden kann. Deshalb kann sich eine Katze auch bei völliger Dunkelheit noch zurechtfinden. Jede Veränderung des Luftdrucks nehmen die Vibrissae zuverlässig wahr. Kleine Tiere wie Maus oder Jungkatze kann sie mit Hilfe der Barthaare fast völlig umschließen, so daß ihr auch nicht deren kleinste Bewegung entgeht. Andere Vibrissae befinden sich an den Wangen, über den Augen, am Kinn und an der Rückseite der Vorderbeine. Sie sind zwar nicht so lang und auffällig wie die Schnurrbarthaare, fungieren aber als ebenso verläßliche Warnsysteme. Sowohl die Barthaare als auch die anderen Vibrissae fallen von Zeit zu Zeit aus, wachsen aber rasch wieder nach.

Immer wieder liest man Geschichten von Katzen, die über Hunderte von Kilometern wieder nach Hause gefunden haben. Früher wurden

Katze mit Genießergesicht. Vermutlich krault jemand sie am Bäuchlein ...

Pfote zuschlagen. Ein eingezogener Schwanz zeigt Angst an, aber auch Abwehrbereitschaft. Stolziert eine Katze mit hoch aufgerichtetem Schwanz einher, so ist sie guter Laune und unternehmungslustig. Auch für eine freudige Begrüßung ist diese Schwanzhaltung typisch, häufig kommt dann noch ein leises Zittern des Schwanzes hinzu. Bei einem zur Flaschenbürste aufgeplustertem Schwanz ist die Haltung entscheidend: Bei gesenktem Schwanz hat die Katze Furcht, beschreibt er einen nach oben gerichteten Bogen, so ist das Tier bereit, sich zu verteidigen, ist er waagerecht ausgestreckt, so ist die Katze außerordentlich aggressiv gestimmt; ein Angriff steht unmittelbar bevor. Ist der Schwanz in einer sanften Kurve leicht nach oben gebogen, so hat irgend etwas das Interesse der Katze erregt. Rundum zufrieden und entspannt ist die Katze, wenn der

Schwanz in einer sanften Kurve nach unten und an der Spitze wieder nach oben weist.

Die Mimik der Katze ist, wie schon erwähnt, weit weniger differenziert als beim Menschen. Dafür kann sie durch Kombinationen von Ohrstellung und Augenöffnung eine ganze Reihe von Stimmungen zum Ausdruck bringen. Man unterscheidet das Spielgesicht, die Ohren sind gespitzt, die Augen weit geöffnet, das Genießergesicht mit vorgestellten Ohren und halbgeschlossenen Augen, das Drohgesicht, die Ohren sind rückwärts aufgestellt, die Pupillen nur noch schmale Schlitze, und das Verteidigungsgesicht mit angelegten Ohren und weit geöffneten, kreisrunden Pupillen. Da man nicht immer Gelegenheit hat, die Katze frontal vor sich zu sehen, sollte man sich vor allem die Stellungen der Ohren einprägen.

Es ist erwiesen und vielfach belegt, daß Katzen Erdbeben und Vulkanausbrüche vorausahnen können. Immer wieder wurde beobachtet, daß sie beim Herannahen einer derartigen Naturkatastrophe voll panischer Angst im Haus herumrasten und verzweifelt nach einem Fluchtweg suchten. Sind sie endlich im Freien, so laufen sie weit weg von allen Gebäuden. Nach den Katzen verlassen die Ratten und Mäuse das Dorf oder die Stadt, deshalb sagt ein altes Sprichwort: »Wenn die Mäuse zu den Katzen fliehen, bebt bald die Erde.« Katzenbesitzer, die ihren Tieren folgten, konnten dadurch schon oft ihr Leben retten.

Mit Hilfe welcher Wahrnehmungen Katzen im vorhinein wissen, daß sich eine Naturkatastrophe ankündigt, ist noch nicht geklärt. Drei Theorien stehen zur Auswahl: Die Feststellung geringfügiger Erdvibrationen vor Beginn eines Erdbebens, die Wahrnehmung der Erhöhung der statischen Elektrizität oder die plötzliche Änderung im Magnetfeld der Erde, wie sie einem Erdbeben vorausgehen. Vielleicht reagieren Katzen auch auf alle drei Faktoren gleichzeitig, wenn sie ihr Heil in der Flucht suchen. Übrigens reagieren auch wir auf erhöhte elektrostatische Aktivität, aber unspezifisch, mit Nervosität und Kopfschmerzen, ohne zu ahnen, wodurch sie verursacht werden. Katzen sind nicht nur wesentlich sensibler diesen Erscheinungen gegenüber, sie verstehen sie offenbar auch präziser zu deuten. Die Katze ist anscheinend doch noch etwas mehr als nur »das höchstentwickelte Raubtier überhaupt«, wie der deutsche Zoologe Alfred E. Brehm (1829–1884) meinte.

Welche ist die richtige?

Sie haben sich entschlossen, eine Katze zu sich zu nehmen? Ich gratuliere, denn wie sagt doch der französische Schriftsteller Jean-Louis Hue: »Ein Haus ohne Katze ist wie ein Aquarium ohne Fisch.«

Wählen Sie in Ruhe aus, denn nicht jede Katze paßt zu jedem Menschen (s. auch Kapitel »Katzenpersönlichkeiten«, S. 47). Lassen Sie auch die Katze mitentscheiden, egal, ob Sie sich an ein Tierheim wenden, an einen Katzenbesitzer in der Nachbarschaft oder an einen Züchter. Bestehen Sie nicht darauf, die kleine Schwarze zu bekommen, die sich bei Ihrer Ankunft hinterm Schrank versteckt hat. Nehmen Sie lieber das Tigerchen, das Ihnen freundlich entgegenkommt, das ist die Richtige. Die Katze weiß es schon mit ihrem sicheren Instinkt, Sie werden es bald auch bemerken. Man mag von Liebe auf den ersten Blick halten, was man will, bei der ersten Begegnung zwischen Mensch und Katze sollte man sich getrost darauf verlassen. Als Katzenfreund werden Sie natürlich noch eine zweite Katze mitnehmen. Wählen Sie die, mit der das Tigerchen sich am besten versteht.

Wenn es zwei Jungkätzchen sein sollen, denken Sie daran, daß die Kleinen erst mit acht Wochen von der Mutter getrennt werden dürfen, bei Siamkatzen beträgt die Karenzzeit sogar zehn Wochen. Inzwischen haben Sie Zeit, daheim alles in Ruhe vorzubereiten und sich hübsche Namen für die beiden auszudenken. Katzen hören am besten auf kurze, zweisilbige Namen, in denen ein »I« vorkommt. Die Namen sollten auch nicht zu ähnlich klingen, sonst dauert es länger, bis die Katzen sich daran gewöhnen. Erwachsene Katzen sollten am besten ihren Namen behalten, sofern man ihn kennt, was bei Fundkatzen im Tierheim natürlich nicht der Fall ist. Wenn Ihnen der Name einer erwachsenen Katze, die Sie nehmen wollen, absolut nicht gefällt, suchen Sie nach einem, der möglichst ähnlich klingt. Eine Freundin von mir nannte die einjährige Dackelhündin Susi einfach Judy. Die Vokale waren die gleichen, und beide waren's zufrieden.

Wichtig ist, die Katzen am Anfang häufig mit ihrem Namen anzusprechen, natürlich immer nur in freundlicher, ermutigender Weise. Wenn Sie einer Katze etwas untersagen wollen, dürfen Sie nie ihren Namen verwenden, da genügt »Nein«, sonst kommt sie auch dann nicht mehr, wenn Sie ihr frisches Futter geben wollen.

Woher bekomme ich meine Katzen?

Hauskatzen jeden Alters bekommt man geschenkt. Fragen Sie bei Ihrem Tierarzt nach, lesen Sie die Anzeigen unter der Rubrik »Tiermarkt«. Denken Sie auch an die vielen armen Katzen, die im Tierheim sehnlichst auf ein neues Zuhause warten. Dort wird eine Futterspende für die zurückbleibenden Tiere verlangt, die von Ort zu Ort schwankt, sich aber in Grenzen hält. Viele Tierheime sind schon dazu übergegangen, nur noch zwei Katzen gemeinsam abzugeben.

Für junge Katzen mit Stammbaum muß man ansehnliche Preise zahlen, die aber von Rasse zu Rasse, von Stammbaum zu Stammbaum so unterschiedlich sind, daß man beim besten Willen keine verbindliche Zahlen nennen kann. Ältere Stammbaumkatzen werden häufig kostenlos abgegeben.

Katzenbesitzer, die sicher gehen wollen, daß die Jungen ihrer Hauskatze in gute Hände gelangen, lassen sich heute die Kosten für Entwurmung und Erstimpfung erstatten. Das ist ein gutes Zeichen, man kann sicher sein, daß die Kätzchen liebevoll betreut wurden, handzahm und gesund sind.

Eine gesunde Katze hat klare Augen, ein sauberes Näschen, ist lebhaft an ihrer Umgebung interessiert. Das Fell glänzt und weist keine verklebten oder verschmutzten Stellen auf, das Hinterteil ist einwandfrei geputzt. Bestehen Sie darauf, daß man Ihnen auch die Mutterkatze zeigt. Unseriöse Züchter, die diese armen Tiere als Gebärmaschinen mißbrauchen, werden Ihnen die Katzenmutter nicht mehr vorzeigen können. Solange sich Gutgläubige finden, die solchen Leuten Katzen abkaufen, werden diese ihr schmutziges Handwerk nicht aufgeben. Tiere von solchen »Züchtern« sind oft schlecht ernährt, und man muß damit rechnen, schwächliche, vorgeschädigte Kätzchen zu kaufen, die viel Kummer und eine Menge Tierarztkosten verursachen werden.

Nie darf man sich Katzen oder andere Tiere per Bahn oder Post zuschicken lassen, unter keinen Umständen. Erstens kauft man so, im wahrsten Sinne des Wortes, die Katze im Sack, und zweitens ist der Transport im engen Karton, ohne Futter und Wasser, umgeben von Getöse und Lärm, für die sensible Katze eine solche Qual, daß sie völlig verängstigt, scheu und verstört an ihrem Bestimmungsort landet. Dieser Schock kann ihr ganzes Leben lang nachwirken, abgesehen davon, daß ihre Lebenserwartung sowieso nicht sehr hoch ist.

Abzuraten ist auch davon, Katzen einfach in der Zoohandlung zu kaufen. Diese Tiere sind in der Regel krank und verhaltensgestört. Man hat sie oft zu früh von der Mutter weggerissen. Dann kam eine tage- oder gar wochenlange Wartezeit unter ungünstigsten Bedingungen im Geschäft, wo niemand Zeit und Lust hatte, sich liebevoll um sie zu kümmern, mit ihnen zu spielen und zu schmusen. Solche Katzen werden meist aus Mitleid gekauft. Das ist verständlich, aber leider grundfalsch. Wenn man zwei kauft, sitzen am nächsten Tag vier hinter dem Schaufenster – das Geschäft blüht ja. Viel besser ist es, hineinzugehen und dem Inhaber die Meinung zu sagen, vor möglichst vielen Kunden. Und in Zoohandlungen, in denen Tiere verkauft werden, noch nicht mal ein Päckchen Hartfutter zu erstehen.

Wer unbedingt eine ganz bestimmte Rassekatze haben will, wendet sich am besten an einen Rassekatzenverband. Die Adressen bekommt man in Zoogeschäften und bei Tierärzten. Auch bei Katzenausstellungen kann man die entsprechenden Kontakte knüpfen.

Praktische Vorüberlegungen

Leider ist Tierhaltung nicht in allen Mietwohnungen erlaubt. Lesen Sie noch einmal genau den Mietvertrag durch. Falls in diesem auch die Haltung von Katzen verboten ist, sprechen Sie mit dem Vermieter. Wenn er bereit ist, eine Ausnahme zu machen, lassen Sie sich die Genehmigung schriftlich geben. Auch mit Nachbarn kann man aufgrund von Katzen Probleme bekommen, vor allem bei Auslaufkatzen, die über den Zaun in fremde Gärten springen und dort beim Verscharren ihres Unrats oder auf der Jagd kleine Schäden anrichten. Deshalb hat es schon Prozesse gegeben. Meist zog der Katzenbesitzer den kürzeren. Es empfiehlt sich deshalb, entweder den eigenen Gartenzaun absolut katzensicher zu gestalten oder die Nachbarn vorher zu informieren und sich gütlich mit ihnen zu einigen.

Bei reinen Wohnungskatzen ist die Frage der Balkonsicherung zu überlegen, nicht überall sind Netze oder Gitter erlaubt. Durch immergrüne Klettergewächse, Nadelbüsche und -bäume lassen sie sich hervorragend kaschieren. Innen vor der Balkonbrüstung eingehängte Netze sind dann von unten kaum noch zu sehen. Außerdem kann man darauf hinweisen, daß viele Leute derartige Netze auch anbringen, damit Tauben und andere Vögel ihre Hinterlassenschaften nicht auf der Balkonbrüstung ablegen. Ich habe noch nie gehört, daß ein Vermieter dagegen eingeschritten wäre...

Klären Sie auch vorher, wer Ihre Katzen betreut, wenn Sie in den Urlaub fahren oder krank werden. Man kann Katzen zwar in viele Länder mitnehmen, aber meistens braucht man ein gültiges Gesundheitszeugnis und diverse Impfnachweise. Im einzelnen variieren die Bestimmungen allerdings von Land zu Land, deshalb sollte man sich rechtzeitig beim Tierarzt informieren. Bei Bahnreisen müssen Katzen im verschlossenen Behälter mitgenommen werden, ein zusätzlicher Fahrpreis wird nicht erhoben. Nicht alle Fluggesellschaften gestatten die Mitnahme von Tieren in vorgeschriebenen Behältern, den sogenannten Kennels, in der Passagierkabine. Der Transport in der Druckausgleichkabine ist unzumutbar und stellt eine schwere Belastung dar. Chartermaschinen nehmen, von wenigen Ausnahmen abgesehen, keine Tiere im Passagierraum mit. Auf jeden Fall muß für den vierbeinigen Fluggast extra bezahlt werden. Im Auto muß man aufpassen, daß die Katzen keine Gelgenheit bekommen, auf Nimmerwiedersehen zu verschwinden. Bei Rastplätzen erst die Tür öffnen, wenn die Katze angeleint ist oder im verschlossenen Behälter. Geöffnete Fenster werden mit einer Art Scherengitter gesichert, die man beim Autozubehörhandel erhält. Nicht alle Katzen fahren gern Auto. Man kann sie aber von klein auf daran gewöhnen, indem man sie immer wieder einmal mitnimmt. Wenn sie Autofahren nur vom Transport zum Tierarzt kennen, führen sie sich dabei oft auf, als wolle man sie umbringen.

In guten Reisebüros gibt es Verzeichnisse von Hotels, Pensionen, Ferienwohnungen, Bungalowdörfern und Zeltplätzen im In- und Ausland, die auch vierbeinige Gäste akzeptieren. Zur Absicherung – wenigstens eines Fensters – nimmt man am besten ein Vogelnetz oder einen festen Baumwollstore mit, die Balkontür kann man einen kleinen Spalt weit öffnen und dann einen schweren Sessel oder etwas Ähnliches davor stellen. Auflauf für die Katze ist in fremder Umgebung ausschließlich an der Leine möglich. Ein Problem stellt auch die Ernährung dar. Nicht überall werden Sie Katzenfutter in Dosen bekommen, Fleisch ist im Süden auch nicht unbedingt empfehlenswert. Am besten kommt ein »Allesvertilger« über die Runden, der ein paar Wochen lang brav Fleisch und Fisch von ihrem Menü futtert, Käse, mal ein verquirltes Ei und notfalls auch eine Dose Hundefutter, die vielleicht eher zu bekommen ist, nicht verschmäht. Als eiserne Reserve, auf keinen Fall als Hauptnahrung, nimmt man Hartfutter mit auf die Reise. Wo das Leitungswasser nicht als Trinkwasser geeignet ist, muß selbstverständlich auch die Katze Trinkwasser aus Flaschen bekommen, wenn erhältlich, ohne Kohlensäure, wenn nicht, muß man die Kohlensäure herausquirlen. Auch Katzen haben bei großer Hitze mehr Durst als sonst, das Trinkwasser sollte dreimal täglich erneuert werden.

Läßt man die Katzen zu Hause, so überstehen sie die Zeit der Trennung am besten in der gewohnten Umgebung, wenn sie zweimal täglich gefüttert werden und ihre Streicheleinheiten erhalten. Zu klären ist, wer diese Aufgabe zuverlässig übernimmt. Am besten sollte es jemand sein, den die Katzen kennen und zu dem sie Vertrauen haben. Will man sie bei Freunden oder bei Verwandten unterbringen, so sollten die Katzen den Platz unbedingt vorher schon kennen,

5

möglichst bereits öfter dort gewesen sein, auch über Nacht. Dann erkennen sie den Platz am ehesten als eine Art Ausweichquartier an und die menschlichen Betreuer als »Ersatzeltern«. In einer völlig fremden Umgebung, bei Menschen, die sie kaum kennen, können erhebliche Schwierigkeiten auftreten. Die größte Gefahr besteht darin, daß eine Katze dann eine günstige Gelegenheit zur Flucht benutzt, um nach Hause zurückzulaufen. Falls sie dort überhaupt heil und lebendig ankommt, findet sie verschlossene Türen und Fenster vor. Ein paar Stunden oder Tage wird sie sich noch in der vertrauten Umgebung aufhalten und auf die Heimkehr ihrer Menschen warten. Dann verschwindet sie traurig und enttäuscht, um sich einzureihen in das unüberschaubare Heer der heimatlosen, zum Untergang verurteilten Katzen. Oder sie verweigert das Futter, läßt sich nicht mehr anfassen, wird möglicherweise sogar unsauber. Wenn die Besitzer aus dem Urlaub zurückkehren, fremdelt der Ausreißer stark und es dauert eine ganze Weile, bis der Kummer überwunden ist. Eine kleine Wunde, vielleicht nur eine Narbe, bleibt immer zurück. Das bedingungslose Vertrauensverhältnis zu ihren Menschen ist ein wenig erschüttert. Ganz besonders unglücklich sind Urlaubskatzen in Tierheimen oder -pensionen, mögen sie auch noch so gut geführt sein. Eine individuelle Betreuung ist dort kaum möglich, und gerade das vermissen sonst stets liebevoll und aufmerksam behandelte Katzen besonders schmerzlich.

Wer nicht in Urlaub fährt, sollte gleichfalls rechtzeitig Vorsorge treffen für den Fall, daß er vorübergehend einmal nicht bei seinen Katzen sein kann. Krank werden kann jeder, und gegen einen Unfall ist auch niemand gefeit. Bei dringend erforderlichen Kurzreisen kann man die Katzen für etwa 24 Stunden allein im Haus oder in der Wohnung lassen, mit reichlich gefüllten Futter- und Wasserschälchen, in diesem Fall auch einer großen Portion Hartfutter und mehreren frisch geputzten Toilettenkästchen. Wie es nach Ihrer Heimkehr auch aussehen mag daheim, nicht schelten, sondern die Katzen loben, weil sie so tapfer ausgeharrt haben, streicheln, füttern und dann aufräumen. Einem größeren Kind kann man sagen: »Sei schön brav, ich habe dir alles bereitgestellt, was du brauchst, und dann und dann komme ich zurück.« Einer Katze nicht. Sie wartet und wartet, und je mehr Zeit verstreicht, desto tiefer sinkt ihr Stimmungsbarometer, da kann »im Frust« schon mal ein Kissen zerkratzt, eine Tischdecke heruntergerissen oder ein Kästchen umgeworfen werden.

Die Erstausstattung für die Katze

Die Erstausstattung für zwei Katzen besteht aus wenigen Gegenständen, die sollten allerdings bereits vorhanden sein, wenn die Tiere ins Haus kommen, und an ihrem vorgesehenen festen Platz stehen. Es handelt sich um zwei bis sechs Futterschälchen, zwei bis drei Wassernäpfe, zwei Katzentoiletten, eine Plastikschaufel zur oberflächlichen Reinigung des Kästchens und einen Kratzbaum. Auch die Anschaffung eines festen Behälters für Transporte empfiehlt sich, darin kann man die Tiere dann schon abholen.

Grundsätzlich braucht jede Katze ihr eigenes Futterschälchen, damit jede zu ihrem Recht kommt. Es gibt Kätzchen, die wollen langsam und bedächtig essen, andere schlingen das Futter nur so in sich hinein. Zusätzliche Futterschalen für Quark, Dosenmilch oder gelegentlich auch mal Hartfutter kann man immer gebrauchen. Zum Trinken genügt eine Wasserschale für beide. Ob die Futter- und Wasserschälchen aus Glas, Porzellan, Keramik oder auch Plastik sind, ist der Katze ziemlich egal. Auch die Farbe der Futter- und Trinkschale ist der Katze gleichgültig. Da kann jeder Katzenbesitzer unbesorgt seinem eigenen Geschmack folgen, solange die Sachen leicht zu reinigen sind. Probleme können höchstens bei älteren Katzen auftreten, die das Futter aus einer Keramikschale nicht nehmen wollen, weil sie an eine Glasschale gewöhnt sind. Sehr wichtig ist dagegen, daß die Schalen einen festen Stand haben und nicht allzu zerbrechlich sind. Dickwandiges Glas ist besser

als zartes Porzellan, Keramik besser als hauchdünnes Glas. Wenn die Futter- oder Wasserschale bei der Benutzung anfängt zu kippeln, erschrickt die Katze und läuft weg. Passiert das mehrfach, so kann das dazu führen, daß sie das Futter verweigert.

Manche Katzen haben die Angewohnheit, mit der Pfote ins Futter zu langen, einen Brocken herauszuholen und am Boden zu verzehren. Dadurch entstehen natürlich Flecken auf dem Fußboden. Man kann eine abwaschbare Unterlage verwenden, auf die das Futterschälchen gestellt wird, aber ich weiß nicht recht, warum es bequemer sein soll, die Unterlage abzuwaschen als den Boden zu wischen, zumal häufig doch ein paar Spritzer außerhalb der Unterlage landen. Auch Küchenpapier ist für diesen Zweck nicht so recht geeignet, man kann es zwar hinterher wegwerfen, aber die Blätter sind einfach zu klein. Es gibt kein Mittel, um Katzen von dieser Angewohnheit abzubringen, am besten versucht man es gar nicht erst. Das spart Zeit und Nerven.

Zwei Katzen benutzen auch brav dieselbe Katzentoilette. Man sollte aber von Anfang an eine zweite in Reserve halten, die zum Einsatz kommt, wenn die erste nach der Reinigung trocknen muß oder die Katzen einmal Durchfall haben. Zur Auswahl stehen drei Modelle, die einfache Katzentoilette, ein viereckiger Plastikkasten ohne Rand, die etwas aufwendigere Ausführung mit Rand und die Katzentoilette mit Dach und Eingang. Die Modelle unterscheiden sich darin, daß beim Scharren in der einfachen Katzentoilette am meisten Streu hinausgeworfen wird, bei der mit Dach kaum noch etwas. Nun gibt es zwar keine Zwergkatzen, aber doch beträchtliche Größenunterschiede bei erwachsenen Tieren. Nach meiner Beobachtung sind alle drei Ausführungen für eine große, kräftige Katze einfach zu klein. In der überdachten Katzentoilette kann sie sich kaum noch umdrehen. Die Alternative sind für den Haushalt gedachte, größere Plastikwannen, etwa in der Größe einer kleinen Kinderbadewanne, mit hohen Wänden. Die hohe Wandung verhindert, daß allzuviel Streu auf dem Boden landet. Ich habe damit die besten Erfahrungen gemacht. Und billiger als »echte« Katzentoiletten sind sie auch. Katzen scharren vor und nach Erledigung ihrer großen und kleinen Geschäfte in der Einstreu. Das hat folgenden Grund: Im Freien gräbt die reinliche Katze sich erst ein kleines Loch in den Boden, benutzt es dann als Toilette und scharrt es hinterher wieder zu. Bei manchen domestizierten Katzen ist dieses Scharren zu einem sinnentleerten Ritual geworden. Sie kratzen mit den Vorderpfoten eifrig am Kästchenrand oder sogar auf dem Fußboden neben der Katzentoilette. Andere Katzen lassen ihre Hinterlassenschaften absichtlich offen liegen, oben auf der Streu. Das sind die geborenen Alphatiere. In der Natur signalisieren sie damit: »Hier ist das Revier des Katers A oder der Katze B.« Das bedeutet eine erste Warnung an revierfremde Katzen. Bei Wohnungskatzen nimmt sich erstaunlicherweise nicht nur der Boß diese Freiheit heraus. Ausgerechnet mein jüngster Kater,

Aljoscha, hält es ebenso wie der tatsächlich dominierende Nello für sein angestammtes Recht, auf das Verscharren zu verzichten. Der verhaltensgestörte Kolja vergräbt manchmal seinen Unrat sorgfältig, nur nicht da, wo es nötig wäre. Nur Angel verscharrt alles gründlich und mit viel Getöse. Natürlich fliegt dabei die Einstreu durch die Gegend.

Mit der erwähnten kleinen Schaufel nimmt man die festen Bestandteile aus dem Kästchen und wirft sie in die Toilette. Plastikschaufeln mit einem gitterartigen Vorderteil haben den Vorteil, daß die noch saubere Streu ins Kästchen zurückfällt.

Natürlich muß auch ein Sack Katzenstreu bereitstehen vor der Ankunft der Tiere. Welche Marke man wählt, bleibt sich im Grunde gleich, zuverlässig geruchsbindend sind sie alle nicht. Ob man es riechen kann, daß Katzen in der Wohnung leben, ist einzig und allein eine Frage der Sauberkeit. Ein guter Tip: Geben Sie einen Tropfen Lavendelöl ins Kästchen, wenn Sie ein großes Geschäft herausgenommen haben, das vertreibt unangenehme Düfte und stört die Katzennase nicht. Übrigens sollte die einmal gewählte Streu nicht willkürlich gewechselt werden. Schon so manche brave Stubenkatze wurde plötzlich unsauber, nur weil die Besitzer auf die Werbung einer neuen Sorte Katzenstreu hereingefallen waren. Katzen sind nun einmal Gewohnheitstiere. Wer Gelegenheit hat, günstig Sägestreu oder Torfmull zu erhalten, muß mit stärkerer Geruchsbelästigung rechnen. Um Streu zu sparen, legen manche Katzenhalter Zeitungspapier auf den Boden des Kästchens und nehmen die ganze Bescherung mit dem Papier heraus. Eine feine

Nase darf man bei dieser Lösung nicht haben. Das vollgesogene Zeitungspapier strömt erhebliche Düfte aus. Die Katzenbesitzer mögen sich daran gewöhnt haben, aber andere Hausbewohner und Besucher stört es oft. Die meisten handelsüblichen Sorten bestehen aus feingemahlenem Kies, der bei täglicher Reinigung des Kästchens und Herausnehmen der festen Bestandteile zwischendurch ein Maximum an Geruchsfreiheit bietet.

Bei der katzengerechten Ausstattung der Wohnung ist vor allem die richtige Plazierung von Futter- und Schlafstelle zu berücksichtigen: Diese müssen von der Katzentoilette mindestens zwei Meter entfernt sein, besser noch in einem anderen Raum, denn Katzen haben sehr empfindliche Nasen.

Eine Möglichkeit zum Krallenwetzen sollte man den Katzen vom ersten Tag an bieten. Sobald eine anfängt, an Teppich, Sessel oder Tischbein zu kratzen, nimmt man sie freundlich hoch, setzt sie vor den Kratzbaum und macht ihr mit den Fingernägeln vor, wie herrlich sich dort die Krallen wetzen lassen. Diese Prozedur wiederholt man mit jeder Katze so oft, bis sie Geschmack daran gefunden hat. Eine Erfolgsgarantie gibt es leider nicht, es ist nicht auszuschließen, daß die Katzen trotz aller Bemühungen finden, daß das Sofa krallengerechter ist, aber Ihnen zuliebe ab und zu auch mal den Kratzbaum benutzen. Da kann man nichts machen. Die Chancen, daß die Katzen einen verlockenden Kratzbaum annehmen, sind aber ziemlich hoch. Es gibt zahlreiche Modelle zur Auswahl, einige reichen bis zur Zimmerdecke, andere sind nur 45 Zentimeter hoch, manche haben zwei, drei und vier Kletter- und Kratzpfosten in

verschiedenen Höhen, einen einfachen Liegeplatz, der mit Teppichmaterial bezogen ist, besitzt jeder. Manche bieten zusätzlich eine oder mehrere Schlafhöhlen, Kugelhöhlen, Spielrollen zum Durchschlüpfen und mehrere Liegeplätze, auf verschiedene Etagen verteilt. Für Spitzenexemplare, die allerdings auch einigen Platz in der Wohnung benötigen, muß man fast mit einem Tausender rechnen, die einfachste Ausführung bekommt man knapp unter 50 Mark. Geschickte Hobbybastler können das Katzenmöbel, passend zur Einrichtung, selber anfertigen. Aber das Prachtstück sollte fertig sein, wenn die Katzen kommen.

Ein Kratzbaum muß eine feste, breite Standfläche haben und darf bei der Benutzung nicht schwanken, sonst macht die vorsichtige Katze einen weiten Bogen darum. Das ist bei denjenigen Modellen am besten gewährleistet, die bis zur Decke reichen und oben mit Hilfe eines Deckenspanners befestigt werden. Der Stamm, an dem die Katzen ihre Krallen wetzen sollen, ist mit Sisaltauwerk eng umwickelt. Das hält auch einer intensiven Bearbeitung durch mehrere Stubentiger stand. Ist der Stamm eines Tages gar zu unansehnlich geworden, so braucht man ihn nur neu zu umkleiden.

Kleine Katzen stürzen sich in der Regel schon am ersten Tag begeistert auf eine derartige Spiel- und Klettermöglichkeit, da braucht man gar nicht viel nachzuhelfen. Und beim Klettern wetzen sie wie in der Natur so ganz nebenbei auch die Krallen. Ältere Katzen, die so etwas noch nie gesehen

haben, brauchen oft etwas mehr Zeit. Man sollte sie nicht drängen, die Schlafhöhle oder den Liegeplatz in luftiger Höhe auszuprobieren, sondern ihnen nur immer wieder geduldig zeigen, daß sie sich am Stamm fein die Krallen wetzen können.

Von Kratzbrettern, die man an die Wand oder Tür hängen kann, halte ich nicht viel. Die meisten Katzen ignorieren sie einfach. Eine Katze bearbeitet ihre Krallen bei der Pflege nicht so sanft wie wir unsere Fingernägel mit einer Feile, sie tritt kräftig zu und zieht die Krallen heftig wieder heraus. Das wird so lange wiederholt, bis sie mit dem Ergebnis zufrieden ist. Dafür benötigt sie einen robusten Untergrund, kein dünnes, womöglich noch hin- und herschwankendes Kratzbrett. Die einzige vernünftige Alternative, die ich kenne, ist eine dicke, rutschfeste Fußmatte, möglichst aus Sisal, sie muß nicht einmal besonders groß sein. Dort sind fast alle Katzen bereit, ihre Krallen zu wetzen, die Frage ist nur, ob sie das dann auch ausschließlich dort machen.

Zum Transport für Katzen werden heute überwiegend Plastikboxen mit Gittertüren angeboten. Sie kosten zwischen 40 und 90 Mark, sind leicht, einfach zu reinigen und ausbruchsicher. Und darauf kommt es an. Körbe aus Flechtwerk haben sich nicht bewährt für diesen Zweck. Die meisten Katzen bringen es fertig, sich aus diesem Gefängnis wieder zu befreien, sei es, daß sie durch Muskelanspannung die Tür sprengen, sei es, daß sie sich zielbewußt mit Krallen und Zähnen einen anderen Ausgang verschaffen. Mein Kolja hat einen solchen Korb einmal regelrecht aufgesägt. Außerdem bekommt man den scharfen Uringeruch kaum wieder heraus, wenn der Katze unterwegs ein kleines Malheur passiert.

Erkundigen Sie sich beim Einkauf, ob die Transportbox, die Sie ausgesucht haben, auch bei Flügen zugelassen ist. Nehmen Sie kein zu kleines Modell, die Katze möchte sich auch mal umdrehen können. Zwei kleine Kätzchen oder eine Katzenmutter mit Jungen dürfen in einer Box transportiert werden, nicht aber zwei erwachsene Tiere, mögen sie sich unter normalen Umständen auch noch so gut verstehen. Im Streß kann es zu Streit und Feindseligkeiten kommen, unter Umständen bleibt dadurch das vorher gute Einvernehmen für lange Zeit belastet. Legen Sie auf den Boden der Plastikbox eine Plastiktüte und darüber ein dünnes Kissen oder ein Frottéetuch, das ein Mindestmaß an Komfort und Wärme bietet, aber nicht zuviel Platz beansprucht.

Auf Reisen und bei Fahrten zum Tierarzt sollte die Katze nur so lange in dem Behälter bleiben, wie unbedingt erforderlich. Stellen Sie die geöffnete Box immer mal wieder in die Wohnung, zum Abschnuppern und Ausprobieren, damit die Katzen sich daran gewöhnen und nicht in panischer Angst Reißaus nehmen, wenn sie hervorgeholt wird. Das kommt besonders bei Katzen vor, die darin ausschließlich zum Tierarzt befördert werden.

Offene und überdachte Körbe aller Art sind bei Katzen – als Schlaf- und Ruheplätzchen – außerordentlich beliebt. Oft wetzen sie sogar ihre Krallen

daran. Wenn Sie Ihren Katzen von Anfang an einen Schlafplatz anbieten wollen, wählen Sie einen Korb. Ein einfacher Einkaufskorb tut es ebenso wie eine aufwendige, gepolsterte Ausführung speziell für Katzen. Legen Sie ein Kissen hinein oder ein altes Frottéetuch. Der Korb sollte in einem vor Zugluft geschützten Winkel stehen. Es gibt nicht viele Katzen, die da widerstehen können. Aber es ist nicht gesagt, daß sie in der Nacht darin schlafen wollen. Eine Katze hat immer mehrere Schlafplätze in der Wohnung, die meisten sucht sie sich selber aus.

Erkundigen Sie sich beim Vorbesitzer, an welches Futter die Katzen gewöhnt sind, und bieten Sie ihnen zunächst das gleiche an. Füllen Sie die Futterschälchen gleich nach der Ankunft der kleinen Vierbeiner, denn Liebe geht bekanntlich (auch) durch den Magen. Auch Vitamintabletten oder Vitaminpaste für Katzen bzw. Kleintiere sollte man ihnen gleich am ersten Tag anbieten. Für Katzen sind das begehrte kleine Leckerbissen. Falls Sie eine Futterumstellung vornehmen oder die alte, zu eintönige Kost erweitern wollen, ist ein allmähliches, behutsames Vorgehen zu empfehlen, besonders bei älteren Tieren. Solange die Katzen das neue Futter, mag es noch so nahrhaft und gut sein, verschmähen, sich aber mit Heißhunger auf das alte stürzen, muß man Geduld haben. Sobald das Verhältnis sich umkehrt, haben Sie gewonnen.

Die ersten Stunden mit der Katze

Alle Vorbereitungen sind abgeschlossen. Die Katzen kommen ins Haus. Stellen Sie die Box mitten ins Zimmer, öffnen Sie die Gittertür, nehmen Sie ruhig Platz und warten ab. Die Katzen brauchen erst einmal Zeit, um in Ruhe ihre neue Umgebung kennenzulernen. Halten sie andere Haustiere fern und ermahnen Sie Kinder, sich still hinzusetzen. Nichts ist falscher, als die Katzen sofort mit Zärtlichkeiten zu überschütten und womöglich von Arm zu Arm wandern zu lassen.

Je nach Temperament und Selbstbewußtsein kommen die Katzen gleich oder ein wenig später aus der Box hervor und erkunden das Zimmer. Meist gehen sie dabei zunächst außen an den Wänden entlang. Frühestens wenn der erste Rundgang beendet ist, darf man als Mensch wieder aktiv werden, und zwar um ihnen das Katzenkästchen zu zeigen. Viele weihen es sofort ein, auch wenn dabei nur ein paar Tropfen fallen. Es gibt kaum eine Katze, die von diesem Moment an nicht genau weiß, wohin sie sich wenden muß, wenn sie ein dringendes Bedürfnis verspürt. Man muß nur darauf achten, daß die Tür(en) zu dem gewissen Örtchen immer offenstehen. Sollte eine es nicht sofort ka-

pieren, so zeigen Sie ihr, wenn sie unruhig umhersucht und versuchsweise hier und da kratzt, das Kästchen halt noch einmal. Nach der ersten Benutzung weist ihr der Geruchssinn schon den richtigen Weg.

Erst nach etwa einer Stunde, wenn die Katzen sich schon ein wenig eingewöhnt haben und möglichst auch schon einen Happen gegessen haben, sollte man sie mit Kleinkindern und Haustieren bekannt machen. Kleinen Kindern erklärt man dabei sofort, wie sie die Katzen streicheln dürfen, nämlich immer vom Kopf zum Schwanz, nie umgekehrt. Wenn sich sofort ein Spiel entwickelt, was eigentlich nur bei kleinen Kätzchen wahrscheinlich ist, bleibt ein Erwachsener dabei, beobachtet, gibt Ratschläge, greift notfalls ein.

Bei der ersten Begegnung mit dem Familienhund nimmt man ihn besser an die Leine und erkärt ihm, daß Nicki und Peterle seine neuen Freunde sind, zu denen er immer lieb sein muß. Selbst, wenn man den Hund genau kennt und weiß, daß er katzenfromm ist, bleibte die erste Reaktion der Katzen abzuwarten. Ältere Tiere können bereits schlechte Erfahrungen mit Hunden gemacht haben und zunächst feindselig reagieren, junge Katzen können ganz einfach Angst haben vor dem Riesen auf vier Beinen. Reden Sie Katzen und Hund gut zu und streicheln Sie alle. Geben Sie auch dem Hund einen besonderen Leckerbissen, damit er eine positive Assoziation mit der Ankunft der Katzen verbindet. Oft ist der Bann schon gebrochen, wenn der Hund nach dem ersten Gassigehen wieder heimkommt. Trotzdem sollte man in der ersten Zeit vorsichtig sein und die Tiere gut beobachten. Die Fütterung erfolgt am besten auf verschiedenen Etagen, der Hund am Boden, die Katzen auf dem Küchentisch oder der Fensterbank, sonst putzt der Hund blitzschnell das Katzenfutter auch noch weg. Viele Hunde mögen Katzenfutter aus der Dose besonders gern. Es bekommt ihnen auch gut, aber die Katzen wollen ja auch etwas essen.

Sind bereits eine oder mehrere Katzen da, so öffnen sie nach ungefähr einer Stunde einfach die Tür, um sie in das Zimmer zu lassen, das die Neulinge bereits erforscht haben. Falsch ist es, die Neuen ins Zimmer zu den anderen zu lassen, denn im eigenen Revier hat die bereits heimische Katze auf jeden Fall einen starken Feldvorteil. Ein wenig davon büßt sie ein, wenn sie in ein Zimmer kommt, in dem die Neuen sich zumindest schon auskennen. Achten Sie auch darauf, daß eine ältere Katze nicht sofort auf einen Stuhl oder Tisch springt, was übrigens nur kampferprobte Auslaufkatzen machen werden. Die erhöhte Position ermöglicht es ihnen – theoretisch – die Neuen von oben anzugreifen. Wenn die Neuen sich einen erhöhten Standpunkt suchen, ist dagegen nichts einzuwenden, es verleiht ihnen ein zusätzliches Gefühl der Sicherheit. Angriffslustig sind sie am ersten Tag in der ungewohnten Umgebung sehr wahrscheinlich nicht.

Machen Sie die Katzen freundlich miteinander bekannt, nennen Sie ihre Namen, streicheln Sie alle – soweit die Neuen es sich schon gefallen lassen, und reden Sie ihnen gut zu, sich miteinander zu vertragen. Zu Rangkämpfen, die nur unter erwachsenen Tieren ausgetragen werden, kommt es in der Regel erst, wenn die Neuen sich richtig eingewöhnt haben und glauben, einer anderen den Rang streitig machen zu können. Da sollte man nicht eingreifen. Wer in der Wohnung die Nummer eins ist, müssen die Katzen unter sich ausmachen.

Sehr wichtig ist es, daß man von Anfang an zwischen den Tieren keine Eifersucht aufkommen läßt. Die entsteht automatisch, wenn man sich zuviel um die Neuen kümmert und die anderen links liegen läßt. Im Gegenteil, die Tiere mit den älteren Rechten sollten ein wenig bevorzugt werden. Katzen hängen z. B. sehr an bestimmten Ruhe- und Schlafplätzchen, an die sie gewöhnt sind, wir würden uns ja auch nicht gern vom Untermieter aus unserem Bett vertreiben lassen. Wenn die Neuen im Anfang anderes, ihnen von früher bekanntes Futter bekommen, lassen Sie die älteren Katzen ruhig auch davon kosten.

Kleine Katzen darf man, wenn die erste Besichtigung des Zimmers vorüber ist, ruhig mal hochnehmen und liebkosen. Fangen sie an zu zappeln, setzt man sie aber sofort wieder auf den Boden. Erwachsene Katzen sollte man erst dann streicheln, wenn sie sich von sich selbst nähern. Vorher hält man ihnen die Hand hin zum Abschnuppern. Doch keine Regel ohne Ausnahme: Beim Füttern lassen sich auch erwachsene Tiere gern streicheln, ganz sanft und kurz nur, das ist für sie wie ein liebevoller Willkommensgruß. Sie spüren, daß man sie gern hat, sich freut, daß sie da sind und daß es ihnen schmeckt. Es kann nichts schaden, wenn man ihnen das alles außerdem noch sagt. Es ist auf jeden Fall richtig, besonders am Anfang häufig zu den Katzen zu sprechen. Ob sie die Worte verstehen oder nicht, sicher ist, daß sie dem Klang der menschlichen Stimme entnehmen können, daß man es gut mit ihnen meint.

Eine Faustregel zum Schluß: Je ruhiger, gelassener und entspannter die Menschen sich bei der Ankunft der neuen Katzen geben, desto besser und rascher werden sie sich eingewöhnen. Die Ruhe überträgt sich auf die sensiblen Tiere und verleiht ihnen ein Gefühl von Geborgenheit. Hektik und Lärm dagegen irritieren sie. Als Nello und seine Schwester Kleo bei uns eintrafen, ertönte eine halbe Stunde später ein ohrenbetäubender Donnerschlag, als Auftakt zu einem schweren Gewitter. Wie der Blitz verschwanden die beiden hinter einem Schrank. Wir blieben ruhig sitzen und unterhielten uns weiter. Es dauerte nicht lange, da kam Kleo wieder zum Vorschein und marschierte schnurstracks auf das Futterschälchen los. Nello blieb in sicherer Deckung. Zehn Minuten später schaute ich ganz vorsichtig hinter den Schrank. Er schlummerte süß und selig, während der Regen an die Scheiben prasselte. Wir hatten uns nicht aufgeregt, und deshalb hatten die Katzen sich auch ganz rasch wieder beruhigt. Nicht nur Jungkätzchen, alle domestizierten Katzen betrachten ihre Menschen als Elternersatz und orientieren sich an ihnen.

Die Ernährung der Katze

Katzen sind von Natur aus Häppchenesser, sie nehmen nicht gern eine oder zwei große Mahlzeiten zu sich, sondern verteilen die Nahrungsaufnahme lieber über den ganzen Tag. Als Selbstversorger im Freien haben ihre Vorfahren es genauso gemacht, zwangsläufig, denn auch die geschickteste Katze kann nur eine Maus zur Zeit fangen, und das ist nicht mehr als ein kleiner Happen für sie. Und dann dauert es eine ganze Weile, bis sie wieder eine erwischt. 25 Mäuse benötigt eine erwachsene Katze pro Tag. In der Stadt kann sie heute nur noch eine bis zwei täglich fangen, auf dem Lande allenfalls funf bis sieben. Deshalb müssen auch Auslaufkatzen gut und regelmäßig gefüttert werden. Hungrige Katzen sind keine guten Mäusefänger, denn es fehlt ihnen an Kraft und Energie. Der Jagdtrieb ist zwar an den Futtertrieb gekoppelt, funktioniert aber selbsttätig weiter, wenn die Katze satt ist.

Dann fängt und tötet sie die Beute nur noch, verzehrt sie aber nicht mehr.

Wann, wie oft und wie viel futtert die Katze?

Eine erwachsene Katze braucht je nach Größe, Aktivität und Appetit 250 bis 350 g gutes, nahrhaftes Futter am Tag. Kleine Kätzchen zwischen sieben und zwölf Wochen kommen mit rund 100 g aus, heranwachsende bis zu sechs Monaten mit 150 bis 200 g. Tragende Katzenweibchen sollten 350 bis 400 g am Tag bekommen, säugende Katzenmütter sogar bis zu 450 g. Das alles sind natürlich nur Richtwerte. Ältere und alte Katzen brauchen weniger Nahrung, man sollte die Menge aber erst dann reduzieren, wenn der Appetit deutlich nachläßt. Kastrierte Katzen erhalten am besten nur 200 bis 250 g am Tag, damit sie nicht zu dick werden. Schwankungen in der Nahrungsaufnahme treten immer mal auf. An heißen Tagen merkt man das besonders deutlich. Tagsüber herrscht allgemeine Essensunlust, erst am Abend, wenn es kühler wird, meldet sich der Hunger wieder. Davon abgesehen ist der Nahrungsbedarf der einzelnen Katzen unterschiedlich. Auch unter ihnen gibt es offenbar gute und schlechte Futterverwerter. Eine gesunde Katze hört auf zu essen, wenn sie satt ist. Sie weiß ganz genau, wie viel sie braucht.

Nur bei alten Katzen muß man manchmal darauf drängen, daß sie futtern. Es besteht bei ihnen außerdem die Gefahr, daß sie sich auf ein bestimmtes Nahrungsmittel festlegen und alles andere ablehnen. Wenn so ein Alterchen z. B. nur noch Rinderhack oder eine bestimmte Sorte Dosenfutter akzeptiert, mischen Sie ihm abwechselnd kleinste Mengen von Lebensmitteln darunter, die es unbedingt braucht: zwei- bis dreimal in der Woche ein rohes Eigelb, ein paar Hafer- oder Hefeflocken, einen Teelöffel Kondensmilch, ein paar Körnchen Salz, ein wenig gekochten Reis, etwas weiche Butter, oder einige Tropfen Weizenkeimöl, ein bißchen geriebenen Käse. Bei einseitiger Ernährung im Alter funktioniert bald gar nichts mehr. Der ohnehin häufig träge arbeitende Darm braucht unbedingt Ballaststoffe. Katzen, die ein Leben lang gern Vitamin- und/oder Mineralpaste genommen haben, werden sie auch im Alter kaum ablehnen. Das ist ein Leckerbissen für sie, kein normales Futter. Lassen Sie die alte Katze um so öfter an der Tube schlecken, je schlechter und einseitiger sie sonst futtert. Da alte Katzen genau wie alte Menschen meist Probleme mit den Zähnen haben und nicht mehr so gut kauen können, sollte man selbst Dosenfutter für sie noch mit der Gabel fein zerdrücken und die harten Bestandteile, die man leider so oft darin findet, und zwar nicht nur in den preiswerten Sorten, herausnehmen. Hackfleisch ist im Alter besser geeig-

Auslaufkatze bringt eine Maus ins Haus

net als Gulaschfleisch. Ist die Katze an Fisch gewöhnt, so geben Sie ihr ein- bis zweimal in der Woche ein paar Ölsardinen, das fördert die Verdauung. Alte Katzen nehmen bei einer Mahlzeit oft nur Miniportionen zu sich, deshalb sollte man ihnen so oft wie möglich ein paar Häppchen anbieten.

Für erwachsene, gesunde Katzen sind dagegen drei bis vier Mahlzeiten täglich ideal, und das läßt sich organisatorisch auch verwirklichen. Berufstätige füttern die Katzen morgens, möglichst spät vor dem Weggehen, abends, möglichst früh nach der Heimkehr, und noch einmal am späten Abend vor dem Schlafengehen. Wer tagsüber oder zumindest mittags daheim ist, verteilt die Futtermenge auf vier Portionen, die morgens, mittags, abends und vor dem Schlafengehen verteilt werden. Junge Kätzchen müssen grundsätzlich mindestens viermal, besser fünfmal am Tag gefüttert werden, tragende, säugende und alte Katzen drei- bis viermal. Wenn Reste übrig bleiben, sollten sie spätestens vor der nächsten Fütterung beseitig werden. Die Futterschälchen werden jedesmal gründlich unter fließendem heißen Wasser ausgewaschen, ohne jeden Zusatz von Reinigungsmitteln, denn diese können zu Erkrankungen der Katzen führen. Bewährt hat es sich, die Katzen unmittelbar vor den eigenen Mahlzeiten zu füttern, dann kommen sie gar nicht auf die Idee, bei Tisch zu betteln.

Die richtigen Futterzeiten für Katzen sind in Fachkreisen heftig umstritten. Die meisten Experten meinen, je pünktlicher, desto besser, weil die Katzen sich darauf einstellen. Das mag für einen Haushalt, in dem alles wie am Schnürchen abläuft, das Richtige sein. Aber wo gibt es heute noch solche Haushalte? Ich habe die Erfahrung gemacht, daß man Katzen am besten dann füttert, wenn sie von selber in die Küche kommen und erwartungsvoll zu ihrem Menschen hochschauen. Dann haben sie nämlich wirklich Hunger. Und dann essen sie auch mit Appetit. Wenn man die Katzen zu pünktlichen Essenszeiten erzieht, muß man sich auch daran halten. Da darf nie etwas dazwischen kommen, kein unerwarteter Gast, kein wichtiger Telefonanruf, keine verspätete Heimkehr. Und am Sonntagmorgen darf man auch nicht eine Stunde länger schlafen als in der Woche. Katzen, die daran gewöhnt sind, daß es das Abendessen irgendwann zwischen 19 und 20.30 Uhr gibt, tolerieren solche Unregelmäßigkeiten mit Gelassenheit.

Von großer Bedeutung für die Gesundheit der Katze ist auch die richtige Futtertemperatur. Katzen vertragen weder kaltes noch heißes Essen. Man darf ihnen das Futter nie direkt aus dem Kühlschrank geben, sondern muß es unbedingt vorher anwärmen. Entweder über heißem Wasserdampf erwärmen oder einfach fließendes heißes Wasser über die Folienverpackung laufen lassen. Bei Dosenfutter und Hackfleisch kann man, wenn es mal sehr eilig ist, auch rasch einen Schuß heißes Wasser unterrühren. Gekochte oder gedünstete Speisen müssen immer erst abkühlen, bevor man sie der Katze vorsetzt, auch wenn sie noch so ungeduldig wartet. Die Idealtemperatur für Katzenfutter beträgt 38°C, das entspricht der Körpertemperatur einer gesunden Katze. Die Toleranzgrenze liegt zwischen diesem Wert und der normalen Zimmertemperatur von 22 bis 24°C. Kälter sollte das Katzenfutter aber nicht sein.

Manche Autoren vertreten die Ansicht, auch das Trinkwasser für Katzen müsse auf etwa 38 Grad erwärmt werden. Wie das in der Praxis funktionieren soll, bleibt ihr Geheimnis. Kaum eine Katze stürzt sich sofort mit Begeisterung auf das Wasserschälchen, wenn das Trinkwasser erneuert wurde. Oft dauert es Stunden, bis sie ein paar Schlückchen davon nimmt. Dann ist das Wasser aber längst auf Zimmertemperatur abgekühlt. Bei Dosenmilch ist es etwas anderes. Die gehört zum Futter und wird von Katzen oft sofort angenommen.

Nahrungsmittel, die Katzen mögen und brauchen

Je eiweißhaltiger die Katzennahrung ist, desto besser. Der Eiweißbedarf einer erwachsenen Katze liegt weit höher als der eines Menschen oder Hundes. Muskelfleisch, Innereien, Fisch, Käse, Quark, Eigelb, Milch, Dickmilch, Joghurt und Getreideflocken aus Mais, Soja und Gerste sind wertvolle Eiweißlieferanten. Bei den handelsüblichen Sorten an Dosenfutter für Katzen wird das in der Regel berücksichtigt. Es lohnt sich aber, die Inhaltsangaben genau zu vergleichen. Das Produkt mit dem höheren Eiweißanteil ist vorzuziehen.

Stark unterschätzt wurde noch bis vor kurzem der Fettbedarf einer Katze. Bei erwachsenen Tieren darf der Fettgehalt der Nahrungsmittel bis zu 40 Prozent betragen, 25 bis 30 Prozent sind normal. Wenn man seine Katzen unbedingt mit Tatar und Krabbenfleisch ernähren will, muß man ihnen zum Ausgleich mindestens einen Eßlöffel Butter am Tag anbieten. Besser ist es, ihnen statt Tatar

Rinderhackfleisch zu geben, statt Beefsteak Gulaschfleisch vom Rind, statt Krabben mit Fett gedünsteten Fisch. Auch bei Käse, den die meisten Katzen gern mögen, sind die milden, fetthaltigen Sorten vorzuziehen. Dosenmilch bitte nicht mit Wasser verdünnen, auch die zehnprozentige nicht. Die Katze schleckt nur so viel davon, wie sie braucht, kleine Portionen genügen. Ein Stückchen Butter zwei- bis dreimal in der Woche, auf der Hand angeboten zum Abschlekken, reguliert den Fetthaushalt und wird meist dankbar angenommen. Auch Eigelb ist fettreich, man mischt es unter das Futter oder verquirlt es mit ein wenig Dosenmilch und einer winzigen Prise Salz. Eiklar dürfen Katzen nie roh bekommen, aber viele lehnen es auch gekocht ab. Probieren Sie es mal mit Rührei.

Katzen mögen gern rohes Fleisch, aber Schweinefleisch darf man ihnen nur gar gekocht oder gedünstet geben. Das gilt selbstverständlich auch für alle Innereien vom Schwein. Der ungarische Bakteriologe Aladár Aujeszky (1868–1933) entdeckte ein nach ihm benanntes Herpesvirus, das vor allem in rohem Schweinefleisch vorkommt. Es führt bei Katzen und Hunden zur sogenannten Pseudowut, einer unheilbaren Krankheit, die immer tödlich verläuft, und zwar innerhalb von 48 Stunden. In seltenen Fällen erfolgten auch Ansteckungen durch rohes Rindfleisch, das mit infiziertem Schweinefleisch in Berührung gekommen ist. Auch die berüchtigte Toxoplasmose kann durch rohes Schweinefleisch auf Katzen übertragen werden.

Unter den **Innereien** ist an erster Stelle Herz zu empfehlen, aber wegen des hohen Phosphorgehaltes sollte man es nicht öfter als ein-, höchstens zweimal wöchentlich auf den Speisezettel setzen. Phosphormangel tritt bei vollwertig ernährten Katzen so gut wie nie auf, ein Überangebot an Phosphor kann aber zu Vergiftungserscheinungen führen. In rohem Rindfleisch und rohem Rinderherz ist das für Katzen wichtige Magnesium reichlich enthalten. Leber ist reich an Vitamin A. Aber auf Grund der tierquälerischen Massentierhaltung der Schlachttiere häufig regelrecht vergiftet von Chemikalien und Medikamenten aller Art. Außerdem ist zuviel Vitamin A gleichfalls schädlich für Katzen. Als Folge können schwere Knochenwucherungen auftreten. Deshalb ist es ratsam, nur einmal in der Woche eine Portion gar gekochter oder gedünsteter Leber zu verfüttern. Roh wirkt sie abführend, gekocht leicht stopfend. Nieren sind aus dem gleichen Grund wie Leber so stark belastet, daß man sie den Tieren nicht öfter als einmal in der Woche vorsetzen sollte. Zuvor müssen sie immer gut gewässert werden. Milz ist als Katzennahrung nicht empfehlenswert und wird oft auch nicht gern genommen. Der Nährwert ist überdies nur gering. Bei hartnäckiger Verstopfung kann man es mal damit versuchen, weil sie abführend wirkt. Euter und Lunge besitzen wenig Kalorien, den zähen Pansen können Katzen mit ihrem kleinen Gebiß nicht zerkauen.

Fisch ist eine vollwertige Katzennahrung, er darf aber nie roh, sondern ausschließlich gekocht oder gedünstet angeboten werden, damit die vor allem im Süßwasserfisch enthaltenen schädlichen Enzyme zerstört werden. Sie können zu einem für die Katze lebensgefährlichen Mangel an Vitamin B_1 (Thiamin) führen. Fisch aus der Dose ist für viele Katzen ein echtes Schmankerl. Besonders beliebt sind Ölsardinen, die leicht abführend wirken, Sprotten und Fischfilets in Öl oder Tomatensoße. Ein- bis zweimal in der Woche kann man Katzen ohne weiteres eine Mahlzeit aus der Fischdose vorsetzen, man muß aber darauf gefaßt sein, daß die Katzen anschließend einen leichten Fischgeruch ausströmen. Am besten gibt man ihnen morgens oder mittags eine Fischmahlzeit, nicht abends, vor allem dann nicht, wenn die Katze im Bett schläft. Die feinen Gräten von Ölsardinen schaden der Katze nicht, Kochfisch muß dagegen immer sorgfältig von Gräten befreit werden, damit die Katze sich nicht verletzt oder gar erstickt. Fisch- und Fleischgelee mögen unsere Stubentiger sehr. Versuchen Sie es mal mit ein wenig Krabben in Gelee, Fisch- oder Fleischsülze.

Leider ist auch **Geflügel** heute durch die unnatürliche Batteriehaltung der armen Tiere nicht mehr uneingeschränkt zu empfehlen. Ab und zu kann man den Katzen natürlich etwas Geflügelfleisch geben. Hühnerknochen dürfen sie aber auf keinen Fall bekommen. Sie splittern leicht und können im Schlund, zwischen den Zähnen oder im Mund steckenbleiben. Die Folge sind böse Verletzungen oder sogar der Tod der Katze durch Ersticken. Gegen Kaninchen- und Lammfleisch ist nichts einzuwenden. Beides bedeutet eine willkommene Abwechslung auf dem Speiseplan für Katzen. Hier dürfen sie auch ruhig an den Knochen herumknabbern, was ihrer Versorgung mit Mineralstoffen, besonders mit Kalium und Kalzium, zugute kommt.

Ihren **Durst** löscht die Katze ausschließlich mit Wasser. Oft sind es nur winzige Mengen, die sie zu sich nimmt. Junge, gesunde Katzen trinken in der Regel sehr wenig. Ältere Tiere haben mehr Durst, was oft mit einer Niereninsuffizienz zu tun hat, die altersbedingt ist. Aber auch wenn sie nur zwei Schluck am Tag trinkt, muß die Katze ständig Zugang zu frischem Trinkwasser haben.

Milch erhält sie dagegen in wohldosierten Mengen. Viele erwachsenen Katzen vertragen sie übrigens gar nicht. Sie bekommen Durchfall davon. Bekömmlicher ist Dosenmilch, die nie verdünnt werden sollte. Die geöffnete Dose immer sofort in ein Glas- oder Porzellankännchen umfüllen, das zugedeckt im Kühlschrank aufbewahrt wird. Die Vergiftungsgefahr durch Oxydation der offenen Blechdose ist groß, übrigens auch für Menschen.

Milch enthält viel Eiweiß und Kalzium, Vitamin A, D und E. Bei Verstopfung hilft oft mit Wasser verdünnte Dosenmilch oder normale Trinkmilch. Bei Durchfall ist beides absolut tabu. **Milchprodukte** wie Käse, Quark, Dickmilch und Joghurt sind wertvolle, eiweißreiche Nahrungsmittel für Katzen. Quark hat eine stopfende Wirkung, zum Ausgleich rührt man ein wenig Speiseöl hinein. Magerquark ist allerdings nicht empfehlenswert, auch 20- bis 40prozentiger Quark darf ruhig noch etwas aufgewertet werden mit eingerührter Dosenmilch, Eigelb oder ganz wenig Honig. Dickmilch wird von vielen Katzen gern genommen, wenn man sie frühzeitig daran gewöhnt hat, sie wirkt leicht verdauungsfördernd. Auch Joghurt ist für Katzen geeignet, aber bitte ohne Fruchtzusätze, denn der hohe Zuckergehalt darin ist ihrer Gesundheit nicht zuträglich.

Aus Nährmitteln, die lebenswichtige Vitamine der B-Gruppe enthalten, machen Katzen sich nicht viel. Da muß man sich etwas einfallen lassen. Junge Katzen verspeisen oft mit großem Appetit in Milch gekochten Haferflockenbrei, nach Möglichkeit sollte man dafür sorgen, daß sie auch im Erwachsenenalter dieser Gewohnheit treu bleiben. Hat man mit dieser Methode kein Glück, so empfiehlt es sich, den Katzen ein wenig gekochte Haferflocken unters Futter zu mischen. Auch Reis, feine Graupen und Vollwertnudeln lassen sich als Energiespender und Vitaminträger unters selbstzubereitete Futter oder zwischen Joghurt, Quark oder Dickmilch schmuggeln. 20 bis 30 g pro Tag genügen.

Hefeflocken gehören zu jeder gesunden Katzenernährung. Sie enthalten viel Eiweiß, Vitamin B_{1}, $_{2}$ und $_{6}$ und vor allem das für Katzen lebenswichtige Niacin (Nikotinsäure), ein Vitamin, das der Organismus der Katze nicht selber bilden und nur kurzfristig speichern kann. Mangel an Niacin kann innerhalb von zwanzig Tagen zum Tode führen. Deshalb sollte man immer reichlich Hefeflokken übers Futter streuen oder auch in einem Extraschälchen zur Selbstbedienung hinstellen. Wenn Katzen die Hefeflocken kategorisch ablehnen, was nur selten vorkommt, so gibt man ihnen eine Vitaminpaste für Kleintiere auf Hefebasis.

Katzen sind auch ausgesprochene Gemüsemuffel. Sie brauchen es auch nicht unbedingt zur ausgewogenen Ernährung, es leistet aber gute Dienste bei der Verdauung als Ballaststoff im Darm. Deshalb lohnt es sich, Katzen daran zu gewöhnen, winzige Mengen an gekochtem und feinzerdrücktem **Gemüse** im Futter zu akzeptieren. Mehr als ein Teelöffel ist nicht nötig. Mohrrüben dürfen wegen ihres hohen Gehaltes an Vitamin A nicht zu oft angeboten werden. Alle Kohlsorten, auch Blumenkohl, und alle Hülsenfrüchte sind für Katzen schädlich. Blattgemüse wie Spinat sowie Petersilie und Schnittlauch verzehren manche Katzen gern roh, mein Angel stürzt sich geradezu darauf, besonders im Frühling. Man sollte aber darauf achten, daß das Grünzeug vorher gründlich gewaschen worden ist. Ein frischer Grastopf gehört in jede Katzenwohnung. Die Katzen knabbern nur die feinen Spitzen ab. Dabei versorgen sie sich mit dem wichtigen Enzym Folat (Folsäure), das auch in Leber enthalten ist. Mangel an Folat tritt besonders bei Katzen auf, die überwiegend mit gekochtem Fleisch gefüttert werden. Er kann zur Mißbildung der ungeborenen Jungen führen. Außerdem hilft das **Gras** der Katze beim Erbrechen der im Magen zusammengeballten Haarwülste, der sogenannten Bezoare, die durch die beim Fellputzen verschluckten Haare entstehen. Auf natürlichem Wege kann die Katze diese Bezoare nicht ausscheiden. Werden sie zu kompakt, so können sie den Magenausgang blockieren, dann hilft nur noch eine rasche Operation. In der warmen Jahreszeit sollten den Katzen nach Möglichkeit auf dem Balkon oder im Garten verschiedene Grassorten zur Auswahl zur Verfügung stehen. Im Winter pflanzt man in einem großen Topf Hafer oder Weizen an. In Zoogeschäften bekommt man auch Knabbergras speziell für Katzen, das gern genommen wird. Auch das als Zierpflanze bekannte Zypergras ist geeignet.

Essensreste von unserem Tisch sind in der Regel für Katzen ungeeignet, schon wegen der **Gewürze**. Es schadet aber nichts, wenn man ihnen hier und da ein wenig von einer besonders heißbegehrten Speise abgibt. Mein Grischa, der Italiener, ist ein leidenschaftlicher Spaghettifan. Selbstverständlich bekommt er immer seinen Anteil, mit Tomatensoße und Käse. Wenn eine Katze jede Gelegenheit nutzt, um sich aus der Butterdose zu bedienen, so bedeutet das, daß sie mehr Fett braucht. Mit Naschen oder gar Stehlen hat das nichts zu tun. Geben Sie ihr die Butter, nach der ihr Organismus verlangt, vom Finger zum Abschlecken, aber legen sie den Deckel immer fest auf die Butterdose. Das gleiche gilt für Käse und Quark. Nur bei Schinken oder Wurst, muß man hart bleiben. Hier und da ein winziges Stückchen davon ist allenfalls vertretbar, mehr nicht, wegen der Gewürze und des für Katzen viel zu hohen **Salz**gehaltes. Auf keinen Fall sollten Katzen Wursthaut bekommen. Ganz ohne Salz kann die Katze aber auch nicht existieren. Bei Dosenfutter wird das bereits berücksichtigt, selbstzubereitetes Katzenfutter würzt man mit ein paar Körnchen Salz. Erwachsene Katzen brauchen täglich 20 bis

30 mg Salz für die zur Verdauung notwendige Salzsäure im Magen. Bei Durchfall erhöht sich der Salzbedarf.

Es ist unmöglich, bei einseitiger Ernährung den **Vitamin**bedarf der Katze zu decken, das gleiche gilt für Mineralstoffe, Spurenelemente und Enzyme. Häufig besteht eine komplizierte Wechselwirkung zwischen ihnen. So ist z. B. die Verwertung von Kalzium eng an die Wirkstoffe Phosphor und Vitamin D gekoppelt, d. h., wenn eine Katze ausreichend Kalzium zugeführt bekommt, aber nicht genügend Phosphor oder Vitamin D oder beides, wird bald auch ein Defizit an Kalzium auftreten. Kalzium ist in erster Linie verantwortlich für den normalen Aufbau von Knochen und Zähnen, was besonders Kätzchen im Wachstumsalter betrifft. Aber auch die erwachsene Katze braucht noch 80 bis 100 mg Kalzium am Tag zur Steuerung des Zentralnervensystems, der störungsfreien Herzfunktion, für die Gesunderhaltung der Kapillar- und Gefäßwände und des Bindesgewebes, wodurch Entzündungen besser abgewehrt werden können. Besonders hoch ist der Bedarf tragender und säugender Katzenmütter an Kalzium.

Kalzium ist reichlich vorhanden in Milch, Käse, Eiern, Knochenmehl und Hühnerhälsen. Fleisch enthält dagegen nur sehr geringe Mengen an Kalzium. Phosphor ist reichlich in Fleisch und Fisch vorhanden, außerdem auch in Eiern, Milch, Käse und

Getreideprodukten. Ausgesprochen reich an Vitamin D sind Leber- und Fischtran. Außerdem enthalten Leber, Eier, Milch, Heringe und Pferdefleisch Vitamin D. Eine Besonderheit: Vitamin D kann sich nur unter direkter Sonneneinstrahlung entfalten. Die Katze braucht also Sonnenschein aufs Fell. Eine Überdosierung von Vitamin D ist aber äußerst gefährlich. Sie kann zu schweren Organschäden führen oder zu einer regelrechten Vergiftung des Organismus. Bei einer chronischen Vitamin-D-Vergiftung wird sogar das Gefäß- und Knochensystem in Mitleidenschaft gezogen. Die Katze darf dann weder Milch noch Eier und Käse bekommen und bei Sonnenschein nicht ins Freie.

Damit also der Kalziumhaushalt einer Katze einwandfrei funktionieren kann, benötigt sie unbedingt Käse, Eier und Milch zur Versorgung mit Kalzium, Phosphor und Vitamin D. Und sie braucht Sonnenschein. Eier, Milch und Käse lassen sich durch die oben angeführten Nahrungsmittel ergänzen oder ersetzen. Fleisch- und Fischmahlzeiten allein reichen aber auf keinen Fall aus. Das macht auch deutlich, daß Katzen von Anfang an so abwechslungsreich wie möglich gefüttert werden sollten, eine Faustregel, an die zu halten sich lohnt!

Vitamin C kann der Körper der Katze selbst bilden. Es braucht ihr also mit der Nahrung nicht zugeführt zu werden. Künstliches Vitamin C kann sie gar nicht verwerten, der Körper scheidet es sofort auf natürlichem Wege wieder aus.

Vitamin A ist wichtig für das Wachstum aller inneren Organe, die Gesunderhaltung von Haut und Augen und schützt vor Hautinfektionen. Auch hier kann jedoch eine Überdosierung gefährliche Folgen haben. Vitamin A bekommt die Katze ausreichend, wenn man ihr Leber, Butter, Eier, Quark, Milch und Käse gibt, es ist außerdem in Petersilie, Spinat und Mohrrüben enthalten. Vitamin A ist fettlöslich, deshalb kann der Körper es nur bei möglichst gleichzeitiger Zufuhr von etwas Fett verwerten.

Die Vitamine der B-Gruppe sind dagegen wasserlöslich. Bei einer Überdosierung können deshalb keine Probleme auftreten, die nicht benötigten Vitamine werden einfach wieder ausgeschieden. Vitamin B_1, (Thiamin) kommt in Hefe(flocken), Weizenkeimen, Getreide, Haferflocken, Eidotter und in rohem Fleisch vor. Bei Mangel an Vitamin B_1 treten Appetitlosigkeit und häufiges Erbrechen auf, hinzu kommen allgemeine Schwäche, Gehbeschwerden, Lähmungen, Krämpfe. In schweren Fällen tritt der Tod ein. Vitamin B_2 (Riboflavin), gleichfalls von lebenswichtiger Bedeutung für die Katze, ist in Leber, Hefe, rohem Fleisch und Reis enthalten. Mangel an Vitamin B_6 kann zur Bildung der bei Katzen zum Glück seltenen Nierensteine führen. Es ist reichlich in Hefe(flocken) enthalten, ebenso wie das bereits erwähnte Niacin und die Panthotensäure. Durch regelmäßige Zufütterung von Hefeflocken können alle notwendigen B-Vitamine abgedeckt werden.

Vitamin E (Tokopherol) verhindert die Entartung des Fettgewebes und ist unerläßlich für die Fortpflanzung. Es ist in Eigelb, Weizenkeimen, Milch,

Fleisch, Leber, Hering, Schellfisch und Käse enthalten. Unter dem Begriff Vitamin F werden eine Reihe von essentiellen Fettsäuren zusammengefaßt, die sowohl in tierischen als auch in pflanzlichen Fetten vorkommen. Bei Mangel an Vitamin F kann es zu Schuppenbildung und Haarausfall kommen. Weizenkeimöl enthält wertvolles Vitamin F. Man gibt einfach ab und zu ein paar Tropfen davon ins Katzenfutter.

Für die Gesunderhaltung der Haut und Vorbeugung gegen Infektionskrankheiten sorgt Vitamin H (Biotin). Es ist in Leber, Hefe, Niere und Eigelb vorhanden. Rohes Eiklar verhindert die Absorption von Vitamin H im Darm und führt dadurch zu ernsthaften Verdauungsstörungen. Vitamin K unterstützt die rasche Blutgerinnung bei Verletzungen aller Art. Im allgemeinen bildet es sich von selbst im Darm der Katze. Vitamin K ist in Leber enthalten, außerdem in Lebertran, Fischmehl, Gemüse und Tomaten.

Besonders hoch ist der Bedarf an Vitaminen bei jungen Katzen, die sich noch im Wachstum befinden, sowie bei tragenden und säugenden Katzenweibchen, aber auch alte Katzen brauchen viel Vitamine. Bei bestimmten Krankheiten ist eine höhere Zufuhr an bestimmten Vitaminen erforderlich. Das muß von Fall zu Fall der Tierarzt entscheiden.

Das gleiche gilt für die Versorgung der Katzen mit **Mineralstoffen** und **Spurenelementen**, von denen gleichfalls lebenswichtige Prozesse im Organismus gesteuert werden. Die für die Katze wichtigsten Mineralstoffe sind Kalium, Kalzium, Magnesium, Natrium und Phosphor. Über Kalzium und Phosphor habe ich bereits im Zusammenhang mit Vitamin D berichtet. Der Kaliumbedarf von Katzen ist relativ hoch, Kalium dient vor allem der Muskelfunktion und sorgt für das Ionengleichgewicht im Körper. Eine Überdosierung von Kalium zeitigt im allgemeinen keine Schäden, da die nicht benötigten Anteile auf natürlichem Wege ausgeschieden werden, sind die Nieren der Katze gesund und erhält sie ausreichend frisches Trinkwasser, so kann eine Überversorgung mit Kalium gar nicht erst auftreten. Kaliummangel führt zu Appetitminderung, Schwäche und herabgesetztem Muskeltonus. Tragende und säugende Katzenmütter benötigen besonders viel Kalium. Es ist enthalten in Dosenmilch, Käse, Eigelb und Knochenmehl, außerdem in Haferflocken, Kartoffeln ohne Schale, Rind-, Hühner- und Schweinefleisch und Herz.

Magnesium steuert verschiedene Enzymsysteme beim Kohlenhydrat-, Fett- und Eiweißstoffwechsel. Bei einem Überschuß an Magnesium wird die Kalzium- und Phosphorverwertung beeinträchtigt. Reich an Magnesium sind vor allem Haferflocken, außerdem Roggenbrot, Kondensmilch, rohes Rindfleisch und Rinderherz. Magnesiummangel tritt nur selten auf. Er ruft Muskelschwäche und Bewegungsstörungen hervor, Übererregbarkeit und Krämpfe. Bei Tieren im Wachstumsalter wird das Wachstum verzögert.

Natrium spielt eine wichtige Rolle im Wasserhaushalt des Körpers. Bei extremer Unterversorgung findet häufiges Wasserlassen statt, die Haut wird trocken. Bei Durchfall muß natriumhaltiges Futter und zusätzlich etwas Salz angeboten werden. Ein Überschuß an Natrium kann zu Durst und verringertem Appetit führen, tritt aber in der Praxis selten auf. Die wichtigsten Natriumlieferanten für Katzen sind: Roggenbrot, Schweinenieren (gekocht), Rinderherz, gekochte ganze Eier, Kondensmilch, Rinder- und Schweineleber, Rindfleisch.

Die wichtigsten Spurenelemente, die jede Katze zur Aufrechterhaltung ihrer Gesundheit benötigt, wenn auch nur in winzigen Mengen, sind Eisen, Kupfer, Zink, Mangan, Jod, Kobalt und Selen. Noch geringer ist ihr Bedarf an Arsen, Blei, Chrom, Fluor, Molybdän, Nickel, Silicium und Vanadium. Grundsätzlich gilt, daß es bei ausgewogener, abwechslungsreicher Ernährung der Bedarf an Spurenelementen in der Regel gesichert ist.

Eisen ist zur Bildung von Hämoglobin notwendig, dem Farbstoff der roten Blutkörperchen, und zur Regulierung des Sauerstofftransportes im Körper. Wie wir Menschen kann auch die Katze bei Eisenmangel an Anämie erkranken. Die Symptome sind: ein blasses Näschen, blasses Zahnfleisch, Apathie. Anämische Katzen sind besonders anfällig gegenüber Infektionskrankheiten. Eisenhaltige Nahrungsmittel für Katzen sind insbesondere Rinderleber und -herz, rohes Eigelb, Rindfleisch.

Kupfer ist an der Blut- und Pigmentbildung beteiligt, ebenso an der Bildung des Bindesgewebes und reguliert außerdem die Aufnahme von Eisen ins Blut. Deshalb kommt es bei Kupfermangel gleichfalls zu Anämie, aber auch Knochenverformungen und Blutgefäßveränderungen können auftreten. Rinderleber enthält mit Abstand am meisten Kupfer, aber auch in Rinderherz, rohem Eigelb, Heringen, Rind- und Geflügelfleisch sind ausreichende Minimengen vorhanden.

Zink spielt eine Rolle bei der Bildung der Krallen, dem Sehen in der Dämmerung und dem Hautstoffwechsel sowie dem Kohlenhydrat- und Eiweißstoffwechsel. Zinkmangel kann Haarausfall, Veränderungen an den Augen und Hautentzündungen hervorrufen sowie zu einer höheren Anfälligkeit gegenüber Infektionen führen. Zinkhaltig sind Rindfleisch und Rinderherz, rohes Eigelb, Geflügel- und Schweinefleisch.

Mangan steuert die Funktion zahlreicher Enzyme, die an Stoffwechselprozessen mitwirken. Mangelerscheinungen an Mangan sind bei Katzen bisher nicht bekanntgeworgen. Kartoffeln sind relativ reich an Mangan, sehr viel weniger ist in Schweinefleisch, Geflügelfleisch, Milch, Leber und Fisch enthalten. Aber auch das ist durchaus noch genug.

Jod, ein wichtiger Bestandteil des Schilddrüsenhormons, ist u.a. auch am Kalziumstoffwechsel beteiligt. Bei Jodmangel kann es zu einer Vergrößerung der Schilddrüse kommen, zu Haarausfall und schlimmstenfalls sogar zum Tode. Fisch, insbesondere Kabeljau und Hering, enthalten viel Jod, deutlich weniger ist in rohem Eigelb, Vollmilch, Rinderherz, Rinderleber sowie Rind- und Schweinefleisch vorhanden. Es kann nicht schaden, wenn man bei geringer Zufügung von Salz beim Katzenfutter jodiertes Salz bevorzugt.

Das ebenfalls lebenswichtige Spurenelement Kobalt ist in Rinder- und Schweinefleisch sowie Hefe und Milch enthalten. Über seine Funktionen herrscht noch keine völlige Klarheit. Selen ist wichtig für den Zellstoffwechsel der Katze, es wirkt dabei zusammen mit Vitamin E. Mangelerscheinungen an Selen sind bei Katzen bisher nicht in Erscheinung getreten. Ihren Bedarf deckt sie beim Verzehr von Rinder- und Schweinefleisch, Rinderleber und Vollmilch.

Zur optimalen Versorgung der Katze mit Vitaminen, Mineralstoffen und Spurenelementen wird eine ganze Reihe von Produkten angeboten, im Zoohandel, in Kaufhäusern und Einkaufsmärkten. Da gibt es Vitamin-, Gemüse-, Multimix- und sogar Müslidiätflocken. Gemüseflocken z. B. enthalten Mineralstoffe und Spurenelemente. Wenn die Katze schon irgendein Vitaminpräparat bekommt, sollte man ihr Flocken übers Futter streuen oder extra anbieten, in denen diese Komponente vertreten ist. Vorwiegend mineralstoffhaltige Pasten sind neben den üblichen Vitaminpasten auch bereits auf dem Markt. Man kann die Katze direkt an der Tube schlecken lassen, zur Belohnung oder für den kleinen Hunger zwischendurch, oder die Paste aufs Futter geben, möglichst nicht in einem Strang, sondern fein verteilt. Sonst schleckt die Katze unter Umständen nur die Paste ab und geht wieder. Unter dem Namen Katzentabs erhält man vitamin- und/oder mineralstoffreiche Tabletten. Die meisten Katzen sind ganz vernarrt in diese kleinen Leckerbissen und lassen sich durch gezieltes Werfen von Katzentabs mühelos in die gewünschte Richtung dirigieren.

Bei all diesen Präparaten ist es empfehlenswert, zunächst nur die kleinste angebotene Menge zu kaufen, um auszuprobieren, wie die Katzen darauf reagieren. Über Geschmack läßt sich bekanntlich nicht streiten, und es gibt immer mal eine Sorte, die von bestimmten Katzen rundherum abgelehnt wird. Die akzeptierten Sorten bietet man am besten abwechselnd an, denn jeder Hersteller setzt andere Schwerpunkte, und es nützt einer Katze nicht viel, wenn man ihr ein Leben lang reichlich Kalium zufüttert, aber nie Magnesium. Im Dosen- und Hartfutter für Katzen ist der Vitamin- und Mineralstoffbedarf angeblich voll berücksichtigt worden. Aber auch da variieren die Inhaltsangaben ganz beträchtlich, mal wird Kupfer angeführt, einsam auf weiter Strecke, mal Vitamin E oder Phospor. Man sollte immer die Inhaltsangaben vergleichen und der Katze auf jeden Fall regelmäßig Vitamin- und Mineralstoffprodukte geben, egal ob sie vorwiegend Dosenfutter erhält oder vorwiegend selbstzubereitetes Futter.

Hartfutter ist als Hauptnahrungsmittel für Katzen völlig ungeeignet. Das ist so ähnlich, als wenn wir nur von Zwieback leben wollten. Außer-

Siamkatze mit überzüchtetem Windhundschädel

dem enthält das handelsübliche Hartfutter Magnesiumoxalsäure, die besonders bei kastrierten Katern, aber auch bei anderen Katzen den gefürchteten Blasengrieß erzeugen kann, ein sehr schmerzhaftes und gefährliches Leiden. Katzen, die oft Hartfutter bekommen, müssen unverhältnismäßig viel Wasser trinken, aber das tun sie meist nicht, weil Katzen von Natur aus Wassersparer sind. Sie sind daran gewöhnt, die notwendige Flüssigkeit zum größten Teil der Nahrung zu entnehmen. Deshalb gibt man Hartfutter wie Katzentabs am besten nur in kleinen Mengen, als Belohnung, Lockmittel und als kleine Zwischenmahlzeit. Wenn man mal die Nacht außer Hauses verbringen muß, stellt man den Katzen ausnahmsweise auch ein Schälchen mit dem haltbaren Hartfutter hin, damit sie darauf ausweichen können, wenn das andere Futter schon verzehrt oder nicht mehr verlockend ist. Auch bei längeren Bahn- oder Autofahrten ist Hartfutter als Proviant für unterwegs ideal. Wichtig ist auch hier, immer wieder die Sorten zu wechseln.

Brandneu auf dem Markt: »Science Diet«, ein Hartfutter für Katzen aus den USA, das nur geringe Mengen an Magnesium und keine Oxalsäure enthält. Dadurch wird die Bildung von Magnesiumoxalsteinen in der Blase vermieden. Meine Kater sind begeistert davon, mit Ausnahme von Aljoscha, aber der ist rund genug. Man bekommt es in Katzenboutiquen und guten Zoohandlungen. Es ist etwas teurer, aber Gesundheit hat eben ihren Preis – auch bei Katzen.

Menüvorschläge für zwei erwachsene, kastrierte Katzen

1. Tag

Morgens: Eine Dose Fischfutter, 200 g. Einen Eßlöffel gekochte Haferflocken oder Reis einrühren. Trinkwasser erneuern.

Mittags: Eine kleine Portion gekochtes oder besser in reichlich Fett gedünstetes Rinder- oder Schweinegulasch, 150–200 g, gewürzt mit ein paar Körnchen Salz. Hefeflocken darüberstreuen.

Abends: 100 bis 150 g frisches Rinderhack mit einem rohen Eigelb verrühren. Etwas Vitamin- oder Mineralpaste darübergeben.

Vor dem Schlafengehen: Für jede Katze ein Schälchen Dosenmilch oder zwei Eßlöffel Quark, Joghurt oder Dickmilch. Als Betthupferl je drei Katzentabs. Trinkwasser erneuern.

2. Tag

Morgens: Eine Dose Fleischfutter, 200 g. Hefe- oder Gemüseflocken darüberstreuen. Trinkwasser erneuern.

Mittags: 4 gehäufte Eßlöffel Haferflocken in Milch kochen. ½ Teelöffel Honig in den Brei rühren, einige Körnchen Salz und ein paar Tropfen Weizenkeimöl oder ein Stück Butter zufügen.

Abends: 200 g rohes Rinderherz kleinschneiden, mit Fett, Vitamin- oder Mineralpaste darübergeben.

Vor dem Schlafengehen: Für jede Katze ein Schälchen Dosen- oder Dickmilch und ca. 7 Stückchen Hartfutter. Trinkwasser erneuern.

3. Tag

Morgens: Eine Dose Fischfutter, 200 g. Einen Eßlöffel gekochten Reis oder Haferflocken vom Vortag unterrühren. Trinkwasser erneuern.

Mittags: 200 g gar gedünstete Rinder- oder Schweineleber. Hefeflocken drüberstreuen. Vorsicht: Leber nur einmal in der Woche verfüttern.

Abends: Eine Dose Fleischfutter mit einem rohen Eigelb verrühren. Vitamin- oder Mineralpaste darübergeben.

Vor dem Schlafengehen: Für jede Katze eine Scheibe Käse (Größe und Umfang von Scheibletten) kleinschneiden und gehäufelt auf die Tellerchen legen, damit die Katzen die Stückchen besser abnehmen können. Drei Katzentabs für jede. Trinkwasser erneuern.

Die oben angebenen Mengen sind in der Regel für zwei Katzen ausreichend (in Ausnahmen heißt es: für jede Katze), nicht kastrierte Katzen brauchen etwas größere Mengen.

Diese Menüs enthalten alles, was Katzen benötigen, um fit zu bleiben. Sie können am 4. Tag wieder von vorn anfangen, am 6. Tag wird dann mittags statt Leber Niere gedünstet. Die Menüs sind so zusammengestellt, daß Sie nur einmal am Tag für die Katzen etwas kochen oder dünsten müssen. Wenn Ihre Katzen sich zu Fans von Hefeflocken entwickeln, stellen Sie ihnen ruhig zusätzlich ein Schälchen davon zur Selbstbedienung hin. Wer die Katzen mittags nicht füttern kann, braucht nur die Zeiteinteilung zu verschieben: Die Portionen für morgens, mittags und abends werden einfach morgens, abends und spätabends gegeben. Die für spät am Abend vorgesehenen kleinen Mahlzeiten stellt man morgens mit dem regulären Futter hin, damit die Katzen tagsüber davon essen können. Mit Ausnahme der Katzentabs beziehungsweise des Hartfutters. Diese bleiben als Betthupferl reserviert. Neigen Ihre Katzen zu Durchfall, so lassen Sie die Dosenmilch einfach weg und ersetzen sie durch Dickmilch, Joghurt und Quark. Neigen sie zur Verstopfung, so sollten sie keinen Quark bekommen.

Varianten: Katzenbesitzer, die selber gern Fisch essen, können auch den Katzen eine Mahlzeit davon bereiten. Ob Sie den Fisch nun kochen, dünsten oder braten, bieten Sie ihn den Katzen möglichst schwach gesalzen an und befreien Sie die Stücke von allen Gräten. Wenn Sie Geflügel oder Kaninchen auf den Tisch bringen wollen, ist es das Einfachste, auch den Katzen ein Essen davon zuzubereiten. Jede Abwechslung ist gut für sie.

Fleisch und Herz sollte klein, aber nicht zu klein geschnitten werden. Katzen freuen sich, wenn sie auch mal etwas Ordentliches zu beißen bekommen, und die Zähne bleiben länger gesund. Bemessen Sie die Größe der einzelnen Fleischbrocken etwa so, wie man im Geschäft vorgeschnittenes Gulaschfleisch bekommt. Besonders große Stücke werden noch einmal geteilt. Sollten die Katzen damit nicht zurechtkommen, so kann man immer noch nachträglich die Stücke etwas zerkleinern. Lassen Sie die Fettränder immer dran. Katzen, ich sage es noch einmal, brauchen viel Fett.

Alle Zusätze zum Futter wie gekochter Reis oder Haferflocken, gekochte und zerdrückte Kartoffelstückchen, gekochtes Gemüse, zerbröseltes Roggenbrot sollten nur in ganz kleinen Mengen angeboten werden. Am besten lassen sie sich in Dosenfutter oder Rinderhack unterbringen. Als Faustregel gilt, daß alle Katzen kleine Mengen solcher Zusätze eher in einem besonders beliebten Futter akzeptieren als in einem weniger verlockenden. Wenn eine Katze z. B. sehr gern Haferflockenbrei mag, so wird sie ihn auch dann zu sich nehmen, wenn der Besitzer nicht davor zurückschreckt, einen Teelöffel weichgekochte, zerdrückte Mohrrüben darunterzumischen. Es sei denn, sie haßt Mohrrüben aus tiefstem Katzenherzen. Dann probiert man es besser mal mit Spinat oder Tomaten.

Zum Schluß noch ein »heißer Tip«: Wenn Sie Ihren Katzen eine große Freude machen wollen, geben Sie ihnen ein wenig Baldrian. Da flippen sie regelrecht aus vor Begeisterung. Ein Teelöffel ungekochter Baldriantee reicht für zwei. Man kann auch probieren, weniger beliebtes Futter oder Medikamente mit ein bis zwei Tropfen Baldrain schmackhaft zu machen. Baldrian ist Hasch für Katzen. Ob er irgendwelche Wirkstoffe speziell für Katzen enthält, ist nicht bekannt. Aber warum wollen sie nicht auch mal etwas bekommen, was ihnen »nur« Spaß macht?

Empfehlenswerte und ungeeignete Nahrungsmittel im Überblick

Die wichtigsten empfehlenswerten Nahrungsmittel	
Rindfleisch (Gulasch), Rinderhack	roh, gekocht oder gedünstet beliebig oft
Rinderherz	roh, gekocht oder gedünstet zweimal wöchentlich
Schweinefleisch	nur gar gekocht oder gedünstet ein- bis zweimal wöchentlich
Rinder- oder Schweinenieren	nur gar gekocht oder gedünstet, vorher gründlich wässern, einmal wöchentlich
Rinder- oder Schweineleber	nur gar gekocht oder gedünstet einmal wöchentlich
Fisch	nur gar gekocht, gedünstet oder gebraten, entgräten, zweimal wöchentlich
Geflügel	nur gar gekocht oder gebraten einmal wöchentlich
Lammfleisch	gar gekocht oder gebraten zweimal wöchentlich
Kaninchenfleisch	gar gekocht oder gebraten zweimal wöchentlich
Fleischsülze	gelegentlich
Fischsülze, Krabben in Gelee	gelegentlich
Fischdosen (Ölsardinen, Sprotten, Fischfilets in Öl oder Tomatensoße)	gelegentlich
Käse	nur milde, fetthaltige Sorten zwei- bis dreimal wöchentlich
Dosenmilch	nicht mit Wasser verdünnen, dreimal wöchentlich, wenn die Katze keinen Durchfall bekommt
Dickmilch, Joghurt	zwei- bis dreimal wöchentlich

Quark	mindestens mit 20 Prozent Fett zwei- bis dreimal wöchentlich, wenn die Katze nicht zu Verstopfung neigt
Rohes Eigelb	zweimal wöchentlich unters Futter mischen
Rührei oder weichgekochtes Ei	versuchsweise anbieten, einmal wöchentlich
Butter	kleine Stückchen vom Finger abschlecken lassen oder ins Futter rühren
Weizenkeimöl	wenige Tropfen unters Futter geben, zwei- bis dreimal wöchentlich
Dosenfutter für Katzen	verschiedene Sorten anbieten, ein- bis zweimal täglich
Haferflocken	nur gar gekocht, am besten in Milch beliebig oft kleine Mengen anbieten
Reis	nur gar gekocht unters Futter geben, beliebig oft
Hefeflocken	regelmäßig übers Futter streuen oder separat anbieten
Getreideflocken (Gerste, Mais, Soja)	gelegentlich kleine Mengen übers Futter streuen
Gemüseflocken für Katzen	übers Futter streuen dreimal wöchentlich
Gemüse (Mohrrüben, Spinat, Tomaten, aber nie Kohl)	nur gar gekocht oder gedünstet gelegentlich 1 Teelöffel unters Futter mischen
Gras (auch Hafer, Zyperngras, Katzengras)	ein Topf mit frischem Grün sollte immer bereitstehen
Grüne Blätter (Spinat, Petersilie, Schnittlauch, Salat, Kohlrabi, Radieschen)	für manche Katzen ein Leckerbissen, soviel sie mögen
Hartfutter für Katzen	nur gelegentlich in kleinen Mengen geben, zur Belohnung, als Betthupferl, auf Reisen
Unter »ferner liefen«:	
Roggenbrot	kleine Mengen fein zerbröselt unters Futter mengen, gelegentlich
Gekochte Kartoffeln	einen Eßlöffel zerdrückt unters Futter mischen, gelegentlich

Knochen	manche Katzen kauen gern darauf herum. Nie Geflügelknochen anbieten
Hühnerhälse	nicht bei allen Katzen beliebt, es kommt auf den Versuch an, gelegentlich
Pferdefleisch	kann gelegentlich unbedenklich verfüttert werden

Für Katzen geeignete »Futter«pflanzen

Asparagus
Petersilie
Baldrian
Pfefferminz
Grünlilie
Scharfgarbe
Hafer
Schnittlauch
Katzengamander
Spinat
Katzenminze oder Katzenkraut
Zyperngras

Als Katzenfutter ungeeignet

Rohes Schweinefleisch und rohe Innereien vom Schwein
Gemischtes Hackfleisch
Wurst, Schinken, Räucherspeck
Alle Kohlsorten und alle Hülsenfrüchte
Essenreste von unseren Mahlzeiten
Scharfe, gewürzte Käsesorten
Magerquark
Mit Wasser verdünnte Milch oder Dosenmilch
Kuchen, Süßigkeiten, Schokolade, Pudding
Alkohol, Kaffee, Tee

Haltung und Pflege

Wohnungskatze oder Auslaufkatze

Der wohl größte und wichtigste Unterschied in der Katzenhaltung besteht zwischen Auslaufkatzen und reinen Wohnungskatzen. Bei Auslaufkatzen sind eine Reihe von zusätzlichen Vorsichtsmaßnahmen notwendig, die sich bei Wohnungskatzen erübrigen. Bevor ich jedoch auf diese genauer eingehe, möchte ich zunächst noch einmal zur Diskussion stellen, welche der beiden Haltungsformen in unserer Zeit tatsächlich als artgerecht gelten kann.

Es ist gar keine Frage, daß Katzen liebend gern auf eigene Faust Streifzüge in die nähere Umgebung unternehmen, in der Regel entfernen sie sich dabei nicht weit vom Haus. Zu einem richtigen Katzenleben gehört, daß man auf Bäume und Zäune klettern kann, Kontakte aufnimmt mit anderen Katzen, sich mit ihnen zusammenrauft, sich im Revier einen festen Platz sichert und auf die Jagd geht. Aber diese goldene Freiheit ist oft nichts als ein böser Traum.

Auslaufkatzen leben außerordentlich gefährlich. Sehr viele werden früher oder später überfahren, von Hunden getötet, erschossen oder fürs Labor eingefangen. Im Schnitt werden Auslaufkatzen nur acht Jahre alt, reine Wohnungskatzen dagegen fünfzehn.

Auch Katzen, die in ruhigen Wohngegenden oder auf dem Land leben, wo wenig Autoverkehr herrscht, dürfen sich nicht in Sicherheit wiegen. Es besteht die – allerdings viel zu gering eingeschätzte – Gefahr, daß sie sich an einem Rattenköder vergiften. Das Gift liegt buchstäblich überall herum. Erfahrene Katzen mögen vielleicht einen weiten Bogen darum machen, neugierige junge Tier aber bestimmt nicht.

Im April 1987 sah ich an einem regnerischen Nachmittag auf dem Heimweg eine kleine schwarze Katze unter einem frischbeschnittenen Strauch sitzen, der keinerlei Schutz bot. Mit riesigen grünen Augen schaute sie mich an. »Was machst du denn da?« sagte ich. Und dann: »Hier kannst du doch nicht bleiben.« Ich nahm sie auf den Arm, wo sie lammfromm sitzen blieb, balancierte in der anderen Hand Schirm und Einkaufstaschen und nahm sie mit in die Wohnung. »Fürs erste«, dachte ich. »Nachher bringe ich gleich überall in der Umgebung Zettel an ›Zugelaufen ist ...‹«, und dann werden sich die Besitzer von einem so bildhübschen Tier schon melden. Aber daraus wurde nichts. Der Kleine – es war ein Katerchen von etwa viereinhalb Monaten – knurrte die vier Großen zwar mutig an, aber das Futter lehnte er angewidert ab, und nach einer halben Stunde mußte er sich übergeben. Dann noch einmal. Der Tierarzt kam, und es stellte sich heraus, daß der kleine Kater sich eine Thalliumvergiftung zugezogen hatte, durch einen Rattenköder, die bei uns anscheinend großzügig auf dem Rasen verteilt werden. Wahrscheinlich hatte der kleine Kater nur daran geleckt, sonst wäre er bestimmt nicht mehr am Leben.

Die folgenden Monate möchte ich nicht noch einmal durchmachen müssen. Aljoscha, wie ich ihn genannt habe, war so krank, daß er als Mensch auf der Intensivstation gelandet wäre. Nach und nach setzte eine Totallähmung ein, von der auch Darm und Blase betroffen waren, nur die Augen konnte er noch bewegen. Wochenlang mußte er künstlich ernährt werden. Alle paar Stunden, auch nachts natürlich, mußte ich ihn auf die andere Seite betten und trockenlegen. Und als er dann gerade anfing, wieder laufen zu lernen, öffnete sich ein tiefer, blutiger Riß im Rückenfell, vom Hals bis fast zum Schwanzansatz. Fellschäden auf Grund von Thalliumvergiftung heißt das schlicht in der Veterinärsprache. Monatelang mußte er erst drei-, dann zweimal wöchentlich frisch verbunden werden, was er mit Engelsgeduld über sich ergehen ließ. Aber ein Stück unterhalb des Nakkens, größer als ein Fünfmarkstück, heilte nicht. Es war nekrotisch geworden. Jetzt war auch noch eine Operation fällig. Die gesamte Behandlung dauerte über ein dreiviertel Jahr, und nur dem unermüdlichen Einsatz meiner Tierärztin und hingebungsvoller häuslicher Pflege ist es zu verdanken, daß der Kater schließlich gerettet werden konnte. Es ist nur zu hoffen, daß ihm die möglichen Spätschäden an Leber und Niere erspart bleiben.

Wenn eine Katze von einer schweren Krankheit überfallen wird, verkriecht sie sich normalerweise irgendwo und stirbt. Und wenn sie ein besseres Versteck findet als mein Aljoscha, dann entdeckt niemand sie so rasch, und jede Hilfe kommt zu spät. Nur deshalb kommen verhältnismäßig wenige Katzen mit Thalliumvergiftung noch rechtzeitig zum Tierarzt!

Auch typische Katzeninfektionskrankheiten ziehen sich Auslaufkatzen eher zu als reine Wohnungskatzen. Natürlich kann und soll man die Tiere dagegen impfen lassen, aber diese Impfungen müssen in regelmäßigen Abständen wiederholt werden, und wenn daheim gerade viel zu tun ist, kann so ein Termin schon mal in Vergessenheit geraten, wodurch sich das Ansteckungsrisiko für die Katze erhöht.

Bei der Entscheidung, ob die eigenen Katzen ins Freie dürfen oder nicht, sollte man außer dem Wohl der Katze aber auch das der Singvögel berücksichtigen. Das Raubtier Katze tut nichts »Böses«, es folgt nur einem uralten Instinkt, wenn es auf Vogeljagd geht und Nester ausnimmt. Andererseits ist es keine Frage, daß wir es im Interesse der Vogelwelt daran hindern müssen. Man kann jedoch eine

Der ideale Katzenauslauf ist ein katzensicher eingezäunter Garten

Katze nicht das ganze Jahr hindurch frei herumlaufen lassen und sie dann plötzlich zur Vogelbrutzeit wochenlang einsperren. Das wird zu einer regelrechten Tortur für Mensch und Tier. Die Katze protestiert verständlicherweise gegen diese willkürliche Beschränkung angestammter Rechte, schreit, tobt, geht an Türen und Fenster hoch und versucht mit allen Mitteln, sich den Weg nach draußen zu erlisten oder zu erzwingen. Häufig gelingt ihr das auch. Mit Katzen, die die Freiheit nie kennengelernt haben, gibt es dagegen keinerlei Schwierigkeiten, wenn die Vögel brüten und ihre Jungen aufziehen. Hilfsmittel wie Glöckchen am Katzenhalsband zur Warnung der Vögel oder Schutzgitter bzw. -manschetten um Bäume mit Vogelnestern sind keine befriedigende Lösung des Problems. Bodenbrüter und Vögel, die ihre Nester in niedrigem Strauchwerk errichten, hören das Glöckchen zwar, können aber ihre Jungen trotzdem nicht vor der Katze retten. Und alle Bäume lassen sich nicht so absichern, daß keine Katze mehr hinaufgelangt. Katzen sind sehr geschickte Kletterkünstler. In einem bayerischen Tierheim zeigte man mir vor kurzem den Katzenauslauf, umgeben von einer über zwei Meter hohen glatten Wand, über die oben einen halben Meter breit eine Glasfläche waagerecht ins Innere vorragt. Ein für Katzen völlig unüberwindliches Hindernis, versprach der Architekt. In den ersten Monaten war es bereits zwei Ausreißern gelungen, über diese Wand zu entkommen. Schutzgitter und Manschetten um Bäume mögen die meisten Katzen

Wie komme ich da 'rauf?

entmutigen, aber ein paar besonders kühne erreichen ihr Ziel trotzdem.

Katzen lieben die Freiheit, das ist richtig, aber das Risiko, daß sie Schaden anrichten und Schaden erleiden, ist sehr groß, wie bereits die wenigen Beispiele gezeigt haben. Es ist also eine mehr als zweischneidige Sache, Katzen in unserer Zeit artgerecht zu halten. Will man »ihrer Art gerecht werden«, so muß man sie ins Freie lassen. Will man ihnen ein vorzeitiges, schreckliches Ende ersparen, so muß man sie drinnen halten.

Glücklicherweise sind Katzen so anpassungsfähig, daß sie das Leben in Haus oder Wohnung durchaus nicht als eine Art Käfigdasein empfinden, wenn man die Umgebung entsprechend katzengerecht gestaltet. (siehe S. 156 ff.) Das gilt besonders für junge Katzen, die noch nie im Freien waren.

Erwachsene Katzen, die gern viel draußen herumgelaufen sind und das Glück hatten, daß ihnen dabei noch nichts passiert ist, stellen sich nur langsam um, etwas leichter allerdings in einer neuen als in der alten Umgebung. Ältere Katzen, d. h. solche die schon über zehn Jahre alt sind, haben ihre Sturm- und Drangzeit hinter sich und werden meist ganz von allein häuslicher.

Beobachtungen haben sogar gezeigt, daß Katzen, die das ungebundene Leben im Freien ausgiebig kennengelernt haben, manchmal heilfroh sind, wenn sie ein Zuhause finden und dieses freiwillig noch nicht einmal zu einem kurzen Spaziergang wieder verlassen wollen.

Zweieinhalb Jahre lang betreute meine Freundin Sascha einen heimatlosen schwarzen Kater in der Nähe ihres Arbeitsplatzes. Als sie die Stellung wechselte, mußte sie den Kater mit einer Falle einfangen, anfassen ließ er sich von ihr immer noch nicht. Sie brachte ihn zunächst zum Tierarzt, ließ ihn untersuchen und kastrieren und nahm ihn dann mit nach Hause zu den bereits vorhandenen drei Katzen. Felix lebt jetzt schon vier Jahre lang bei ihr, er ist ein richtiger Schmusekater geworden, geht aber noch nicht einmal in die Nähe der Wohnungstür, wenn sie geöffnet ist, und hält sich auch von den Fenstern fern. Das gleiche habe ich mit meinem Kater Grischa erlebt, den ich im Alter von etwa fünf Monaten halbverhungert von Ischia mitgebracht habe. Auf dem Balkon hält er sich mittlerweile allerdings gern auf.

Nicht zuletzt aufgrund dieser Erfahrung, die ich mit Grischa gemacht habe, halte ich es daher für sinnvoll, Katzen vor ungeschützten Auslaufmöglichkeiten zu bewahren, wenn statt dessen die Möglichkeit besteht, sie auf einen gut abgesicherten Balkon zu lassen oder – idealer Weise – in einen Katzengarten.

Sicherheit für Auslaufkatzen

Wer seinen Katzen die Möglichkeit einräumen will, selbständig das Haus zu verlassen und wieder heimzukommen, kann ein Katzentürchen einbauen lassen. Auch innerhalb des Hauses haben Katzentüren übrigens eine sinnvolle Funktion. Katzen möchten sich in ihrem Revier frei bewegen können, und man spart eine Menge Heizkosten, wenn zu diesem Zweck im Winter nicht alle Türen offenstehen müssen. Der Katzenfreund kann zwischen verschiedenen, gut durchdachten Modellen wählen. Die einfachste Ausführung liegt im Preis bei rund 30 Mark, sie läßt sich von innen verriegeln. Die Elektroniktür, durch die nur die Katze hindurchkommt, die das richtige Halsband trägt, kommt auf stattliche 170

Katzentürchen, praktisch für innen und außen

Mark. Die sogenannte 4-Weg-Tür mit Klarsichtfenster und Magnetverschluß ist für etwa 37 Mark zu haben. Sie bietet dem Besitzer den Vorteil von vier verschiedenen Verschlußmöglichkeiten: nur Eingang, nur Ausgang, Eingang und Ausgang gleichzeitig, geschlossen. Der Magnetverschluß schützt vor Zugluft und Insekten. Diese Katzentürchen sind auch zum Einbau in Glastüren erhältlich.

Die Katzentür sollte in einen katzensicher umzäunten Garten oder Auslauf, den Katzengarten, führen. Wenn genügend Platz vorhanden ist, kann man einen Teil des Gartens für die Katzen reservieren. Der Zaun rundum sollte mindestens zwei Meter hoch sein. Als Material wählt man am zweckmäßigsten einen engen Maschendraht, damit die Katzen nicht mit den Krallen daran hängenbleiben. Damit sie sich nicht verletzen können, sollte man punktgeschweißten Draht oder mit einem grünen Plastikmantel verkleideten Draht verwenden. Über dem Erdboden sichert man den Zaun am besten mit einem niedrigen Betonsockel ab, damit die Katzen sich nicht wie Maulwürfe unter dem Zaun durchgraben können – auch das ist schon vorgekommen. Den Zaun selber kann man mit für Katzen nicht giftigen Kletterpflanzen und Büschen (s. Kapitel »Verletzungen und Krankheiten«, S. 219f.) hübsch verdecken.

Der Katzengarten muß aber auch nach oben abgesichert sein, sonst klettern die Tiere einfach über den Zaun und verschwinden womöglich auf Nimmerwiedersehen. Entweder bringt man am oberen Zaunende ringsum ca. 40 cm breite Glas- oder Aluminiumplatten an, die leicht schräg nach innen weisen, oder man verschließt das »Dach« wie eine Voliere mit Maschendraht. Das ist vermutlich die sicherste Lösung. Gelegentlich wurden auch elektrisch ladbare Weidezäune zur Absicherung von Gärten und/oder Katzengärten verwendet. Es ist allerdings die Frage, wie weit man hier schon von Tierquälerei sprechen muß. Außerdem können Katzen sich ganz flach machen und auf dem Bauch unter dem untersten Draht hindurchrobben. Zur Innenausstattung des Katzengartens gehört ein unbepflanztes Sand- oder Erdbeet zum Scharren, Spielen und Graben, das vermutlich auch als Katzentoilette benutzt werden wird, eine Grasfläche, am besten mit verschiedenen Grassorten zur Auswahl für die kleinen Feinschmecker, Pfefferminzstauden zum Schutz vor Katzenflöhen und mindestens ein einfacher, strapazierfähiger Katzenbaum mit Liegeplätzen in verschiedenen Höhen. Die Katzen sollten die Möglichkeit haben, sich dort in der Sonne oder im Schatten aufzuhalten. Wenn man einen oder mehrere Bäume integrieren möchte, so dürfen sie nur in der Mitte des Katzengartens stehen, nicht am Rand, damit die kletterfreudigen Katzen nicht über einen Baum entweichen können. Es ist außerdem wichtig, daß nicht nur ein Katzentürchen, sondern auch eine normale Tür in den Katzengarten führt, damit der Besitzer gleichfalls jederzeit Zutritt hat.

Alle Auslaufkatzen, auch jene, die nur Zutritt zum Garten haben, sollten vor allem im Sommer ein Floh- und Zeckenhalsband zum Schutz vor Ungeziefer tragen. Die Gefahr dabei ist, daß sie irgendwo damit hängenbleiben und sich strangulieren. Um das zu verhindern, entfernt man den üblichen Schnallenverschluß und ersetzt ihn durch einen Druckknopf, der im Ernstfall aufspringt. Neuerdings werden auch Flohhalsbänder mit Gummizug angeboten, die gleichfalls geeignet sind. Die Katze kann im Notfall den Kopf »aus der Schlinge« ziehen.

Für die Sicherheit von »echten« Auslaufkatzen kann man einige zusätzlich Vorkehrungen treffen, die aber keinerlei Garantie bieten. Das sind erstens die Tätowierung und zweitens das Halsband mit Adreßanhänger. Im Ohr tätowieren läßt man die Katzen am besten gleichzeitig mit der Kastration unter Narkose. Auch reine Wohnungskatzen sollten vorsichtshalber bei dieser Gelegenheit tätowiert werden, man kann nie wissen, was für ein Schicksal die Tiere im Laufe ihres Lebens erwartet. Das Halsband sollte wie das Flohhalsband mit Gummizug versehen sein. Man befestigt eine kleine, aufschraubbare Kapsel daran, in der ein Zettel mit Anschrift und Telefonnummer des Besitzers liegt. Bitte auch den Ort und die Vorwahlnummer nicht vergessen. Katzen aus Dortmund sind schon in Freiburg im Breisgau aufgetaucht.

Beide Maßnahmen sind allerdings nur ein Mindestschutz. Bei Autounfällen, Hunden und Jägern nützen sie gar nichts. Tierfänger nehmen dem Tier das Halsband einfach ab. Die Tätonummer wirkt schon eher abschreckend, aber es gibt auch gewissenlose Experimentatoren, die der Katze schon mal ein Ohr abschneiden. Läuft die Katze jedoch einem »Normalbürger« über den Weg, so wird er sich mit großer Wahrscheinlichkeit an den Besitzer, ans Tierheim oder an einen Tierarzt wenden, so daß das Tier gerettet und zu seinem Besitzer zurückgebracht werden kann.

Obwohl nur wenige Katzen sich dazu überreden lassen, an der Leine spazierenzugehen, sollte man für besondere Situationen Geschirr und Leine zur Hand haben. Die Leine einfach am Halsband zu befestigen, ist nicht ratsam. Die wendige, geschickte Katze schafft es oft spielend, sich aus dem Halsband zu befreien. Der typische Fall: Die angeleinte Katze macht sich stocksteif und rührt sich nicht von der Stelle. Der entnervte Mensch am anderen Ende der Leine fängt an zu ziehen. Die Katze spannt alle Muskeln an und verlagert das Gewicht nach hinten. Dann zieht sie mit einer blitzschnellen Bewegung den Kopf aus dem Halsband. Tröstlich dabei ist, daß der Mensch nicht umfällt, jedenfalls meistens nicht, dazu ist die Katze zu leicht. Aus einem Katzengeschirr kann sie sich nicht so rasch befreien. Der Katze Geschirr und Leine umzulegen, ist dann sinnvoll, wenn man verhindern will, daß sie davonläuft, besonders in einer fremden Umgebung: auf Rast- und Parkplätzen, beim Picknick auf einer Wiese, im Garten am Urlaubsort, auf Campingplätzen oder wenn das Hotelzimmer geputzt wird. Auch im Wartezimmer des Tierarztes hat es sich bewährt. Man sollte die Katze deshalb frühzeitig daran gewöhnen, hier und da das Geschirr zu tragen, es ihr immer mal wieder anlegen, damit sie gutwillig mitspielt, wenn es Ernst wird. Empfehlenswert sind ein verstellbares, leichtes Geschirr aus reißfestem Nylon und eine Nylonleine. Auf Leder beißen unsere Stubentiger gern herum, und es gibt eher nach als Nylon.

Die katzengerechte Wohnung und ihre Pflege

In der Wohnung kommt es darauf an, einige Fenster katzensicher mit einem Nylonnetz oder Drahtgitter abzuschirmen. Katzen brauchen viel frische Luft und liegen gern auf der Fensterbank. Über die Sicherung von Kippfenstern habe ich schon gesprochen. In einem Katzenhaushalt stellt man sich am besten darauf ein, grundsätzlich nur die abgesicherten Fenster zu öffnen. Bewährt hat sich auch das »Schleusensystem«: Die Katzen kommen in die Küche, die Küchentür wird geschlossen. Jetzt kann überall gründlich gelüftet werden. Manche Katzen können allerdings Türen öffnen. Sie springen einfach auf die Klinke und drücken sie mit ihrem Gewicht herunter. Wenn man so einen kleinen Artisten in der Wohnung hat, muß man

die Küchentür abschließen oder die Klinke hochstellen.

Auch sollte man vorsorglich darauf achten, daß die Türen in der Wohnung nicht durch Zugluft zuschlagen, wodurch eine Katze leicht eingeklemmt werden kann. Zu empfehlen sind Türstopper aus Metall, Holz, Stein oder Keramik, die es übrigens auch in Form einer Katze gibt. Ein Ziegelstein, eine schwere Standvase oder ein ausrangierter wuchtiger Aschenbecher erfüllen den gleichen Zweck.

Um die richtigen Schlaf- und Ruheplätzchen braucht man sich als Mensch eigentlich nicht viel Gedanken zu machen, die suchen die Katzen sich schon selber aus. Trotzdem, ein Versuch lohnt sich, zumal Katzen nicht immer auf dem gleichen Platz schlafen wollen, sondern Abwechslung lieben. Sehr begehrt sind Körbe, dabei spielt es keine Rolle, für welchen Zweck der Korb ursprünglich bestimmt war. In Katzenboutiquen bekommt man weich ausgepolsterte Körbchen mit und ohne Dach in verschiedenen Farben und Dessins. Die meisten Stubentiger mögen Körbe mit Überdachung besonders gern, wahrscheinlich weil sie an Höhlen erinnern, in denen Katzen in der freien Natur mal so richtig ungestört ausschlafen können. Auch die angeblichen, in der Praxis aber nur für junge Kätzchen und sehr ruhige erwachsene Tiere geeigneten Transportkörbe aus

Weidengeflecht werden als Wohn- und Schlafhöhlen oft gern akzeptiert.

Auch Katzenkissen werden in reicher Auswahl angeboten. Interessant sind darunter eigentlich nur relativ flache, ovale Kissen, die an den Seiten und hinten mit einem erhöhten Rand versehen sind, auf den die Katzen gern Kopf und/oder Pfoten legen und an dem sie sich sogar manchmal die Krallen wetzen. Zum Schutz von Sessel und Sofa vor Katzenhaaren und -krallen werden neuerdings sogenannte Sofaliegen für Katzen angepriesen, die man einfach auf das gute Stück legen kann. Sie besitzen eine hochkippbare Rückfront, an die die Katze sich ankuscheln kann, und sind selbstverständlich waschbar. Wärmende Auflagen wie flache Kissen, Decken oder Teppichbodenreste machen der Katze den oft sehr beliebten Platz auf der Fensterbank noch gemütlicher, besonders im Winter. Allerdings reißt die Katze sie oft mit herunter, wenn sie plötzlich abspringt. Deshalb sollte man sie mit einer Schraubklemme befestigen. In ungepolsterte Körbe oder Kartons legt man ein flaches Kissen, ein altes Frotteetuch oder einen passend zurechtgeschnittenen Teppichbodenrest.

Bei allen Schlaf- und Ruheplätzchen ist es wichtig, daß sie nicht in der Zugluft liegen. Wenn die Katzen sich aber bei großer Hitze von selber so hinlegen, daß sie ein wenig Kühlung bekommen, schadet es ihnen nichts. Sie wissen selbst am besten, was ihnen guttut.

Hat man den richtigen Platz für einen Schlafkorb gefunden, so sollte man ihn dort stehenlassen. Katzen sind »Gewohnheitsmenschen«, sie halten gar nichts davon, wenn die Wohnung häufig umgeräumt wird, besonders dann nicht, wenn »ihre« Sachen davon betroffen sind.

Das kann jedoch gerade in der Anfangszeit, d. h. wenn man zum erstenmal Katzen bei sich aufnimmt, mehr als einmal notwendig werden. Man findet erst mit der Zeit heraus, welche Einrichtungsgegenstände katzengerecht sind und welche nicht – will heißen, auf welchen Katzen unschöne, bleibende oder einfach auch nur schwer zu entfernende Spuren hinterlassen.

Teppichböden sind ein besonders heikles Kapitel. Auf dem Material kleben die Katzenhaare oft buchstäblich fest, und nach einiger Zeit bekommt es den berüchtigten Grauschimmer. Da hilft nur sehr viel saugen und bürsten. Leichter geht die Arbeit mit einem sogenannten Fusselwolf von der Hand, der mit Hilfe eines Universaladapters an fast allen Staubsaugermodellen angebracht werden kann. Der Bürstenstreifen ist waschbar und kann ausgetauscht werden. Die Kosten belaufen sich mit Ersatzstreifen auf rund 40 Mark. Echte, also geknüpfte Teppiche lassen sich wesentlich einfacher von Katzenhaaren befreien, Webteppiche liegen in der Mitte. Beide brauchen von Zeit zu Zeit die Behandlung mit einem angefeuchteten Schwamm, an dem die Katzenhaare kleben bleiben. Am besten dran ist die Hausfrau, die ihre Böden fegen und wischen kann.

Ich habe aus diesem Grund vor einigen Jahren alle Teppichböden herausreißen und durch abwaschbares Material ersetzten lassen. Ausschlaggebend für diesen Entschluß waren allerdings weniger die Katzenhaare als vielmehr die im Laufe der Jahre durch meine Katzen verursachten Flecke auf dem hellen Teppichboden. Alle Katzen müssen sich mal übergeben, manche oft, manche seltener. Besonders häufig spucken die hastigen Esser wie mein Nello. Sie schlingen das Futter in sich hinein, ohne viel zu kauen, und brechen es oft noch völlig unverdaut wieder aus. Bei Fleisch ist das nicht so schlimm, das läßt sich mit einer Handschaufel wieder aufnehmen und der Fleck ist mit Essigwasser rasch beseitigt. Aber

wenn es sich um Dosenfutter oder Innereien handelt, sieht die Sache anders aus. Da bleiben leicht Flecke zurück, besonders wenn man den Schaden nicht sofort bemerkt.

Häufig erbrechen Katzen das Futter, wenn sie kurz vor der Mahlzeit Gras zu sich genommen haben. Deshalb sollte man darauf achten, daß sie erst ans Futter gehen, dann an den Grastopf. Hat sich allerdings ein Bezoar im Magen gebildet, so nützt diese Vorsichtsmaßnahme nichts, der unverdauliche Haarklumpen muß heraus. Natürlich kann es auch am Futter liegen, wenn die Katze sich übergibt, z. B. wenn es zu kalt ist oder nicht mehr ganz einwandfrei.

Eine Katze wird von der Übelkeit blitzartig überfallen wie ein kleines Kind und bricht sofort an Ort und Stelle. Deshalb kann es vorkommen, daß die Bescherung nicht auf dem Boden, sondern irgendwo anders landet. In der Praxis ist das allerdings eher die Ausnahme. Merkwürdigerweise ist es kaum möglich, der Katze noch rasch ein Stück Zeitungspapier oder etwas Ähnliches »unterzuschieben«, wenn sie bereits würgt. Sie dreht den Kopf weg und spuckt doch auf den Teppich. Warum, das bleibt ihr Geheimnis.

Hier und da passiert es einmal, daß sonst völlig stubenreine Katzen sich auf dem Boden verewigen. In der Regel sind psychische Auslöser dafür verantwortlich, wie etwa Eifersucht auf ein anders Haustier, ein Baby oder den neuen Freund der Besitzerin. Es kann aber auch eine Blasenerkältung vorliegen, die vielleicht durch einen zu ausgedehnten Aufenthalt im Freien oder auf dem Balkon hervorgerufen wurde oder einfach durch Zugluft. Völlig falsch ist es, wie sich inzwischen hoffentlich schon herumgesprochen hat, die Katze mit dem empfindlichen Näschen in die Pfütze zu stupsen. *So* bekommt man sie bestimmt nicht wieder stubenrein. Auch schelten oder irgendwelche Strafen bleiben wirkungslos. Dadurch verschwinden weder die Eifersucht noch die Blasenerkältung. Man muß sich überlegen, woran es liegen könnte, daß sie plötzlich ihre guten Manieren vergessen hat. Putzen Sie den Schaden weg, stellen Sie ihr ein zweites Kästchen zusätzlich hin und kümmern Sie sich in den nächsten Tagen besonders viel um sie. Tritt trotzdem keine Besserung ein, so gehen Sie mit ihr zum Tierarzt, damit festgestellt wird, ob ein organisches Leiden vorliegt, das der Behandlung bedarf.

Manche Katzen werden auch plötzlich unsauber, wenn die Katzentoilette einen anderen Platz bekommen hat oder die Einstreu gewechselt wurde. Einige Katzen reagieren ablehnend auf ein neues Katzenkästchen. Heben Sie auf jeden Fall das alte auf, bis sicher ist, daß die Katze das neue akzeptiert.

Unsauberkeit bei großen Geschäften tritt glücklicherweise nur sehr selten auf, und zwar überwiegend bei Krankheiten, die mit schwerem Durchfall verbunden sind. Da kann nur der Tierarzt helfen. Wenn die Katzentoilette allerdings verschmutzt ist, setzen manche Katzen sich demonstrativ daneben. Für die Sauberkeit des Kästchens ist der Besitzer zuständig, nicht die Katze. Es sollte jeden zweiten Tag gründlich mit heißem Wasser ohne jeden Zusatz gereinigt und danach ausgelüftet werden, am besten auf dem Balkon.

Potente, unkastrierte Kater markieren ihr Revier, also natürlich auch die Wohnung. Sie heben den Schwanz und setzen durch Spritzen oder Sprühen Duftnoten ab. Diese dienen der Information und Abschreckung anderer Kater und der Anlockerung von empfangsbereiten Weibchen. In der Wohnung ist das eine überflüssig, das andere wenig erfolgversprechend, aber das weiß der Kater nicht. Er folgt seiner angeborenen Verhaltensweise, und wenn sie zur Leerlaufhandlung wird. Dabei entstehen keine Pfützen wie beim Harnlassen, es bildet sich lediglich ein leicht öliger Film auf den angespritzten Stellen. Der Geruch, ich erwähnte es bereits, ist für Menschennasen unerträglich. Da man junge Kater aber erst dann kastrieren lassen soll, wenn sie ausgewachsen und geschlechtsreif sind, was eben an diesem Markieren zu erkennen ist, muß man die Sache wohl oder übel einmal über sich ergehen lassen. Der Fußboden ist vom Spritzen weniger betroffen, gefährdet sind alle Stellen, die sich bis zu einem halben Meter über dem Boden befinden – Türen, Schränke, Stuhlbeine, Wände, Vorhänge, Gardinen.

Textilien, die man selber waschen kann, gibt man umgehend in die Waschmaschine, vor dem letzten Spülvorgang wird ein tüchtiger Schuß Essig zugesetzt. Dann läßt man die Sachen am besten im Wäschetrockner oder im Freien trocknen. In der chemischen Reinigung verschwinden die Geruchsspuren ebenfalls zuverlässig. Alle abwaschbaren Flächen lassen sich mit einem feuchten Tuch, Essig oder Zitrone leicht reinigen. Wertvolle Möbel werden anschließend sorgfältig trockengerieben und notfalls mit einem geeigneten Holzpflegemittel bearbeitet.

Problematisch wird es bei Tapeten und Wänden. Bei gestrichenen Wandflächen geht man zunächst genauso vor wie bei abwaschbaren Flächen allgemein und überstreicht die Fläche anschließend mit einem wasserabstoßenden Außenanstrichlack im gleichen Farbton. Sie, Ihre Familie und Gäste können dann mit Sicherheit keinerlei Geruchsbelästigung mehr wahrnehmen, und wenn eine Katze es immer noch können sollte, so ist die Stelle in Zukunft leicht zu reingien durch einfaches Abwischen mit Essigwasser oder Zitrone.

Bei Tapeten geht man ähnlich vor. Die betroffenen Stellen werden gründlich gereinigt, dann überstrichen und erst nach völligem Trocknen der Farbe übertapeziert. Ideal sind natürlich abwaschbare Tapeten. Lavendelöl ist ein hervorragendes Hausmittel zur Beseitigung unangenehmer Düfte. Schon wenige Tropfen genügen. Ob es sich anwenden läßt, muß man von Fall zu Fall entscheiden. Das Öl kann kleine, kaum sichtbare Flecke hinterlassen, die auf einer hellen Tapete oder einem hellen Teppichboden stören könnten.

Die wichtigste Gegenmaßnahme, wenn ein Kater zu markieren anfängt besteht aber darin, ihn umgehend kastrieren zu lassen. Auch kastrierte Kater markieren zwar noch gelegentlich, aber die Folgen sind unerheblich und der üble Geruch fehlt völlig.

Zu einer gepflegten Wohnung gehören in der Regel auch Pflanzen. In einem Katzenhaushalt ergeben sich da erhebliche Schwierigkeiten. Zum einen sind viele besonders beliebte und dekorative Pflanzen und Blumen für Katzen giftig (s. Tabelle S. 219 f.) Zum anderen betrachten Katzen Pflanzen als Grasersatz und nagen daran herum, wobei Vasen und Töpfe manchmal umgestoßen werden. Viele Katzen lieben es auch, in echter Erde zu scharren, statt immer nur in der faden Einstreu im Katzenkästchen und richten damit ein mittleres Chaos an. Manche Stubentiger, meine zum Glück nicht, entwickeln auch das Bedürfnis, beim Gießen zu helfen, wie, können Sie sich bestimmt vorstellen.

Eine Alternative für Katzen- und Blumenfreunde besteht darin, Kakteen und exotische Pflanzen in Glasbehältern zu ziehen oder im geschlossenen Blumenfenster. Super ist natürlich ein Wintergarten oder ein abgeteilter Erker, aber nicht jeder hat so viel Platz zur Verfügung. Man kann auch den Balkon mit Hilfe von Glasschiebefenstern zum Wintergarten ausbauen lassen, wenn die Hausverwaltung es gestattet, aber damit nimmt man den ohnehin räumlich schon arg eingeschränkten Katzen ein wichtiges Stück Auslauf und Lebensfreude. Bei großen Balkonen und Loggien läßt sich vielleicht eine abgeteilte Ecke nur für die Pflanzen reservieren. Bei all diesen Lösungen muß man aber sehr darauf achten, daß die Katzen sich nicht in einem unbeobachteten Augenblick doch einschleichen, denn alles Verbotene ist natürlich ganz besonders reizvoll. Privat habe ich folgende Lösung gewählt: In der Wohnung und auf dem Balkon gibt es nur noch Pflanzen, die für die Katzen unschädlich sind. Und wenn sie daran knabbern oder sich wohlig mitten im Blumenkasten wälzen, drücke ich beide Augen fest zu.

Man stelle sich eine Katze vor, die im Freien ausschließlich an einem ganz bestimmten Baumstamm ihre Krallen wetzt, obwohl ihr Hunderte zur Verfügung stehen. Sehr unwahrscheinlich? Genau. Deshalb darf man sich auch nicht wundern, wenn die Katzen ab und zu mal an einem Tischbein kratzen, statt am dafür bestimmten Kratzbaum. Andererseits sind Katzen ausgesprochen lernfähig. Wenn man Geduld zeigt, statt loszupoltern, und sie zum Kratzbaum trägt, sobald sie Anstalten machen, ihre Krällchen ins Sofa zu graben, begreifen sie rasch, was man von ihnen erwartet, und allmählich wird es ihnen zur Gewohnheit, ihre Krallen dort zu schärfen, wo es erwünscht ist. Allerdings können immer mal wieder Rückfälle auftreten, dagegen ist kein Kraut gewachsen. Die vielgepriesenen Fernhaltesprays halten meist nicht, was sie versprechen. Manche Stubentiger hören darauf, wenn man »Nein« ruft oder wie eine Schlange zischt, andere nicht.

Empfehlenswert ist folgendes Rezept bei Katzen, die normalerweise brav den Kratzbaum benutzen, nur eben manchmal nicht: Die kleine Übeltäterin ruhig, aber bestimmt hochnehmen und vor die Tür setzen, in den Flur oder in die Küche oder ins

Bad. Das geschieht schweigend, jedes Wort ist überflüssig. Nach genau zehn Minuten die Tür wieder öffnen, die Katze hereinlassen und freundlich und aufmunternd mit ihr sprechen bzw. ihr leicht über das Fell streichen. Jede Katze empfindet das Ausgesperrtwerden als Strafe und ist heilfroh, wenn sie merkt, daß man ihr verziehen hat. Beim nächsten Rückfall trägt man sie dann wieder an den Kratzbaum und macht ihr mit den Fingernägeln vor, daß sich dort der richtige Ort zur Krallenpflege befindet und nirgends sonst. Die Katze wird sich daran gewöhnen, denn sie kratzt ja nicht an Möbelstücken, um die Besitzer zu ärgern, sondern um auszuprobieren, wie gut sich dieses oder jenes eignet. Wenn sie sich »umerziehen« läßt und, nachdem sie es zuvor am Teppich versucht hat, gleich anschließend unter Anleitung am Kratzbaum ihre Krallen wetzt, sollte man sie loben und streicheln. Keine Leckerbissen geben, sonst erwartet sie jedesmal, wenn sie den Kratzbaum benutzt, eine Belohnung!

Schwieriger liegt der Fall, wenn eine Katze es sich fest in den Kopf gesetzt hat, ihre Krallen grundsätzlich oder überwiegend an einem bestimmten Sessel oder Stuhl, einer Kommode oder einem Regal zu wetzen. Dann ist sie höchstwahrscheinlich in das betreffende Material vernarrt und der Meinung, daß nichts anderes annähernd so krallengerecht ist. Wenn Sie sich auf einen Kampf einlassen, werden Sie den Kürzeren ziehen. Selbst wenn Sie die Katze mit großer Mühe dazu bringen, den schönen Fernsehsessel endlich in Ruhe zu lassen, jedenfalls solange Sie im Zimmer sind, besteht die große Gefahr, daß die Katze aus Frustration eine neue Marotte entwickelt. Und die muß nicht unbedingt leichter zu verkraften sein als die erste. Es bleibt kaum etwas anders übrig, als das gute Stück schweren Herzens zu opfern. Nehmen Sie es so leicht wie möglich, machen Sie ein Spiel daraus, erklären Sie den Ohrensessel oder die Eckbank feierlich zum »Katzenkratzplatz Nummer eins«. Lachen Sie über das eigensinnige kleine Lebewesen. Wenn Sie aber so an Ihren Sachen hängen, daß schon der Gedanke an ein paar Schrammen Sie nervös macht, sollten Sie lieber von vornherein auf eine Katze verzichten. Das ist für beide Teile besser.

Natürlich gibt oder besser gäbe es auch noch die Möglichkeit, Katze und Schreibtischsessel hermetisch voneinander zu trennen. Aber das ist leider meist nur graue Theorie. Wie macht man das in der Praxis? Ein Möbelstück kann man schließlich nicht in eine Glasvitrine stellen und in einem Zimmer, in dem Sie sich häufig aufhalten, möchte die Katze sich auch aufhalten dürfen. Schließlich liebt sie Sie und möchte bei Ihnen sein.

Glatte Flächen an Möbeln aus festem, harten Holz sind für Katzen wenig attraktiv, auch Lack stößt sie eher ab, ebenso wie Kunststoffbeschichtungen. Völlig uninteressant sind Metall- und Glasteile an Möbeln. Gefährdet sind besonders Möbel aus weichem, nachgiebigem Holz und alle Arten von Polsterung, einschließlich Leder und Kunstleder. Besonders gern schlagen Katzen ihre Krallen in Korbmöbel, aber die sind ja in der Regel nicht so wertvoll, daß dadurch großer Schaden angerichtet wird. Wenn die Katzen an Sachen kratzen, die ihnen »gehören«, wie z. B. Katzenkörben aller Art, Kartons, Katzenkissen, so sollte man sie ruhig egwähren lassen. Diese Dinge lassen sich ja von Zeit zu Zeit erneuern.

Zum Entfernen von Kratzspuren auf Holz gibt es Spezialstifte in sechs verschiedenen Holzfarben einschließlich Schwarz. Es ist ratsam, an einer kaum sichtbaren Stelle vorsichtig auszuprobieren, ob die Farbe auch wirklich paßt. Man fängt am besten mit einem helleren Farbton an, den man dann mit einem dunkleren Stift noch korrigieren kann. Die Farbe ist wasser- und wischfest und trocknet sofort. Eine anschließende Behandlung mit Möbelpolitur rundet die Sache ab. Dabei erreicht man mit Politurmitteln auf Wachsbasis meist zufriedenstellendere Ergebnisse als mit flüssigen. Ein zusätzlicher Pluspunkt: Katzen finden den Geruch abscheulich und machen einen Bogen um danach duftende Möbelstücke, wenigstens eine ganze Weile.

Am schwierigsten ist es, Kratzspuren an Polstermöbeln zu vertuschen. Bei Leder weiß ich auch keinen Rat, ein Riß bleibt ein Riß, man kann ihn weder nähen noch zukleben. Immerhin lohnt sich der Versuch, ihn mit Tesaband im gleichen Farbton zu überkleben, damit er wenigstens nicht erweitert wird. Auch für Schäden in Kunstlederbezügen ist Tesaband zu empfehlen. Samt und samtartige Möbelbezüge leiden überraschenderweise am wenigsten, wenn die Katze daran kratzt. Das liegt daran, daß sie keine Fäden herausziehen kann. Das gleiche gilt für die allermeisten Bezüge aus reiner Baumwolle. Je engmaschiger das Gewebe ist, desto besser hält es stand. Grobgewebte Bezüge aus Woll- oder Mischgeweben lassen am ehesten »Federn«. Heraushängende Fäden schneidet man am besten ab und verklebt die Stelle dünn mit einem farblosen Leim. Gut trocknen lassen! Man kann natürlich auch versuchen, den Schaden mit Nadel und Faden auszubessern.

Das Abräumen von Tischen ist eine weitere Spezialität von Katzen. Ich habe einmal versucht, hübsche glasgeblasene Tierfiguren auf einem kleinen Tischchen aufzustellen. Nie wieder! Die Katzen haben nachts alles heruntergerissen, die Hälfte war kaputt. Gut, das war meine Schuld. Man soll eben keine Experimente machen. Alle zerbrechlichen Gegenstände von persönlichem oder objektivem Wert hebt man besser sicher in der Glasvitrine oder in einem Schrank auf. Mit Vorliebe ziehen Katzen Tischdecken herunter. Das scheint ihnen einen Heidenspaß zu machen, und irgendwann liegt das Ding samt allem, was sich darauf befunden hat, am Boden. Dann schnuppern sie kurz daran und gehen ihrer Wege. Oder sie arbeiten die Decke auf, sofern es sich um eine Häckeldecke handelt. Ich habe einmal so ein wertvolles Stück, angeblich über

hundert Jahre alt, geschenkt bekommen. War das ein Vergnügen für die Kater. Pfote reinschlagen und zerren und fasziniert zuschauen, wie die Maschen fallen. Seither liegt die bildschöne Decke, immer noch nicht repariert, in der Kommode. Am besten lebt es sich in einer Katzenwohnung ohne Tischdecken. Sets und Tischläufer, die nicht über den Rand ragen, sind erlaubt. Wer auf Tischdecken nicht verzichten will, stellt am besten einen schweren Gegenstand darauf, etwa einen massiven, großen Bronzeleuchter oder eine bis an den Rand mit Obst gefüllte Schale aus Bleikristall. Dann reichen die Kräfte der Katze nicht aus, um das Tischtuch herunterzuziehen.

Katzenspiele und Katzenspielzeug

Katzen sind verspielt und toben gerne herum, das wissen wir alle. Trotzdem muß man sich nicht in Unkosten stürzen, damit sie ihren Spieltrieb ausleben können. Wenn ich versuchsweise mal ein richtiges Katzenspielzeug gekauft habe, schnupperten meine Kater nur skeptisch daran und ließen es links liegen, es sei denn, es handelte sich um bunte Spielbällchen aus weichem Schaumgummistoff und Stoffmäuse. Bällchen aller Art sind nach meiner Beobachtung für Katzen einfach unwiderstehlich. Nur leicht müssen sie sein und gut rollen. Kastanien sind z. B. schon zu schwer. Tennis- und Tischtennisbälle sind dagegen sehr beliebt, aber auch alle Bällchen aus Papier oder Stoff findet eine richtige Katze toll. Für Kinder bestimmte Gummibälle sollte man ihnen aber nicht geben, es kann passieren, daß sie darauf herumkauen. Gummi ist unverdaulich und bleibt im Magen liegen. Ein Wollknäuel, dieses seit Urgroßmutters Zeiten bekannte »klassische« Spielzeug für Katzen, ist eine mehr als zweischneidige Sache. Wenn eine Katze damit herumtollt, verwikkeln die dabei abrollenden Fäden sich leicht um ihre Pfoten und ihren Hals. Ohne Hilfe kann sie sich aus dieser Verstrickung nicht wieder befreien. Außerdem kauen Katzen auf dem Knäuel herum, was zu Erkrankungen führen kann, wenn sie etwas von dem Zeug verschlucken, und zwar unabhängig davon ob es sich um reine Wolle oder um Synthetik handelt. Aus dem gleichen Grund ist Bindfadenmaterial von Verpackungen für Katzen nicht als Spielzeug geeignet, so sehr sie es auch mögen. Mit Flaschenkorken kann man sie dagegen unbesorgt spielen lassen, wenn man sie vorher unter heißem Wasser gründlich abspült und wieder trocknen läßt. Beim Spielen sollte man die Katzen durch Hoch- und Weitwerfen von Bällchen immer zum Springen und Laufen anregen. Gerade reine Stubentiger brauchen viel Bewegung. Ein wichtiger Teil ihres Fitneßtrainings besteht einfach im Sichstrecken und -dehnen. Fast jedesmal wenn eine Katze geschlafen oder auch nur ein Nickerchen gemacht hat, streckt sie ausgiebig ihre Glieder, bevor sie irgend etwas anderes unternimmt. Diese Lockerungsübungen halten sie in Form. Das offensichtliche Vergnügen, das die Katze dabei empfindet und auch zum Ausdruck bringt, kann sogar ansteckend wirken. Lassen Sie sich ruhig anstecken, Ihrer Gesundheit zuliebe.

Manche Katzen haben auch die Angewohnheit, kleine, aufrecht auf dem Tisch stehende Gegenstände mit der Pfote umzustoßen. Mein Nello hatte es besonders auf Feuerzeuge abgesehen. Aber damit wird ja keinerlei Schaden angerichtet, und man kann ein Spiel daraus machen, das Feuerzeug oder was immer es sein mag, wieder aufstellen und der Katze die Gelegenheit geben, es erneut umzuwerfen. Ich wette, sie schnurrt vor Begeisterung.

Die besten Zeiten zum Spielen mit Katzen liegen abends, entweder vor der Fütterung oder mindestens eine Stunde danach. Eine Katze, die mit vollem Magen herumtobt, spuckt das Essen meist in hohem Bogen wieder aus. Achten Sie darauf, welche Spiele oder Sprünge Ihre Katzen am meisten lieben. Darin kann man sie dann ein wenig trainieren und zu einer gewissen Perfektion bringen. Manche besitzen ein besonderes Talent zum Ballabschlagen, andere zum Apportieren, wieder andere vollführen mit Bravour tollkühne Schraubenhochsprünge. Aber üben Sie nie zu lange mit ihnen, sobald die Katze keine Lust mehr hat oder ihr Leistungsvermögen absinkt, hört man auf. Es soll ja ein Spiel bleiben. Auch einseitige Spiele, nur Apportieren, nur Hochsprung, sind zu vermeiden. Es ist wichtig, daß die Katzen dazu angeregt werden, verschiedenartige Bewegungsabläufe durchzuführen, damit alle Muskeln gefordert werden.

Spielen macht jeder gesunden Katze einen Heidenspaß. Eine besondere Belohnung in Form eines kleinen Leckerbissens halte ich daher für überflüssig. So gehen Dompeure vor, die ihren Tieren Leistungen abverlangen, die sie nur ungern erbringen. Welcher Tiger hat schon Lust, durch einen brennenden Reifen zu springen? Aber mit Lob und Ermutigung darf man nicht sparen. Die Katze freut sich, wenn »ihre« Menschen ihr Beifall zollen, genauso wie ein kleines Kind, das bei seinen Eltern Bestätigung findet. Katzen, mit denen viel gespielt wird, sind ausgeglichen und heiter, weil sie beim Spiel unbewußt jede Verstimmung, jeden Streß abbauen können. Zwischen Mensch und Katze entwickelt sich beim gemeinsamen Spiel eine besonders enge Freundschaft. Der französische Philosoph Michel de Montaigne (1533 bis

Das einfachste Spielzeug ist oft das beliebteste bei den kleinen Akrobaten. Man braucht nur ein wenig Phantasie ...

1592), ein erklärter Katzenfreund in einer Zeit, in der Katzen allgemein verteufelt wurden, meinte sogar: »Wenn ich mit meiner Katze spiele, wer sagt mir dann, ob die Katze ihre Zeit mit mir vertreibt oder ich meine mit ihr.«

Junge Katzen vergessen beim Spielen alles und toben bis zur Ekstase. Da muß man oft ein wenig bremsen und die kleinen Racker mit einem Leckerbissen ablenken, damit sie sich wieder beruhigen. Meist legen sie sich dann sofort schlafen. Auch alte Katzen spielen noch gern, wilde Leistungsspiele interessieren allerdings nicht mehr.

Körperpflege für Katzen

Man sieht es auf den ersten Blick, wenn eine Katze sich wohl fühlt. Augen und Fell glänzen, sie ist wohlgenährt, aber auch nicht zu mollig, an ihrer Umwelt interessiert und spielfreudig. Ein wichtiger Indikator für das Wohlbefinden der Katze ist ihr Fell. Zweimal im Jahr setzt der Fellwechsel ein, im Frühling und im Herbst. Das Winterfell ist dichter als das Sommerfell, damit es besser wärmt. Die seidig glänzenden Grannenhaare bilden zusammen mit den einzeln stehenden, straffen, langen Leithaaren das Deckhaar der Katze. Das dichte, weiche, wollige Fell darunter nennt man Unterwolle. Sie dient der Wärmeregulierung. Die Unterwolle fällt bei den verschiedenen Katzenrassen unterschiedlich dicht aus. Bei Rex- und Siamkatzen sowie bei der türkischen Van-Katze fehlt sie völlig. Diese Katzen sind besonders empfindlich gegen Kälte.

Türkische Van-Katze

Die penibel auf Sauberkeit bedachte Katze nimmt die Fellpflege sehr ernst. Schon die Jungen lernen von der Katzenmutter, wie eine Katze sich richtig putzt. Wenn eine Katze mit zotteligem Fell herumläuft oder das Fellkleid verschmutzte, verklebte Stellen aufweist, ist das oft ein erstes Anzeichen für eine beginnende Krankheit. Es kann auch daran liegen, daß die Katze überfordert ist mit einer

rasch fortschreitenden Haarverfilzung beim Fellwechsel und allein nicht mehr damit fertig wird. Das betrifft vor allem Langhaar- und Halblanghaarkatzen. Bei kranken Katzen steht das Fell oft unordentlich ab. Es wirkt glanzlos und struppig.

Befreundete Katzen putzen sich oft gegenseitig, ein Zeichen dafür, daß sie sich mögen. Ältere Katzen oder Kater – das Geschlecht spielt dabei keine Rolle – putzen eine junge Katze, die sie akzeptiert haben, ebenso hingebungsvoll, wie die Katzenmutter es getan hat. Wird die jüngere dann erwachsen, so möchte sie sich revanchieren und die ältere auch mal putzen. Dabei kann es zu harmlosen Katzenbalgereien kommen. Beim gegenseitigen Putzen achten Katzen besonders darauf, der anderen auch schwer zugängliche Stellen wie die Ohren, die Stirn und den Nacken zu putzen.

Der Mensch hat also mit der Fellpflege der Katze nicht viel Arbeit. Nur alte und kranke Katzen brauchen bei der Fellpflege manchmal die Unterstützung ihres Menschen. Mit einem angefeuchteten Taschentuch oder Läppchen wischt man verschmutzte Stellen im Fell sauber. Baden darf man Katzen nur auf Anordnung des Tierarztes bei bestimmten Krankheiten wie z. B. Katzenräude. Natürlich kann man allen Katzen mit lauwarmen Wasser ohne jeden Zusatz die Pfötchen abwischen, wenn sie mit Schmutzkrusten daran heimkommen.

Kurzhaarkatzen brauchen nur einmal in der Woche gebürstet zu werden, am besten mit einem Pflegestriegel aus Gummi, wie er auch für Hunde benutzt wird. Die Katze empfindet diese Behandlung als eine Art Streicheln. Tatsächlich wird die Haut sanft massiert, während man gleich-

zeitig die toten Haare herausbürstet. Während des Fellwechsels sollten Katzen, die viele Haare verlieren, zwei- bis dreimal wöchentlich gebürstet werden, damit sie beim Putzen nicht zu viele Haare verschlucken, wodurch sich im Magen die Bezoare ansammeln, die wieder ausgebrochen werden müssen.

Lang- und Halblanghaarkatzen müssen dagegen täglich gekämmt und gebürstet werden. Wenn die Haarpracht erst einmal verfilzt ist, hilft nur noch Scheren beim Tierarzt. In schweren Fällen ist dazu sogar eine Narkose erforderlich. Einzelne verfilzte, verklebte oder verzottelte Haarstellen im Fell schneidet man am besten mit einer Schere heraus, die abgerundete Ecken besitzt. Das merkt die Katze in der Regel gar nicht, wenn man schnell und geschickt vorgeht, und das Fell wächst rasch wieder nach.

Zur Fellpflege von Lang- und Halblanghaarkatzen werden im Zoohandel verschiedene Kämme und Bürsten angeboten. Die Kämme sind meist aus Metall, da muß man aber besonders vorsichtig arbeiten, damit die Haut nicht verletzt wird. Das tut der Katze natürlich weh, und sie wehrt sich entsprechend, wenn sie den Kamm in unserer Hand sieht. Die Bürsten besitzen meist Borsten aus Kunststoff. Die Katzen werden erst gekämmt und dann gebürstet. Man fängt immer am Kopf an, gleitet dann mit Kamm oder Bürste über den Nacken und Rücken bis hinunter zum Schwanz. Anschließend kommen die Flanken und der Bauch an die Reihe. Man muß recht behutsam vorgehen, denn besonders

Langhaarkatzen sollten täglich gekämmt oder gebürstet werden

Kater sind am Bäuchlein oft sehr empfindlich.

Je früher man die Katzen an regelmäßiges Kämmern und/oder Bürsten gewöhnt, desto gutwilliger lassen sie die unvermeidliche Prozedur über sich ergehen. Bei jungen Kätzchen gibt's noch nicht viel zu kämmen oder zu bürsten, aber man kann ein Spiel daraus machen und das Kätzchen gleichzeitig streicheln und loben. Dann verbindet die Katze von vornherein angenehme Assoziationen mit der Fellpflege. Noch ein Tip: Lassen Sie die Katze immer zuerst an Kamm oder Bürste schnuppern.

Viele Lang- und Halblangkatzen, aber auch manche ganz normalen Hauskatzen neigen zum sogenannten Fettschwanz: Am oberen Schwanzansatz wirken die Haare fettig und schmierig. Das liegt daran, daß die Drüsen an der Schwanzoberseite zuviel Fett absondern. Man massiert ein- bis zweimal in der Woche ein wenig Talkumpuder in die Schwanzhaare ein und läßt den Puder über Nacht wirken. Am nächsten Morgen wird er gründlich herausgebürstet.

Auch die Krallenpflege erledigt die Katze im allgemeinen selber. Voraussetzung ist lediglich die Gelegenheit zum Krallenwetzen. Am besten geeignet ist hierzu ein feststehender Kratzbaum. Dabei streift die Katze die stumpf gewordenen alten Krallenhülsen einfach ab. Katzen besitzen 18 nadelfeine Sichelkrallen, an den Vorderpfoten je fünf und an den Hinterpfoten je vier. Beim Laufen und in Ruhestellung werden die Krallen eingezogen, beim Klettern und Kämpfen ausgestreckt. Perserkatzen gelten als besonders kratzfaul. Alte Katzen – aller Rassen – hören manchmal damit auf, sich regelmäßig die Krallen zu wetzen. Der Tierarzt schneidet ihnen dann die Krallen mit einer Spezialzange ein- bis zweimal im Jahr. Im Zoohandel gibt es Krallenzangen zu kaufen, mit denen man die Pediküre auch selber vornehmen kann. Verlangen Sie auf jeden Fall eine Krallenzange mit Sicherheitsanschlag. Es darf nämlich nur die nicht mehr durchblutete Krallenspitze entfernt werden. Der Sicherheitsanschlag verhindert, daß versehentlich zu viel von der Kralle abgeschnitten wird. Sehr begeistert sind die Stubentiger nicht von dieser Prozedur. Am besten hält einer sie fest, während der andere ihr die Krallen schneidet. Zureden hilft, wie in so vielen Fällen, auch hier. Anschließend ist eine kleine Belohnung fällig. z. B. etwas Baldriantee. Da ist der Streß schnell wieder vergessen. Die operative Entfernung der Krallen, in Amerika verniedlichend unter dem Namen »Aktion Samtpfötchen« bekannt, ist in Deutschland und in der Schweiz glücklicherweise verboten. Es handelt sich um eine Amputation der Katze, bei der nicht nur die Krallen, sondern auch das dritte Zehenglied entfernt werden, damit die Krallen nie wieder wachsen können. Die verstümmelten Tiere haben keine Chance, selbständig zu überleben. Sie können bei Gefahr auf keinen Baum klettern, keine Maus fangen und sich gegen Angriffe von Artgenossen oder Hunden nicht wehren.

Ein wenig Augenpflege ist erforderlich bei Katzen, die sich zwar sorgfältig putzen, den Schlaf aus den inneren Augenwinkeln aus welchen Gründen auch immer aber nicht entfernen. Mit dem Zipfel eines angefeuchteten Papiertaschentuchs ist der kleine Schaden im Handumdrehen behoben. Man wischt dabei immer vom Ohr zur Nase. Manche Katzen weichen dabei aus oder zucken zurück, wenn man sich ihnen mit dem Tuch nähert. In diesen Fällen kann man den Schlaf auch einfach mit der Fingerkuppe wegnehmen. Augentropfen aller Art sollte man den Tieren nur geben, wenn der Tierarzt sie verordnet. Perserkatzen neigen auf Grund der zu kleinen, zu platt gezüchteten Nase zu mehr oder weniger ständig tränenden Augen. Man trocknet die Tränen mehrmals täglich mit einem trockenen Papiertaschentuch ab.

Eine regelmäßige Kontrolle der Ohren ist empfehlenswert, vor allem wenn die Katze sich auffällig an den Ohren kratzt oder oft den Kopf schüttelt. Ein dunkler Belag in der Ohrmuschel kann einfach nur Ohrenschmalz sein, es können sich aber auch Ohrmilben angesiedelt haben. Bei Ohrenschmalz kann man die Ohren mit einem biegsamen, dünnen Wattestäbchen vorsichtig reinigen. Man tunkt es zuvor in warmes Wasser, mildes Babyöl oder Borsalbe. Dabei darf man aber nur die Innenseite der äußeren Ohrmuschel reinigen. Am besten läßt man sich vom Tierarzt zeigen, wie es gemacht wird.

Wenn eine Katze nicht recht futtern will, denken Sie immer zuerst an die Zähne. Viele domestizierte Katzen neigen leider aufgrund der zwar vollwertigen, für sie aber letzhin doch unnatürlichen Ernährung zur Bildung von Zahnstein und Entzündung des Zahnfleisches. Sie kommen erwartungsvoll zum Futternapf gelaufen, haben dann aber Schmerzen bei der Nahrungsaufnahme und verzichten deshalb lieber darauf. Weitere Symptome sind Speichelfluß und Mundgeruch. Sobald der Tierarzt den Zahnstein entfernt hat, gehen auch die Zahnfleischentzündungen zurück, und die Katze kann wieder normal essen. Es empfiehlt sich, das Gebiß der Katze regelmäßig, etwa einmal im Monat, zu kontrollieren. Entzündete Stellen heben sich dunkelrot von dem rosafarbenen Zahnfleisch ab. Man muß Katzen aber sehr frühzeitig daran gewöhnen, daß man ihnen ab und zu das Mäulchen öffnet, um hineinzuschauen, sonst denken sie gar nicht daran, sich das gefallen zu lassen. Die Behandlung selbst kann nur der Tierarzt vornehmen.

Die Fruchtbarkeit der Katze

... ist sagenhaft. Ein einziges Pärchen kann in zehn Jahren auf 80 Millionen Nachkommen zurückblicken. Sie kennen doch den Schachbrett-Trick: Auf das erste Feld legt man ein Reiskorn, auf das nächste zwei, auf das dritte vier, auf das vierte acht und so weiter. Wenn man am Ende anlangt, reicht kein Silo mehr aus für die Reisberge.

Gute Plätzchen für den Katzennachwuchs sind dagegen ausgesprochen rar. Schon der norddeutsche Dichter Theodor Storm (1817–1888) stellte seinerzeit verzweifelt die Frage: »Was fang' ich an mit 56 Katzen?«, als seine Hausmieze einige Male Junge zur Welt gebracht hatte, die sich im Handumdrehen selber weiter fortpflanzten. Und der tschechische Schriftsteller Karel Čapek (1890 bis 1938) war, nachdem er mit Müh und Not 26 Katzenkinder seiner Pudlenka im Bekanntenkreis untergebracht hatte, so entnervt, daß er jeden Menschen, den er kennenlernte, sofort mit der Frage überfiel: »Möchten Sie vielleicht eine Katze?«

Kastration und Sterilisation

Vor dem Zweiten Weltkrieg war es in der Tat ein fast unlösbares Problem, den Katzensegen irgendwie zu steuern, wenn man die Jungen nicht ertränken wollte, was, wie wir erst jetzt wissen, eine besonders grausame Tötungsart ist. Heute sind wir besser dran. Überall gibt es eine Kleintierarztpraxis, wo man Katze und Kater kastrieren lassen kann, natürlich nicht umsonst, aber die einmalige Ausgabe lohnt sich. Von keiner Seite bestehen rechtliche oder moralische Bedenken gegen diesen Eingriff, der Staat verbietet ihn nicht, keine andere Organisation hat je moralische oder andere Bedenken dagegen angemeldet. Also, machen wir doch Gebrauch davon! Jede Katze, die auf die Welt kommt, hat ein ungewisses, oft sogar grausames Schicksal vor sich. Jede Katze, die nicht geboren wird, ist eine gerettete Katze. Nichts Böses kann ihr je widerfahren.

Bitte, haben Sie keine Angst, das Geschlecht der Katzen wäre vom Aussterben bedroht, wenn Sie Ihr Katzenweibchen schon vor dem ersten Wurf kastrieren lassen. Es gibt genügend Leute, die nicht so vernünftig handeln wie Sie, leider. Und genügend heimatlose Katzen, die unter oft unglaublichen Umständen zwei- bis dreimal im Jahr Junge zur Welt bringen, von denen wie durch ein Wunder das eine oder andere tatsächlich überlebt und schleunigst für weiteren Nachwuchs sorgt. Und dann sind da auch noch die

Züchter, die anscheinend glauben, ohne rosa Siamkatzen mit ganz schmalen Windhundköpfen, in denen das Gehirn kaum noch Platz findet, und ohne blaue Perserkatzen mit allerwinzigsten Stupsnäschen, die kaum noch Luft einlassen, wäre das Leben auf diesem Planeten einfach nicht mehr zu ertragen.

Überlassen Sie es also getrost anderen, für die Erhaltung des Katzengeschlechts Sorge zu tragen. Und lassen Sie auch Ihren Kater kastrieren. Der bringt Ihnen zwar keine Jungen ins Haus, kann aber im Laufe seines Lebens Hunderte von Katzenweibchen decken und tausendfach für Nachwuchs sorgen.

In zwölf Jahren würde Ihre Katze gut und gern 100 Junge zur Welt bringen, darunter der Wahrscheinlichkeitsrechnung nach etwa 50 Weibchen, die wieder – jede – in zwölf Jahren... und so weiter. Und schon beim allerersten und garantiert einzigen Wurf kann ein Weibchen dabei sein, das nicht kastriert wird, dann beginnt der Zyklus eben etwas später. Auch nicht sehr beruhigend, oder? Katzen müßten selten werden, erst dann würden die Menschen anfangen, diese schönen, klugen, sensiblen Tiere richtig zu schätzen. Und dazu kann jeder echte Katzenfreund zumindest ein wenig beitragen.

Aber Katzen sind doch so wunderbare Mütter, wird einem da oft anklagend entgegengehalten, als wäre die Mutterrolle etwas, das man dem Katzenweibchen auf gar keinen Fall vorenthalten dürfte, weil sie die doch so großartig spielt. Welches Tierweibchen wäre keine prachtvolle Mutter? Vergessen wird, daß das Einzeltier dabei oft elend zugrunde geht.

Mein Kolja stammt aus dem Wurf einer freilebenden oder rausgeworfenen Katze in einem Münchener Wohnviertel. Die Katzenmutter zog ihre Kleinen in einem Erdloch groß. Als es hineinregnete, nahm eine mitleidige Frau die armselige Katzenfamilie schließlich zu sich. Die ausgemergelte Katzenmutter hielt es nicht in der Wohnung, obwohl die Ernährungsfrage gelöst war, sie fühlte sich verpflichtet, draußen Mäuse zu jagen, um ihren Jungen beizubringen, was eine Maus ist und wie man sie fängt. Katzen tragen in solchen Fällen lebende, unverletzte Mäuse in die Wohnung. Einmal kam sie noch zurück, erschöpft, eine winzige Maus im Mäulchen. Beim zweitenmal wurde sie von einem Auto überfahren. Sicher wäre sie viel lieber in der warmen Wohnung – und am Leben – geblieben.

Aber Katzenmütter sind so programmiert, daß sie das gesamte Repertoire der Jungenaufzucht abspulen müssen, ob ihnen das Spaß macht oder nicht. Sie haben gar keine Wahl. Sie wissen auch nicht, ob es sinnvoll ist, immer wieder Junge in die Welt zu setzen, und schon gar nicht, ob die überhaupt eine Chance haben werden im Leben. Sie folgen dem Überlebensgesetz der Wildnis, aus der sie stammen. Und das lautet: Soviel Nachwuchs wie möglich, damit das eine oder andere Junge durchkommt und die Art erhalten bleibt. Bei Wildtieren mag das heute noch gelten, bei domestizierten Tieren nicht. Die haben keine natürlichen Feinde mehr.

90 Prozent der rund 100 Kätzchen, die eine Katze in zwölf Jahren zur Welt bringen kann, können die kritischen ersten Wochen und Monate überleben. Wohin damit? Das ist so, als wollte man alle Hühnereier ausbrüten lassen. Ich habe es nicht ausgerechnet, aber ich schätze, daß wir dann spätestens in einem Jahr keinen Schritt mehr tun könnten, ohne Gefahr zu laufen, auf ein Küken zu treten.

Zu allem Überfluß sind Katzenmädchen auch noch ausgesprochen frühreif. Sehr viele Katzenfreunde haben sich schon von so einer zierlichen, kleinen Katze hereinlegen lassen, die doch »noch viel zu jung für so etwas« war. Bis das Bäuchlein sich so gerundet hatte, daß kein Zweifel mehr bestehen konnte an den bevorstehenden Mutterfreuden. Schon im zarten Alter von sechs Monaten kann die erste Rolligkeit einsetzen. Bei Wohnungskatzen sind die Symptome nicht zu übersehen: Die Katze gurrt, schreit, wälzt sich am Boden, präsentiert immer wieder mit hocherhobenem Schwanz ihr Hinterteil, will nicht futtern, nicht spielen, sondern nur eins – einen Kater. Bei Auslaufkatzen merkt man viel weniger davon, denn die ziehen ihre Show draußen ab, vor einer Schar erwartungsvoller Kater. Wenn sie dann heimkommen, sind sie lieb und hungrig und furchtbar müde.

Der beste Zeitpunkt für die Kastration liegt vierzehn Tage nach der ersten Rolligkeit. Selbstverständlich kann man Katzen auch später noch kastrieren lassen, nur nie während der Rolligkeit. Die Sterilisation, bei der beim Weibchen nur die Eileiter durchtrennt werden, kommt in der Praxis kaum vor. Manchmal wird sie von Züchtern verlangt, die aus irgendwelchen Gründen erst später wieder mit dieser Katze züchten wollen, denn im Gegensatz zur Kastration ist die Sterilisation reversibel. Bei der Kastration werden der Kätzin in Narkose die Eierstöcke entfernt. Dieser Eingriff ist auch bei bereits trächtigen Katzen möglich.

Der junge Kater wird am besten kastriert, nachdem er zum erstenmal markiert hat. Auch hier läßt sich die kleine Operation zu jedem späteren Zeitpunkt nachholen. Man entfernt ihm in Narkose die Keimdrüsen, bei der Sterilisation werden nur die Samenstränge durchtrennt. Kater erholen sich rascher von der Kastration als Katzenweibchen. Schon am nächsten Tage wirken sie wieder völlig normal. Das Narkoserisiko wächst mit dem Alter, ist also bei jungen Tieren noch recht gering. Mein Nello brauchte sechs Stunden, bis er aus der Narkose erwachte, das ist ein kleiner Rekord, Grischa war schon nach zwanzig Minuten wieder da, was gleichfalls zu den Ausnahmen gehört.

Wenn die Katzen aus der Narkose erwachen, müssen sie sich häufig übergeben und nässen ein. Polstern Sie den Transportbehälter, in dem Sie das Tier zum Tierarzt bringen, mit Zeitungspapier und Papierwindeln aus. Lassen Sie das Tier zu Hause darin liegen, bis es von selber aufwacht. Anschließend können Sie die Unterlagen wegwerfen.

Hinterher sucht das Tier Wärme, ein Plätzchen an der Heizung, ein kuschelig ausgepolstertes Körbchen sind jetzt begehrt. Vielen ist der Trost und Zuspruch vom Besitzer noch wichtiger. Nehmen Sie das Tier auf den Schoß und verwöhnen Sie es mit vielen Streicheleinheiten.

Die Nähte werden in der Regel mit resorbierbarem Material geschlossen, deshalb entfällt das Fädenziehen. Vorsicht: Da es möglich ist, daß ein paar intakte Samenfäden übriggeblieben sind, sollte der Kater nach der Kastration mindestens 24 Stunden lang keine Möglichkeit haben, sich mit einem noch fruchtbaren Weibchen zu paaren. Nach zwei bis drei Tagen besteht keine Gefahr mehr.

Bei dem Weibchen ist der Eingriff etwas schwerer, denn die Bauchhöhle muß geöffnet werden. Die kleine Patientin braucht in den ersten Tagen danach ein wenig Pflege und Rücksichtnahme. Auch sie verlangt nach Wärme. In seltenen Fällen, wenn die Katze den Verband herunterreißt und an der Wunde herumleckt, kann es vorkommen, daß die Wunde aufbricht. Das ist äußerst gefährlich, die Därme fallen vor und müssen mit sauberem Verbandmaterial zurückgedrängt werden, während man das Tier eiligst zum Tierarzt bringt. Wenn man gut aufpaßt, daß die Katze den Verband in Ruhe läßt, kann kaum etwas passieren. Bei sehr unruhigen, aktiven Tieren fragt man den Tierarzt um Rat.

Kastrierte Kater bleiben potent, sind aber natürlich nicht mehr zeugungsfähig. Insgesamt läßt das Interesse am Sex bei beiden Geschlechtern deutlich nach, bei den Weibchen noch signifikanter, da sie ja nicht mehr rollig werden. Damit legt sich auch der Freiheitsdrang etwas. Kastrierte Kater und Katzen werden häuslicher. Ein wesentlicher Anreiz zum Stromern fehlt einfach.

Rolligkeit

Eine rollige, also empfangsbereite Katze hat keine oder besser eine nur sehr geringe Regelblutung. Sie putzt sich so gründlich, daß man den Ausfluß gar nicht bemerkt. Wenn ein dicklicher Ausfluß eintritt oder der Unterleib hart und geschwollen ist, kann eine Gebärmutterentzündung die Ursache sein. Zu einer chronischen Gebärmutterentzündung kann es kommen, wenn man einer Katze längere Zeit hindurch die »Pille« gibt, damit sie keine Jungen bekommt, oder entsprechende Hormonspritzen. Die betroffene Katze verliert ständig Blut, das mit Eiter vermischt sein kann. Auch unkastrierte Weibchen, die in der Wohnung gehalten werden und nie zur Paarung kommen, neigen zu chronischen Gebärmutterentzündungen. Es ist also nicht

Eine rollige Katze findet immer einen Kater

ratsam, eine als Einzelkatze oder mit einem anderen Weibchen zusammen in der Wohnung lebende Katze nicht kastrieren zu lassen, weil sie ja keine Gelegenheit hat, mit einem Kater zusammenzutreffen. Junge bekommt sie zwar nicht, das ist richtig, aber sie kann sehr schwer erkranken.

Wenn eine Katze nur sehr selten oder überhaupt nicht mehr rollig wird oder wenn sie umgekehrt in kurzen Abständen immer wieder rollig wird, liegt oft eine Gebärmutterinfektion vor. Normalerweise tritt die Rolligkeit zwei- bis höchstens dreimal im Jahr auf, meist im Februar/März und im Juni. Manche Katzendamen werden auch im September noch einmal rollig.

Die Rolligkeit und Gebärfähigkeit einer weiblichen Katze hält bis ins Alter an. Katzen können auch mit zwölf Jahren noch Junge bekommen, allerdings läßt die Wurfgröße im Alter nach. Alte Katzen bringen meist nur noch ein, zwei oder drei Junge zur Welt. Der unkastrierte Kater ist das ganze Jahr über zeugungsbereit. Ihm fehlt dazu nichts weiter als eine rollige Katzenfrau.

Zu zusätzlichen Würfen kann es kommen, weil die säugende Katzenmutter oft schon kurz nach der Geburt wieder aufnahmebereit ist. In diesem Zustand verläßt sie sogar ihre Neugeborenen, um auf die Suche nach einem Freier zu gehen. Und schon steht der nächste Wurf ins Haus. Bei Auslaufkatzen muß man deshalb sehr sorgfältig achtgeben, daß sie keine Gelegenheit haben, das Haus zu verlassen, solange sie noch säugen.

Trächtigkeit

Daß eine Katze Junge trägt, erkennt man ungefähr drei Wochen nach der Befruchtung an den Zitzen. Sie werden fester, stellen sich auf und nehmen eine rosarote Farbe an. Vorher sind sie wesentlich blasser. Das Bäuchlein wird erst nach etwa dreißig Tagen runder.

Eine tragende Katze braucht besonders wertvolles Futter. Ihr Nahrungsbedarf steigt auf rund 360 Gramm pro Tag. Diese Futtermenge sollte auf drei bis vier Portionen verteilt werden. Ungefähr zwei Wochen vor dem errechneten oder geschätzten Termin der Niederkunft sollte man der Katze eine Wurfkiste bereitstellen, in der Hoffnung, daß sie sich daran gewöhnt. Verlassen darf man sich allerdings nicht darauf, denn Katzen haben ihre eigenen Vorstellungen davon, wo sie ihre Jungen am besten zur Welt bringen können. Oft suchen sie unermüdlich die ganze Wohnung, das Haus ab. Sehr beliebt sind Schränke, in denen »man sich schön verkriechen kann«, denn zur Niederkunft benötigt die Katze einen Winkel, in dem sie sich wirklich geborgen fühlt. Wenn ich jemals in die Lage kommen sollte,

Trächtige Katze – kurz vor dem Wurf

einer Katze bei diesen Vorbereitungen auf das große Ereignis zu helfen, so würde ich ihr einen Platz in meinem Schlafzimmer schaffen, das tagsüber kaum jemals betreten wird, in einer zugfreien Ecke.

Sehr geeignet sind feste Pappkartons mit einer Grundfläche von etwa 50 zu 40 Zentimetern. Der Rand sollte rund 30 Zentimeter hoch sein. Der Boden wird mit einer dicken Lage Zeitungspapier ausgepolstert, darüber legt man saugfähige Papierwindeln. Wenn der Katze das alles zu neu und zu fremd riecht – man merkt das daran, daß sie nur kurz an dem Karton schnuppert, wieder geht und weiter herumsucht –, so legt man noch irgendein sauberes, ausrangiertes Wäschestück oben drauf, das den vertrauten Geruch ihrer Menschen trägt. Gefällt ihr der Platz, so springt sie schon mal in den Karton hinein, wühlt ein bißchen darin herum, schaut ihren Menschen zufrieden an und geht wieder.

auch schon das zweite Katzenkind an, und der ganze Prozeß beginnt von neuem. Nach zwei bis drei Stunden ist die Geburt meist beendet, sie kann aber auch bis zu 24 Stunden dauern.

Sehr selten kann es vorkommen, daß eine Katze nicht nur die Nabelschnur, sondern auch das Junge, das am anderen Ende hängt, verspeist. Dabei handelt es sich in der Regel um junge unerfahrene und/oder überzüchtete Katzenmütter, die nicht wissen, wo die Nabelschnur aufhört und wo die kleine Katze anfängt. Genauso selten läßt die Katzenmutter ihre allerletzten Kätzchen unversorgt liegen, so daß sie sterben. In diesem Fall ist sie einfach zu erschöpft, um sich um die Nachzügler zu kümmern, meist weil sie ungewöhnlich viele Kinder zur Welt gebracht hat. Fünf gelten als normaler Durchschnitt, mehr als acht sind es kaum. Gelegentlich kommt es auch vor, daß die Katze zunächst nur zwei oder drei Junge nacheinander gebiert, aber ein oder zwei Tage später noch ein paar bringt. Das ist kein Grund zur Besorgnis.

Verläuft alles normal, und das ist Gott sei Dank die Regel, so kann man sich am besten nützlich machen, indem man die kleine Familie weitgehend in Ruhe läßt, die Katzenmutter reichlich mit Futter und Lob über ihre Prachtkinder versorgt und ihr Kästchen immer tipptopp hält. Gäste, Nachbarn und andere Haustiere haben in der Katzenkinderstube nichts zu suchen. Die Kinder sollte man nur ein- oder zweimal am Tag einen Blick auf den Nachwuchs werfen und sie vielleicht beim Säugen ein wenig zuschauen lassen. Das reicht für die erste Zeit. Sobald es der Katzenmutter nämlich zu turbulent wird, versucht sie, ihre Kinder an einen anderen Platz zu verschleppen, wo sie ungestört sind, denn im ersten Lebensmonat brauchen die Jungen vor allem Ruhe und Geborgenheit. Deshalb wird sie den zweiten Platz vorwiegend nach diesem Gesichtspunkt wählen,

wenn sie am ersten gestört wurde. Er wird so gelegen sein, daß Menschen ihn nur unter Schwierigkeiten erreichen können. Das bedeutet aber zugleich, daß er in anderer Hinsicht ganz erhebliche Nachteile aufweisen kann. Nehmen wir an, sie trägt die Jungen, eines nach dem anderen, auf den Kleiderschrank. Dort fehlt der rundum schützende Karton, die Jungen geraten, je weiter sie sich entwikkeln und je mehr ihr Bewegungsdrang zunimmt, leicht in Gefahr herunterzufallen. Die Katzenmutter kann nicht mehrere Kätzchen gleichzeitig am Schwanz zurückziehen. Sie selber liegt unbequem auf hartem Holz, hat es schwerer, zum Futter und zu ihrer Katzentoilette zu gelangen. Das alles kann man ihr und den Jungen ersparen, wenn man ihr wenigstens in den ersten vier Wochen nach der Niederkunft Ruhe und Abgeschiedenheit gönnt.

Machen Sie sich keine Sorgen, wenn die Katzenmutter nach einer normal verlaufenen Niederkunft ein bis zwei Tage lang wenig oder keinen Appetit hat. Sie ist noch satt von den Nachgeburten. Bieten Sie ihr aber, sowie sie das letzte Junge versorgt hat, eine Schale lauwarmer, mit Eigelb verschlagener Dosenmilch zur Stärkung an. Wenn die Katzenmutter wieder anfängt zu essen, braucht sie 450 g Nahrung am Tag, am besten verteilt auf vier bis fünf Portionen. Das gilt, solange sie die Jungen säugt, danach reduziert man das Futterangebot stufenweise.

Die Katzenkinder

Bei der Geburt wiegen die Jungen zwischen 100 und 130 g, nach zwanzig Tagen bringen sie rund 290 bis 330 g auf die Waage, nach vierzig Tagen zwischen 530 und 580 g. Die kleinen Kater sind in der Regel etwas kräftiger und »gewichtiger« als ihre Schwestern. In den ersten Tagen orientieren die Jungen sich ausschließlich mit ihrem Geruchs- und Tastsinn. Das Neugeborene findet, sobald die Mutter es trockengeleckt hat, zielstrebig den Weg zur Milchquelle. Die Katze besitzt in der Regel acht Zitzen, kann also alle Jungen problemlos säugen. Trotzdem raufen die Kleinen sich schon in den ersten Tagen um die besten Plätze.

Die erste Muttermilch ist für die kleinen Kätzchen von lebenswichtiger Bedeutung. Sie ist dünnflüssig, reich an Antikörpern, die die Abwehrkräfte der Jungen stärken, sowie an Proteinen und Mineralstoffen. Diese sogenannte Kolostralmilch wird nach einigen Tagen von der normalen Muttermilch abgelöst, die fünf Prozent Fett und zehn Prozent Eiweiß enthält und wesentlich dickflüssiger ist.

In den ersten vier Wochen ihres Lebens ernähren die Jungen sich so gut wie ausschließlich von Mutter-

milch, dann fängt man an, ein wenig zuzufüttern: Haferflocken- oder Grießbrei, in Milch gekocht, in den man zweimal in der Woche ein rohes Eigelb einrührt, etwas Quark, Babynahrung aus der Dose, Kartoffelbrei mit Fleischsoße und ein wenig feingeriebenes Gemüse. Alles wird lauwarm serviert. Wenn die Jungen sechs Wochen alt sind, fängt man mit kleinen Portionen von normalen Katzenfutter an: gekochter Fisch, der sehr sorgfältig entgrätet wurde, Rinderhack, Dosenfutter für Katzen, ganz feingeschnittene Fleisch- und Herzbröckchen, hier und da auch mal ein wenig Butter.

Übrigens ist es völlig normal und hat nichts mit irgendwelchen Störungen zu tun, wenn die Katzenmutter nach etwa einem Monat mit ihren Jungen »umzieht«. In der Natur haben die Wildkatzen in der Regel auch zwei Lager. Das erste dient zum Schutz vor Feinden aller Art in den ersten Wochen, das zweite bietet einen guten Ausgangspunkt für die Jagd. Die Katzenmutter kann so ihren Jungen beibringen, wie man sich am Leben erhält. Dieser Grund entfällt zwar bei unseren domestizierten Katzen, aber der Trieb, die Jungen an einen anderen Platz zu schleppen, bleibt. Man kann versuchen, ihr in einem anderen Raum, vielleicht im Wohnzimmer, einen anderen Karton anzubieten.

Wenn die Kleinen anfangen, wilde Spiele miteinander zu treiben und andere Nahrung aufzunehmen, darf man sie schon mal vorsichtig und liebevoll streicheln und hochnehmen, wobei man immer mit der Handfläche unter das Bäuchlein greift – den Griff ins Nackenfell beherrscht nur die Katzenmutter perfekt. Am besten wartet man auch dann noch, bis sie von selber zum Menschen kommen. Das dauert

nicht lange. Wenn sie im Schlafzimmer wohnen, werden sie bald aufs Bett klettern, auch wenn der Mensch, dessen Stimme und Geruch ihnen von klein auf vertraut sind, darin liegt. Und wenn der Bann erst gebrochen ist, klettern sie am Hosenbein hoch wie an einer Strickleiter, springen temperamentvoll auf den Schoß und wie der Blitz wieder herunter, laufen dem freundlichen Riesen auf zwei Beinen entgegen, wenn er ins Zimmer kommt, schnurren und »geben Köpfchen«, wenn er ihnen neues Futter bringt.

Katzenmütter lassen sich von ihrem quirligen Nachwuchs vieles geduldig gefallen, aber viel Lust, mit den Kleinen zu spielen, haben sie in der Regel nicht. Sie lassen es eher passiv über sich ergehen, wenn die Jungen ihnen auf den Bauch springen, an ihren Ohren knabbern und mit ihrem Schwanz spielen. Das ist eine Lücke, die der Mensch wunderbar ausfüllen kann. Wer unermüdlich Mäuschen wirft, Bänder hinter sich herzieht und mit Papier raschelt, das die Kätzchen anschließend natürlich zum Zerfetzen bekommen, gewinnt ihr Herz im ICE-Tempo. Zeigen Sie den Kindern, wie herrlich man mit kleinen Katzen spielen kann, ohne sie viel zu berühren, denn so feine, winzige Knöchelchen sind schnell gebrochen, und dann ist der Kummer groß.

Nach etwa zwei Monaten, es kann auch zehn Wochen dauern, hört die Katzenmutter auf, die Jungen zu säugen. Sie wehrt sich, wenn sie an ihre Zitzen wollen. Dabei setzt es unter Umständen ziemlich energisch »Katzenköpfe«. Diesen Prozeß nennt man Abschlagen. Stellen Sie ihnen als Ersatz unverdünnte Dosenmilch hin, mit 7,5 oder auch 10 Prozent Fettgehalt. Auch die Futterportionen müssen jetzt größer werden. Nach Möglich-

keit sollte man die Jungen so lange bei der Katzenmutter lassen, wie sie von ihr noch gesäugt werden. Etwas Besseres als Muttermilch bekommen sie im ganzen Leben nicht wieder. Jungkatzen unter acht Wochen sollte man auf keinen Fall abgeben, optimal ist das Alter von zwölf Wochen. Bis dahin haben sie von der Mutter alles gelernt, was eine ordentliche Katze wissen und können muß.

Probleme bei, vor und nach der Geburt

Der Milchfluß der Katzenmutter setzt meist schon ein bis zwei Tage vor der Geburt ein. Wenn eine Katze auch nach der Geburt keine Milch geben kann, was besonders bei orientalischen Zuchtkatzen bei der ersten Niederkunft vorkommen kann, merkt man es zuerst daran, daß die Kleinen vor Hunger schreien. Man muß sie alle zwei Stunden füttern, auch nachts. In Zoohandlungen gibt es eine spezielle Katzenaufzuchtmilch und die richtigen Saugfläschchen dazu. Meinen Angel, den ich im Alter von etwa sechzehn Tagen auf der Insel Ischia aufgelesen habe, habe ich mit einer Einwegspritze und 7,5prozentiger Dosenmilch aufgezogen, etwas anderes gab es dort nicht. Er ist ein Prachtkerl geworden und mittlerweile schon zwölf Jahre alt.

Nach einer Woche kann man die nächtlichen Fütterungen ein wenig reduzieren, aber länger als drei Stunden dürfen die einzelnen Abstände noch nicht werden. Nach jeder Fütterung muß man den Kleinen sehr sanft das Bäuchlein massieren – die Katzenmutter macht das mit der Zunge –, und ihnen das Hinterteil mit einem feuchten Tuch abwischen, damit sie ihre großen und kleinen Geschäftchen verrichten können.

Im übrigen ist es kein Problem, den Milchfluß der Katzenmutter anzuregen. Bewährte Hausmittel sind: Zwei bis drei Tage lang vier- bis fünfmal täglich warme Umschläge auf das Gesäuge legen, jeweils zehn Minuten lang. Die Zitzen samt Umgebung leicht mit einem guten Speiseöl oder Lebertran massieren. Hilft das nicht, so wird man einen Tierarzt aufsuchen, der dann eine Hormonspritze gibt.

Zum Tierarzt muß man, wenn die Jungen am zehnten oder spätestens zwölften Lebenstag die Augen noch nicht aufgemacht haben. Bei verklebten oder verkrusteten Äuglein liegt mit großer Wahrscheinlichkeit eine Augeninfektion vor. Dann bringt man gleich die ganze Katzenfamilie zum Tierarzt, denn die Augenprobleme der Kinder können die Folge einer Infektion der Katzenmutter sein, die unbedingt geheilt werden muß, sonst nützt eine Behandlung der Jungen wenig.

Brustentzündungen treten bei säugenden Katzen zum Glück nur selten auf, sind aber, wenn sie vorkommen, ebenfalls ein Fall für den Tierarzt. Man bemerkt es meist erst, wenn die Jungen vor Hunger schreien oder ein Katzenkind tot daliegt oder die Katzenmutter das Futter verweigert. Das Gesäuge ist heiß und geschwollen und schmerzt bei der geringsten Berührung. Deshalb muß man die Jungen in dieser Ausnahmesituation sofort von der Mutter trennen, denn sie quälen das arme Tier nur noch mehr, weil sie immer wieder versuchen, Milch zu saugen. Man bringt die Kätzchen in einen anderen Raum, macht ihnen dort ein schönes, weiches Lager und ernährt sie vorerst mit dem Fläschchen. Die Katzenmutter wird trotz ihrer Schmerzen immer wieder versuchen, zu ihren Jungen zu gelangen, woran man sie in ihrem eigenen Interesse unbedingt hindern muß, bis sie geheilt ist. Man kann eventuell die Schmerzen ein wenig lindern, indem man die Zitzen sehr vorsichtig mit etwas erwärmtem Olivenöl einsalbt. Haben sich an den Zitzen oder an einer bereits rote Abzesse gebildet, so macht man der Katze Umschläge mit warmem Salzwasser, fünf Minuten lang in der Stunde.

Nicht nur vor oder nach der Geburt, sondern auch bei der Geburt selbst können Komplikationen auftreten, die nur mit Hilfe des Tierarztes bewältigt werden können.

Eine solche Situation liegt vor, wenn die Katzenmutter stundenlang Preßwehen hat, bei denen sich der Unterleib stark zusammenzieht, ohne daß etwas geschieht. In diesem Fall muß man den Tierarzt sofort rufen, auch mitten in der Nacht. Wahrscheinlich ist ein Kaiserschnitt erforderlich.

Eine »normale« Fehlgeburt übersteht die Katzenmutter dagegen in der Regel komplikationslos. Wenn Sie entdecken, daß sie ein totes Junges ausgestoßen hat, machen Sie ihr rasch ein Lager in einem ruhigen Raum und stellen Sie ihr eine Schale mit frischem Trinkwasser hin und ein Katzenkästchen. Beobachten Sie, was weiter geschieht. Meist wird sie in rascher Folge auch die anderen Frühgeburten tot zur Welt bringen. Wenn sie allerdings Preßwehen hat und sich windet, ohne daß die anderen Jungen zum Vorschein kommen, oder wenn starke Blutungen einsetzen, besteht akute Gefahr. Versuchen Sie, die Blutung mit frischem Verbandmaterial zu stoppen, und alarmieren Sie auch dann sofort den Tierarzt.

Stirbt die Katzenmutter bei der Geburt oder ist sie schwer krank, so sucht man am besten eine Amme für die Jungen. Das kann eine säugende Katzenmutter sein, die nicht zu viele eigene Kinder zu versorgen hat, aber auch ein säugendes Kaninchenweibchen oder eine kleine Hündin. Bevor man der Amme die fremden Kinder unterschiebt, reibt man sie mit ein paar Tropfen von deren Milch ein, damit sie einen vertrauten Geruch annehmen. Man legt sie am besten zu den anderen Jungen, wenn die Tiermutter das Lager gerade mal kurz verlassen hat. In den ersten Stunden muß man gut aufpassen, ob die Amme die fremden Jungen auch akzeptiert. Wenn sie sie trinken läßt und abschleckt, ist alles in Ordnung. Bei der Suche nach einer geeigneten Amme kann Ihnen vielleicht der Tierarzt helfen oder das Tierheim.

Findet man keine Amme, so füttert man die Jungen vier Wochen lang ausschließlich mit dem Fläschchen, wobei die Trinkmenge von Woche zu Woche zunimmt, die Abstände zwischen den einzelnen Mahlzeiten aber allmählich verlängert werden können. Dann gibt es, wie bei normal aufgewachsenen Katzenkindern, auch schon ein wenig anderes Futter. Verwaiste Katzenbabys legt man in einen kleineren, mit Papierwindeln ausgepolsterten Karton und tauscht die Unterlagen aus, sooft es nötig ist. Auf keinen Fall dürfen die Kleinen in der Nässe liegenblieben. Sie brauchen viel Wärme, die Zimmertemperatur sollte deshalb zwischen 22 und 24 Grad Celsius betragen.

Sind sie etwa vier Wochen alt, so zeigt man ihnen die erste Katzentoilette, eine nicht zu große, möglichst viereckige Plastikschale, die mit zerrupften Papierwindeln oder ähnlichem Material gefüllt wird. An der üblichen Katzenstreu können so winzige Katzen sich leicht verletzen. Immer, wenn man sieht, daß eine kleine Katze mit erhobenem Schwänzchen und verklärtem Gesichtchen buchstäblich erstarrt, setzt man sie mit freundlichem Zureden ins Kästchen. Sofort wird sie wahrscheinlich nicht begreifen, was man von ihr erwartet, aber wenn man geduldig und beharrlich bleibt, wird man nicht zu lang auf den Erfolg warten müssen. Viel Lob und Streicheln, wenn das Notwendige am gewünschten Ort erfolgt, motivieren das Katzenkind, rasch eine liebe Gewohnheit daraus zu machen. Katzenfreunden braucht man es eigentlich nicht zu sagen, trotzdem möchte ich daran erinnern, daß man eine kleine oder große Katze nie, unter gar keinen Umständen, mit dem empfindlichen Näschen in den eigenen Unrat stupsen darf, der am falschen Ort abgelegt wurde. Nur ein Tierquäler und Katzenfeind kann sich das augedacht haben, und es nützt nichts, aber auch gar nichts.

Ein ganz schwieriges Kapitel ist die Weitervermittlung junger Katzen. Wenn man zugeschaut hat, wie sie sich entwickelt haben, gewachsen sind, laufen, springen und vieles andere gelernt haben, ihnen vielleicht schon provisorische Namen gegeben, sie liebgewonnen hat, ist es unglaublich schwer, sie Menschen anzuvertrauen, die man nicht sehr genau kennt. Werden die neuen Besitzer auch daran denken, daß die kleine Illa so empfindlich ist, daß sie schon erschrickt, wenn man sie nur ernst anblickt, daß Ali keine Leber mag und daß man auf den kleinen Draufgänger mit dem lustigen schwarzen Fleck auf der Nase besonders gut aufpassen muß, damit er nicht vor lauter Eifer verunglückt? Daß es gewissenlose Leute gibt, die Kätzchen für einen Judaslohn ans nächste Labor verkaufen, hat sich inzwischen herumgesprochen. Was tun, wenn die Freundin, die zwei nehmen wollte, einen Rückzieher macht, weil ihr Lebensgefährte entdeckt hat, daß er an einer Allergie gegen Katzenhaare leidet? Und wenn die netten Nachbarn sich doch lieber eine Rassekatze mit ellenlangem Stammbaum gekauft haben? Und andere mit den verschiedenartigsten Begründungen gleichfalls in letzter Minute absagen?

Am liebsten möchte ich an dieser Stelle die Schreibmaschine zuklappen und erklären: Ich weiß es auch nicht. Aber damit ist niemandem geholfen. Fragen Sie herum, im Kollegenkreis, bei Nachbarn, im Tante-Emma-La-

Folgende Doppelseite: Katzen aus einem Wurf sind oft so verschieden wie ihre Väter

den um die Ecke, im Sportverein, in der Volkshochschule oder wo immer Sie sonst Kontakte zu Menschen besitzen, das ist die einzige Möglichkeit. Vielleicht kennt irgend jemand irgend jemanden, der sich brennend zwei Kätzchen wünscht, sei es, weil seine eigenen vor kurzem gestorben sind oder aus sonst einem Grund.

Lassen Sie die Interessenten zu sich kommen, damit sie die Jungen besichtigen und sich zwei aussuchen können, aber geben Sie die beiden um Himmelswillen nicht gleich mit. Besichtigen Sie unbedingt ihrerseits vorher den neuen Platz, sorgen Sie dafür, daß ein etwa vorhandener Balkon katzensicher vernetzt oder vergittert wird, erkundigen Sie sich, ob im Mietvertrag Haustiere erlaubt sind, versuchen Sie, im Gespräch die Lebensgewohnheiten der Leute herauszufinden. Wie lange werden die Kätzchen jeden Tag allein sein? Wo verbringen die Leute das Wochenende? Wer betreut die Katzen, wenn sie in Urlaub fahren? Wollen sie die Katzen rechtzeitig kastrieren lassen? Sind sie, sofern sie noch keine eigenen Erfahrungen mit Katzen besitzen, bereit, gute Ratschläge anzunehmen, Unbequemlichkeiten und notwendige Ausgaben zu akzeptieren?

Häufig wird auch geraten, sich die Unkosten für Entwurmung, Impfung und ähnliches erstatten zu lassen, damit man mögliche Weiterverkäufer an ein Labor ausscheidet. Für die lohnt sich der »Verdienst« dann nicht mehr. Das ist völlig richtig, besonders bei wildfremden Menschen. Wenn man aber bei der Suche auf echte Katzenfreunde stößt, die ihre vorige Katze

bis zum Tode in hohem Alter liebevoll gepflegt haben, jetzt sogar zwei nehmen wollen, weil das für die Katzen besser ist, aber nicht gerade in rosigen Verhältnissen leben, würde ich ihnen lieber ab und zu Katzenfutter und Vitamintabletten vorbeibringen und auch einen Zuschuß zur Kastration geben, als Geld von ihnen zu verlangen. Das muß man sehr genau und mit etwas Fingerspitzengefühl von Fall zu Fall entscheiden. Natürlich müssen die Angaben über die frühere Katze überprüfbar sein, durch den Tierarzt, gemeinsame Bekannte oder Nachbarn.

Wenn alle Bemühungen, die Kätzchen wenigstens im ferneren Bekanntenkreis gut unterzubringen, scheitern, bleibt kaum noch eine andere Möglichkeit, als eine Kleinanzeige in einer Zeitung. Und bei den Interessenten, die sich dann melden, kann man gar nicht vorsichtig genug sein.

Geben Sie die Kätzchen nie sofort mit, auch wenn die Leute einen noch so guten Eindruck machen. Sagen Sie: »Es sind noch andere Interessenten da. Ich rufe Sie an.« Lassen Sie sich den Ausweis zeigen, schauen Sie im Telefonbuch nach unter dem Namen, vergleichen Sie ihn mit der Telefonnummer, die man Ihnen gegeben hat. Versuchen Sie, nach Möglichkeit irgendwelche Informationen über die Leute zu erhalten, vielleicht wohnt jemand von Ihren Bekannten in der Nähe. Fahren Sie das erste Mal ohne Kätzchen hin. Sagen Sie einfach: »Die schwarze hat sich verkrochen«, oder etwas in der Art. Schauen Sie sich die Wohnung an, reden Sie mit den Leuten, machen Sie aufmerksam auf Balkon- und Fensterabsicherung oder ähnliches. Wenn Ihnen die Reaktionen nicht gefallen, behalten Sie die Kätzchen lieber. Ebenso wenn es in der Wohnung nach Katzen riecht oder mehr als übliche Spuren von Katzen erkennbar sind, wie Kratzer auf Holz und Polstern, aber keine Katze zu sehen ist. Dann handelt es sich wahrscheinlich um ein Zwischenquartier von Versuchstierhändlern.

Geben Sie nie mehr als zwei Kätzchen gemeinsam ab. Wer alle fünf haben will, ist von vornherein verdächtig, welche Geschichte auch immer er zum Besten gibt. Glauben Sie auch nicht an das Märchen von dem Bauernhof, auf dem die Katzen es so fabelhaft gut haben. Auf Bauernhöfen besteht kein Mangel an Katzen, denn dort werden die vorhandenen Tiere nur selten kastriert, der Nachwuchs wird häufig umgebracht. Geben Sie niemandem Katzen, der sie an einen anderen Ort mitnehmen will, zu seiner Schwester oder Großmutter, die sich so brennend kleine Kätzchen wünscht. Wo diese Damen auch wohnen mögen, mit Sicherheit gibt es auch dort Katzen, die Junge zur Welt bringen, für die händeringend ein guter Platz gesucht wird.

Bestehen Sie darauf, den Platz gelegentlich kontrollieren zu können, man kann es natürlich auch unverfänglicher ausdrücken. Rufen Sie nach ein paar Tagen an und fahren Sie nach drei bis vier Wochen vorbei, um zu sehen, wie es den Jungen geht. Halten Sie möglichst auch weiterhin Kontakt. Vielleicht ergibt sich die Chance, im Urlaub wechselseitig die Katzen zu betreuen. Und vergessen Sie eins nicht: Die Katzenmutter muß schleunigst kastriert werden, sonst beginnt das ganze Theater in ein paar Wochen oder Monaten von neuem.

Verletzungen und Krankheiten

Kranke und verletzte Katzen brauchen »ihre« Menschen

Bevor ich einzelne Verletzungsgefahren und mögliche Krankheiten genauer beschreibe, möchte ich gerne ein paar grundsätzliche Hinweise zum Verhalten gegenüber der kranken und/oder verletzten Katze geben.

Katzen besitzen zwar einen unbändigen Lebenswillen, was auch in dem Sprichwort von den neun Leben der Katze zum Ausdruck kommt, aber besonders bei Infektionskrankheiten brauchen sie viel Pflege und Zuspruch. Eine Katze, die spürt, daß ihre Menschen sie lieb haben und alles tun, um ihr zu helfen, mobilisiert ihre letzten Kraftreserven, um die Krankheit zu besiegen. Hat sie aber das Gefühl, daß sie ihren Menschen als krankes Tier nur lästig fällt, gibt sie rasch auf, auch wenn kein unfreundliches Wort fällt. Katzen besitzen ein sehr feines Gespür für die Stimmungen des Menschen. Auch eine schwerkranke Katze, die Ruhe benötigt und isoliert werden muß, sollte man nicht zuviel allein lassen. Ohne sie zu stören, sieht man am besten jede Stunde nach ihr, spricht ihr leise Trost zu, setzt sich vielleicht ein paar Minuten still zu ihr und schaut, ob man irgend etwas für sie tun kann. Die Anteilnahme allein tut der kranken Katze wohl.

Wenn eine Katze nicht essen mag, hilft oft Handfütterung. Man hält ihr kleine Brocken ihres Lieblingsfutters auf dem flachen Handteller hin zum Abschlecken. Mein Nello ließ sich fast immer zum Futtern »überreden«, wenn ich ihm auf diese Weise ganz kleine Bällchen Rinderhack oder ein Stückchen Butter angeboten habe. Wenn sie nicht trinken will, hält man der Katze die Wasserschale so bequem hin, daß sie nur noch zu schlecken braucht. Geben Sie ihr häufig neues Trinkwasser.

Wichtig ist auch, daß man ein krankes Tier alle zwei Stunden auf die andere Seite legt, wenn es sich nicht mehr von allein umdreht, damit keine Lungenentzündung hinzukommt. Das gilt allerdings nicht bei Knochenbrüchen. Die Unterlagen müssen oft gewechselt und ausgekocht werden. Das Katzenkästchen sollte immer tipptopp sein. Achten Sie auch darauf, daß die kranke Katze auf keinen Fall in der Zugluft liegt. Auch darf weder Sonnenschein noch grelles Lampenlicht auf das Lager fallen. Zu helle Lampen dunkelt man mit einem Tuch ab. In einer größeren Familie, wo es lebhaft zugeht, schließt man die Tür zum Krankenzimmer am besten ab, damit niemand das kranke Tier stören kann.

Bei der Körperpflege muß man kranken Katzen ein wenig helfen.

Ausfluß aus Augen oder Näschen oder Mund wird sanft abgewischt mit einem trockenen, sauberen Tuch. Sind die Lippen oder das Näschen aufgesprungen, so gibt man ein paar Tropfen Lebertran darauf. Verschmutzte Stellen werden mit lauwarmem Kamillentee vorsichtig gesäubert, auch am Hinterteil. Danach alles trockentupfen, sonst wird die Katze wund. Wenn sie nicht mehr selber gehen kann oder darf, trägt man sie viermal täglich zum Kästchen und stützt sie, wenn sie ihr Geschäft verrichtet. Verklebtes Fell schneidet man behutsam ab. Grundsätzlich dürfen nur die vom Tierarzt verordneten Medikamente verabreicht werden. Die häusliche Pflege entscheidet zu einem guten Teil darüber, ob die Katze wieder gesund wird oder nicht. Jede Nachlässigkeit kann hier wirklich sehr ernste Konsequenzen nach sich ziehen.

Wußten Sie übrigens schon, daß man auch Katzen per Krankenschein behandeln lassen kann? Bei der Uelzener Allgemeinen Versicherungsgesellschaft ist es möglich, Katzen für einen Jahresbeitrag, der um 200 Mark schwankt, gegen Krankheiten und Verletzungen versichern zu lassen. Die Selbstbeteiligung beträgt pro Tierarztrechnung 20 Prozent.

Es ist sehr zu empfehlen, sich eine kleine Hausapotheke für Katzen anzulegen, damit man im Notfall nicht erst lange suchen, herumtelefonieren, einkaufen muß, wodurch kostbare Zeit verlorengeht. Sie sollte folgendes enthalten:

Kleine Hausapotheke für Katzen

Alkohol
Fieberthermometer für Kinder, unzerbrechlich
Jod, auch als Spray
Kamillenteebeutel
Medikamente, die der Tierarzt verordnet hat
Mullbinden
Paraffinöl
Pinzette (stumpf)
Schere mit abgerundeten Ecken
Traubenzuckertäfelchen (ohne Zusatz)
Vaseline
Wasserstoffsuperoxyd

Wenn Sie in die unglückliche Situation kommen, Ihrer Katze helfen zu müssen, obwohl Sie noch keine Apotheke einrichten konnten, ist es wohl das Beste, so rasch wie möglich einen Tierarzt aufzusuchen. **Auf keinen Fall** sollten Sie zu folgenden »Hausmitteln« greifen!

Was man einer kranken Katze **nie geben** darf

Aspirin: Eine Tablette ist tödlich
Kodein oder kodeinhaltige Hustenmittel: Die Katze bekommt einen Tobsuchtsanfall
Kognak oder einen anderen Schnaps: etwa bei Schwächeanfällen
Medikamente, die für Menschen, Erwachsene oder Kinder, oder für andere Haustiere bestimmt sind
Milch bei Verdacht auf Vergiftung
Rizinusöl ist für Katzen hochgradig giftig.

Vorsicht Verletzungsgefahr!

Hier soll nur die Rede sein von Unfällen, die wohlbehüteten Katzen in der Wohnung, auf dem Balkon oder im Garten drohen. Dabei geht es im wesentlichen um innere oder äußere Verletzungen, die sie sich zuziehen können, sowie um die Gefahr, sich mit irgend etwas zu vergiften.

Die Gefahr äußerer Verletzungen ist vor allem durch **Eingeklemmtwerden** in Kippfenster, Wohnungs- und Schranktüren gegeben, wovon schon die Rede war. Man muß sehr achtgeben, wenn man Türen schließt, man darf sie auf keinen Fall heftig zuwerfen. Katzen können schwere Quetschungen, aber auch Brüche erleiden, wenn sie von einer Tür eingeklemmt werden, für kleine Katzen kann der Unfall sogar tödlich ausgehen. Nicht bei jeder Verletzung muß Blut fließen, beobachten Sie deshalb die Katze gut. Wenn sie den Schock rasch überwindet und sich nach kurzer Zeit wieder völlig normal verhält, ist sie höchstwahrscheinlich mit dem Schrecken davongekommen. Wenn sie sich verkriecht, die Nahrung ablehnt, sich nicht streicheln lassen will oder gar an Ort und Stelle liegen bleibt, womöglich auch schreit, muß sofort der Tierarzt in Aktion treten.

Besonders leicht wird der Schwanz eingeklemmt, wenn eine Katze versucht, sich im allerletzten Augenblick noch rasch durch eine Tür zu drängeln. In der Folge kann eine Schwanzlähmung auftreten. Sie merken es daran, daß die Katze den Schwanz nicht mehr bewegt, sondern am Boden nachschleifen läßt. Sonst ist meist nichts Auffälliges an ihr festzustellen, da sie keine Schmerzen leidet. Auch der Appetit ist meist ganz normal. Aber davon darf man sich nicht täuschen lassen. Es handelt sich um eine böse Verletzung, die schwere Folgen haben kann. Oft wird sogar die Amputation des Schwanzes notwendig, wenn nicht innerhalb von drei Wochen eine grundlegende Besserung eintritt, die nur dann erfolgen kann, wenn das Tier von einem Veterinär fachkundig behandelt wird. Jede zusätzliche Verletzung des gelähmten Schwanzes kann schlimme Infektionen nach sich ziehen, denn der hinter der Katze herschleifende Schwanz verschmutzt natürlich stark und wird zum Herd für alle möglichen Bakterien. Auslaufkatzen, die sich eine Schwanzlähmung zugezogen haben, dürfen vorerst nicht mehr ins Freie, soviel sie auch betteln mögen.

Katzen sind keine Hochleistungssportler. Sie peilen ihr Ziel lange und gründlich an, bevor sie einen kühnen **Sprung** wagen – oder auch nicht. Trotzdem können sie sich verschätzen. Das kommt besonders bei jüngeren, noch unerfahrenen Tieren vor. Man sollte sie nicht anspornen, wenn sie Unsicherheit zeigen, sie wissen selber am besten, was sie sich zutrauen können. Wenn eine Katze es auch unzählige Male geschafft hat, vom

Kleiderschrank zu springen, so passiert es dennoch, daß sie den senkrechten Absprung manchmal nicht riskieren mag. Sie läuft oben unruhig hin und her, setzt sich wieder hin, mißt optisch die Entfernung. Man kann sie herunterheben. Dazu sollte man sich jedoch Handschuhe anziehen, denn in dieser Situation kratzt die Katze wahrscheinlich aufgrund ihrer inneren Spannung. Besser ist es deshalb, ihr einen Sessel, einen Tisch oder etwas in der Art vor den Schrank zu schieben, damit sie den Sprung in zwei Etappen zurücklegen kann. Man darf nicht einfach darauf vertrauen, daß Katzen ja »immer« auf ihre vier Beine fallen. Den dazu erforderlichen Salto in der Luft kann sie bei der vergleichsweise geringen Höhe eines Kleiderschrankes gar nicht vollziehen. Wenn Sie nicht zur Stelle sind, um ihr zu helfen, kann sie sich unter Umständen sogar ein Bein brechen. Knochenbrüche ziehen Katzen sich oft bei Unfällen oder Stürzen zu. Nur der Tierarzt kann entscheiden, ob eine Nagelung notwendig ist, ein Gipsverband oder eine feste Bandage, in bestimmten Fällen läßt man auch einfach der Natur ihren Lauf. Sehr wichtig ist die Ruhigstellung der Katze nach der Behandlung. Sie muß unbedingt daran gehindert werden, zu laufen oder gar zu springen. In der Tierklinik kommt sie in eine Box, die gerade groß genug ist, damit sie sich umdrehen kann und noch Platz bleibt für ein kleines Katzenkästchen sowie die Futter- und Wasserschale. Bei Brüchen ist es falsch, den Boden mit einem weichen Kissen auszulegen. Die Katze braucht eine harte Unterlage, deshalb genügt schon ein Handtuch oder eine Lage Zeitungspapier. Die Heilung dauert im allgemeinen zwei bis drei Wochen. Homöopathische Mittel können den Heilungsprozeß unterstützen. Man gibt abwechselnd einen Tag lang viermal Calcium phosphoricum D 4 und Symphytum D 2.

Verrenkungen von Gliedmaßen können noch schmerzhafter sein als Brüche, treten aber auch seltener auf. Ein verrenktes Bein wirkt starr, während ein gebrochenes schlaff herunterhängt. Das betroffene Gelenk ist geschwollen. Wenn die Katze zu gehen versucht, knickt das verletzte Bein um. Verrenkte Beine dürfen nie geschient werden, der Tierarzt wird versuchen, das Bein in Narkose wieder einzurenken. Bei einer Verrenkung des Kiefers bleibt der Mund der Katze meist offenstehen.

Bei Brüchen und Verrenkungen gilt es, keine Zeit zu verlieren. Man bettet das verletzte Tier vorsichtig in einen Korb oder Transportkäfig und bringt es zum Tierarzt. Ein Hausbesuch, so erwünscht er in anderen Fällen auch sein mag, nützt hier wenig. In der Regel muß der Tierarzt den kleinen Patienten nämlich röntgen, und das Röntgengerät steht nun mal in seiner Praxis.

Bevor die Waschmaschine in Gang gesetzt wird, sollte man sich vergewis-

sern, daß nicht eine Katze zwischen der Wäsche liegt. Katzen sind von Haus aus neugierig und klettern überall hinein. Eine mit Wäsche gefüllte Waschmaschine ist in ihren Augen eine schöne, weichgepolsterte **Schlafhöhle**, aber auch eine leere Waschtrommel wird gelegentlich untersucht. Man kann sich bei Katzen nie darauf verlassen, daß sie immer noch brav auf der Fensterbank im Wohnzimmer liegen, auch wenn es eine Minute zuvor noch der Fall war. Waschmaschinen sind leider schon für eine Reihe von Katzen zur Todesfalle geworden.

Daß unsere Stubentiger sich brennend für Kühlschränke interessieren, liegt auf der Hand. Dort wird schließlich ihr Futter aufbewahrt, das wissen die kleinen Schlauberger ganz genau. Da wirkt nicht einmal die Kaltluft, die ihnen entgegenschlägt, abschrekkend. Wer weiß, was für Herrlichkeiten zu finden wären, wenn man als Katze nur mal die Möglichkeit hätte, den ganzen Inhalt so richtig in Ruhe zu inspizieren. Und da die Menschen die Kühlschranktür dummerweise nicht offen lassen, versuchen sie eben, sich in einem unbewachten Augenblick hineinzuquetschen. Und schon ist die Katastrophe perfekt, der Erstickungstod droht. Selbst in den gefüllten Geschirrspüler, wo nun wirklich kaum noch ein Fleckchen Platz ist, versuchen sie hineinzusteigen, und selbstverständlich auch in den Wäschetrockner. Man kann gar nicht genug aufpassen, besonders solange die Katzen noch klein sind.

Wasser übt eine seltsame Faszination auf Katzen aus, nur Regen mögen sie nicht, die »wasserscheuen« Katzen. Bei dem Versuch, Wasser aus dem Becken der Toilette zu trinken, ist schon so manche kleine Katze hineingefallen und ertrunken. Es ist unbedingt erforderlich, den Toilettendekkel immer zu schließen, das muß man auch Kindern und Freunden, die häufig zu Besuch kommen, einschärfen. Aber auch erwachsene Katzen können oft der Versuchung nicht widerstehen und geraten dabei in Gefahr, weil sie bei dem vergeblichen Versuch, sich wieder zu befreien, unter Umständen mit dem Kopf so tief in den Abfluß geraten, daß jede Hilfe zu spät kommt. Wenn wir Gäste haben, kontrolliere ich, wenn jemand kurz das Zimmer verlassen hat, immer diskret, ob der Deckel auch wieder aufgelegt worden ist.

Auf der ständigen Suche nach Höhlen, wie viele man ihnen auch anbieten mag, nehmen Katzen auch die Gelegenheit wahr, in Schrank-, Schreibtisch-, Kommodenfächer oder Schubladen jeder Arzt zu kriechen. Wenn es ihnen unbemerkt gelingt, verhalten sie sich mucksmäuschenstill, um den tollen neuen Platz nur ja nicht wieder räumen zu müssen. Nach einer Weile, es können Stunden vergehen, wird ihnen die Sache aber doch unheimlich, und sie fangen an zu kratzen. Leider hört man das oft nicht gleich. Erstaunlich ist übrigens, wie schwer sich Kratzgeräusche aus einem Schrank oft orten lassen. Mir hilft in solchen Fällen zum Glück mein Grischa als zuverlässiger Lotse. Er setzt sich genau vor das Möbelstück, in dem sein kleiner Freund festsitzt. Aber das machen leider nur wenige Katzen.

Dauert der Aufenthalt in so einem selbstgewählten Gefängnis zu lange, so kann die Situation für die eingesperrte Katze brenzlig werden. In gut schließenden und wohlgefüllten Schubladen wird nach einiger Zeit die Atemluft knapp. Bei einem gewaltsamen Ausbruchsversuch kann die Katze sich verletzen. Um unerfreuliche Zwischenfälle dieser Art zu vermeiden, vergewissert man sich am besten, bevor man die Wohnung verläßt und bevor man schlafen geht, wo sich die Katzen befinden. Auch die Futterverteilung bietet eine gute, zusätzliche Kontrollmöglichkeit, fehlt eine, so muß halt eine Suchaktion stattfinden. Ärgern Sie sich bitte nicht, wenn die Katze dann putzmunter unter dem Sofa hervorkommt oder hinter den Falten eines Vorhangs, Hauptsache, ihr ist nichts geschehen. Vielleicht wollte sie Sie nur daran erinnern, daß es schon eine Ewigkeit her ist, seit Sie Verstecken mit ihr gespielt haben.

Plastiktüten kommen, nicht zuletzt zum Glück für die Katzen, immer mehr aus der Mode. Man darf sie nie offen herumliegen lassen. Katzen interessieren sich lebhaft dafür, erst recht wenn ihr Futter darin ins Haus gebracht wird. Wenn sie hineinkriechen, können sie sich darin verfangen und elendiglich ersticken. Andere Katzen, dazu gehört leider mein Angel, finden unbegreiflicherweise Geschmack an dem Zeug, reißen mit den Zähnen Stücke heraus, kauen darauf herum und schlucken es hinunter. Wenn man Glück hat, kommt es auf natürlichem Wege, meist durch Erbrechen, wieder zum Vorschein. Es geht aber nicht immer so glimpflich ab, Tierärzte haben bei operativen Eingriffen schon die unwahrscheinlichsten Dinge aus Katzenmägen geholt. Die Vorliebe von Katzen, die Plastiktüten für einen Leckerbissen halten, erstreckt sich auch auf die Folien, in die Bücher eingeschweißt werden, Klarsichthüllen von Kekspakkungen und Zigarettenschachteln, Plastikschonbezüge um frisch gereinigte Kleidungsstücke, usw. usw. Derartiges Verpackungsmaterial muß deshalb sofort in den dafür bestimmten Müllbehälter wandern, am besten schon im Laden selbst, sofort nach dem Einkauf.

Äußere Verletzungen kann die Katze weiterhin davontragen, wenn irgend etwas zu Bruch geht in der Wohnung. Besonders **Glas- und Spiegelscherben**, die sie zunächst für Spielzeug hält, verursachen Schnitte am Näschen und an den Pfotenballen. Deshalb sollte man Scherben immer sofort sorgfältig mit Handbesen und Schaufel aufnehmen und beseitigen. Kleine Schnitte an den Pfoten heilen in der Regel rasch ab, wenn man sie mit wenig Jod- oder Chloramphenicolspray behandelt. Beides hat einen so bitteren Geschmack, daß eine Katze kaum daran lecken wird, bestimmt aber nicht ein zweites Mal. Für das Näschen sind diese Mittel leider nicht geeignet. Wenn die Verletzungen nicht innerhalb von 24 Stunden sichtbar abheilen, muß man den Tierarzt um Rat fragen.

»Und Miez und Maunz, die Katzen, erhoben ihre Tatzen. Miau, Mio, Miau, Mio, laß steh'n, sonst brennst du lichterloh.« So steht's in der Geschichte von Paulinchen mit dem Feuerzeug im Struwwelpeter. Daraus darf man nun aber nicht schließen, daß Katzen vor **Flammen** besonderen Respekt hätten. Wenn ein Streichholz zischend aufglimmt, ein Feuerzeug schnappt, weichen Sie zwar zurück, aber das liegt wohl eher an den unangenehmen Begleitgeräuschen, als an der Flamme. Meine Kater sind an brennende Kerzen schon so nah herangegangen, daß sie sich den halben Schnurrbart versengt haben. Angel schlägt gelegentlich die Flamme sogar mit der Pfote aus, und Aljoscha versucht bereits, ihm nachzueifern. Wahrscheinlich beruht ihr Interesse an Kerzenlicht auf der leisen Bewegung der Flamme, denn alles, was sich bewegt, fasziniert Katzen. Die damit verbundene, ihnen unbekannte Gefahr, realisieren sie nicht.

Ich bin auch gar nicht so sicher, daß sie wirklich das Licht auslöschen wollen, wenn sie mit der Pfote gezielt auf die Flamme schlagen. Wahrscheinlich wollen sie ausprobieren, ob und wie sich mit diesem leicht flackernden Ding spielen läßt. Spielen gehört für Katzen nun einmal zu den schönsten Beschäftigungen auf der Welt. Bei diesen zaghafteren oder energischeren Spielversuchen kann, je nach Temperament der betreffenden Katze, die Kerze natürlich leicht umgestoßen werden, und zwar solange sie noch brennt. Dünne, schlanke Kerzen in zierlichen Leuchtern sind geradezu dazu prädestiniert, von Katzen umgeworfen zu werden. Je dicker und massiver Kerze und Leuchter sind, desto geringer ist wenigstens diese Gefahr. Man sollte Katzen nie unbeaufsichtigt in einem Raum zurücklassen, in dem Kerzen brennen, auch nicht unter dem Stövchen.

Höllisch gefährlich werden kann das Spiel mit der Duftlampe. Wenn eine Katze die umwirft und das heiße, oben auf dem Wasser schwimmende ätherische Öl sich in die Flamme ergießt, kann man nur noch hoffen, daß man die letzte Rate der Versicherung pünktlich bezahlt hat. Zur Beruhigung künftiger Katzenbesitzer kann ich allerdings anfügen, daß meine Kater sich noch nie ernsthaft für die Duftlampe interessiert haben, egal, ob ich Lavendel-, Zedernholz- oder Orangenöl hineingeträufelt habe. Nur – es sind nicht alle Katzen gleich, und Vorsicht ist nun mal die Mutter der Porzellankiste.

Wenn man bei einer oder wenigen Kerzenflammen schon so achtgeben muß, um wieviel mehr dann erst bei zwanzig. Ja, ich denke an den Weihnachtsbaum. Wer zu dem gesamten üblichen Weihnachtstrubel auch noch die Belastungsprobe durchstehen will, trotz Katzen in der Wohnung einen Baum mit brennenden Kerzen aufzustellen, muß schon sehr gute Nerven haben. Ich habe sie nicht. Festtagsstimmung kommt auch mit einem schönen Adventskranz oder Weihnachtsgesteck auf. Aber das ist natürlich Ansichtssache. Als Alternative empfiehlt sich ein Baum mit elektrischen Kerzen. Auch den kann die Katze natürlich umstoßen, wenn sie nach den bunten Glaskugeln angelt, die so verlockend herunterbaumeln. Aber dann brennt wenigstens nicht gleich das Haus ab.

Katzen lieben Wärme, das ist eine Tatsache. Im Winter liegen sie gern an oder auf der Heizung oder, sofern noch vorhanden, neben dem Herd. Aber zwischen wohltuender Wärme und gefährlicher Hitze vermögen sie nicht immer zu unterscheiden. **Heiße Herdplatten** ziehen viele Katzen geradezu magisch an. Wenn sie hinaufspringen, verbrennen sie sich die Pfoten. Mit Hausmitteln ist da nichts auszurichten, man muß den Tierarzt aufsuchen. Es gibt zwei erprobte Möglichkeiten, um diese Gefahr auszuschalten. Entweder benutzt man Herdabdeckplatten, die in vielen hübschen Farben und Mustern angeboten werden, oder man stellt sofort, wenn man einen Topf oder eine Pfanne von der heißen Platte nimmt, einen Kessel mit kaltem Wasser darauf. Es gibt auch Katzen, die einen respektvollen Bogen um heiße Herdplatten machen, vielleicht, weil sie schon einmal schlechte Erfahrungen damit gemacht haben, aber leider sind nicht alle so vorsichtig, schon gar nicht junge Kätzchen.

Bügeln mit Katzen ist ein »Spaß für sich«. Schon wenn der Bügeltisch aufgestellt wird, versammeln sie sich erwartungsvoll. Die Wäsche interessiert sie weniger, aber das **Bügeleisen** – und vor allem das Kabel, das so aufregend hin- und herpendelt. Wenn sie an das Bügeleisen herankommen, schnüffeln sie es unweigerlich ab und verbrennen sich dabei das empfindliche Näschen. Zerren sie am Kabel, wenn man das Eisen gerade mal abgestellt hat, so reißen sie es herunter. Da gibt es nur einen Ausweg: Man bügelt

in der Küche, während die Katzen im Wohnzimmer sind, oder umgekehrt.

Katzen sind zwar nicht so versessen auf **Kabel**, wie die Nager unter unseren Haustieren, aber hin- und herpendelnde Zuleitungen oder »Kabelsalat« können sie schon als Spielzeug ins Auge fassen. Sie kauen dann manchmal auch darauf herum. Um zu verhindern, daß sie einen Stromschlag erleiden können, sollte man deshalb so wenig freilaufende Kabel wie möglich in der Wohnung haben. Wenn man ganz beruhigt die Wohnung verlassen oder ins Bett gehen möchte, zieht man vorher die Stecker der Stehlampe, der Schreibmaschine oder des Radios heraus und sichert die **Steckdose** mit einem Blindstecker. Denn auch unbenutzte Steckdosen sind eine nicht zu unterschätzende Gefahrenquelle. Wenn die Katze neugierig ihr Näschen hineindrückt oder mit der Pfote daran herumspielt, kann sie gleichfalls einen Stromschlag bekommen.

Innere Verletzungen kann eine Katze davontragen, wenn sie irgendwelche kleinen **spitzen oder scharfen Gegenstände** verschluckt, wie z. B. Nadeln, Metallclips von Versandtüten, Büroklammern, offene Ohrringe, Plastikfäden, an denen Firmen- oder Preisschilder oft befestigt werden, Nägel, Schrauben und Reißzwecken. All diese Dinge auf keinen Fall offen herumliegen lassen.

Besonders vorsichtig muß man mit Nähzeug sein. Für Katzen ist das Nähen, Sticken oder Stopfen eine spannende Angelegenheit. Fasziniert beobachten sie die Bewegungen von Nadel und Faden und haschen danach. Wenn man sie mit den Restfäden spielen läßt, besteht die Gefahr, daß sie sie verschlucken. Bei Kunststoff- und Mischgarnen kann dadurch der Magenausgang blockiert werden, denn die lösen sich durch die Magensäure nicht auf. Wenn die Nadel versehentlich noch am Faden hängt, wird die Katze kaum um eine Operation mit ungewissem Ausgang herumkommen.

Wenn ein Fremdkörper im Mund der Katze verschwindet, muß er nicht immer gleich bis in den Magen und Darmtrakt wandern. Er kann auch irgendwo im Rachenraum steckenbleiben. Das läßt sich verhältnismäßig einfach feststellen, man muß aber zu zweit arbeiten. Einer hält die Katze an beiden Schultern fest, der andere drückt ihr von den Seiten her die Kiefer auseinander. Entdeckt man den Störfaktor – gutes Licht ist unbedingt erforderlich –, so versucht man, ihn durch sanftes Stupsen oder Ziehen zu lösen und nimmt ihn heraus. Wenn man nicht genau erkennen kann, um was es sich handelt oder wo der Fremdkörper sitzt, bringt man die Katze besser zum Tierarzt. Natürlich verschluckt die Katze die Nadel oder den Knopf nicht immer direkt vor unseren Augen. Wenn sie häufig würgt oder hustet oder sich den Hals mit der Pfote reibt, ist ihr vermutlich irgendwo im Rachenraum ein Fremdkörper steckengeblieben. Manchmal treten als einziger Hinweis auch Abzesse am Hals auf. In all diesen Fällen muß sofort die Ursache geklärt und beseitigt werden.

Wer gern strickt, muß sich in einem Katzenhaushalt einiges einfallen lassen, um seinem Hobby nachkommen zu können. Die Katzen wollen natürlich »helfen«. Lange Stricknadeln können den Katzen gefährlich werden, wenn sie versuchen, mit den freien Enden zu spielen. Dabei kann es leicht zu bösen Augenverletzungen kommen.

Am besten benutzt man nur Rundstricknadeln, die es ja zum Glück in allen Stärken und Größen gibt. Die Wolle verwahrt man in einem Stoffbeutel, der sich oben fest zuziehen läßt, und den legt man sich bei der Arbeit am besten auf den Schoß.

Ebensowenig wie Woll- und Garnknäule sind Wattebällchen und -bäusche als Katzenspielzeug geeignet. Die Tiere kauen darauf herum und verschlingen Teile davon, die sich dann im Magen zusammenballen und den Ausgang zum Darm versperren. Eine große Freude aber kann man Katzen machen, wenn man ihnen leere Garnspulen, möglichst aus Holz, zum Spielen überläßt.

Nicht jeder Katzenfreund wird **Ohropax** benutzen, trotzdem muß es hier erwähnt werden, denn auf Ohropax sind anscheinend alle Stubentiger ganz wild. Das muß am Geruch liegen. Leider spielen sie nicht nur damit herum, sondern verschlucken es auch. Das Wachs liegt dann wie Blei im Magen – und nichts geht mehr. Bitte das Ohropaxschächtelchen immer gut verschließen und gebrauchte Ohrschützer nicht offen auf dem Nachttisch liegen lassen. Das gleiche gilt für mehrfach verwendbare Lärmschützer aus Plastik, die haben genau die richtige Größe, um schneller im Katzenmäulchen zu landen, als man sich umdrehen kann.

Jede Katze entdeckt rasch, daß man mit Knöpfen wundervoll spielen kann. Dagegen ist nichts einzuwenden, wenn es sich um große **Knöpfe** handelt, von etwa zweieinhalb Zentimeter Durchmesser an aufwärts. Kleine Knöpfe schlucken Katzen herunter wie Vitamintabletten, nur leider mit einem sehr viel weniger erfreulichen Ergebnis. Lassen Sie deshalb den abgerissenen Blusen- oder Hemdenknopf nicht »erst mal« auf irgendeinem Tisch liegen. Katzen besitzen eine unwahrscheinliche Witterung dafür, wie, wo und wann sie an etwas herankommen können, das nicht für sie bestimmt ist. Sie bekommen alles mit, was in ihrem Revier, sprich der Wohnung, vor sich geht, auch wenn sie es sich nicht immer sofort anmerken lassen. Sie sind Meister darin, den richtigen Zeitpunkt abzupassen, und wissen genau, wann ihr Mensch abgelenkt ist und sie freie Bahn haben.

Kinderspielzeug stößt bei Katzen nur bedingt auf Interesse. Das meiste davon ist ihnen zu groß und zu schwer. Leider kommt es aber relativ häufig vor, daß sie Spielwaren aus Plastik annagen und Teile davon herunterschlucken. Sie wissen ja bereits: Ein klarer Fall für den Tierarzt. Aus erzieherischen Gründen will man natürlich nicht hinter den Kindern herräumen, den Katzen zuliebe sollte man es in diesem Ausnahmefall aber besser doch tun.

Radiergummis gehören zu den Dingen, mit denen Katzen leidenschaftlich gern spielen möchten, die sie aber leider auch anbeißen – und **Gummi** ist nun einmal absolut unver-

daulich. Noch gefährlicher ist das Spiel mit Gummiringen in allen Größenordnungen bis hin zu den breiten Verschlußreifen für Einmachgläser. Besonders kleine Katzen können sich, wenn sie ausgelassen damit herumtollen, strangulieren oder sich die Pfötchen oder selbst den Schwanz damit umwickeln. Es ist schon öfter vorgekommen, daß Katzen, denen Tierquäler ein Gummiband um den Schwanz gewickelt hatten, der Schwanz amputiert werden mußte, weil die Blutzufuhr abgeschnitten worden war. Zuvor hatten diese armen Tiere unsägliche Schmerzen erleiden müssen. Wenn eine Katze die Stelle, an der das Gummiband sie einschnürt, erreichen kann, wird sie es natürlich aufbeißen – und dabei eine tüchtige Portion Gummi herunterschlucken. Es gibt auch Katzen, die ohne weitere Umstände so ein Gummiband einfach zwischen die Vorderpfoten nehmen und anfangen, darauf herumzukauen. Bei all diesen Situationen besteht zusätzlich auch immer die Gefahr, daß das Gummiband zurückschnellt und die Katze am Näschen oder Auge trifft. Deshalb sollte man Radiergummi und Gummibänder grundsätzlich unter Verschluß aufbewahren.

Hobbybastler unter den Katzenfreunden verwenden bei ihrer Freizeitbeschäftigung so viele kleine Dinge, die nicht in den Katzenmagen gelangen dürfen, daß man sie hier unmöglich einzeln aufführen kann. Wer einen Hobbyraum besitzt, braucht einfach nur die Tür hinter sich abzuschließen. Wenn aber das tolle Segelschiff aus Platzmangel im Wohnzimmer gebaut werden muß, wo sich natürlich auch die Katzen aufhalten, ist sehr viel Umsicht erforderlich, um ein Unglück zu vermeiden. Alle Einzelteile sowie das Werkzeug bringt man am besten in Kästen unter, die gut schließen, und holt immer nur das hervor, was im Augenblick benötigt wird.

Eine ruhige Partie Schach, Halma oder Dame bekommt im Katzenhaushalt von vornherein einen erhöhten Schwierigkeitsgrad. Denn die kleinen Racker wollen natürlich mitspielen. Daß sie die Steine auf dem Brett verschieben und herunterwerfen, läßt sich mit etwas Humor noch hinnehmen, aber viele Spielsteine, abgesehen natürlich von großen, schweren Schachfiguren, werden ins Mäulchen genommen, verschleppt, und leider auch manchmal verschluckt. Mein Vorschlag: Schaffen Sie sich Spielsteine an, die für Katzen zu groß und zu schwer sind. Aber selbst die sollte man nicht unbeaufsichtigt auf dem Brett stehenlassen, denn wenn Katzen viel Zeit haben und sich langweilen, gelingt es ihnen mit großer Wahrscheinlichkeit, wenigstens einige davon vom Tisch zu werfen und vielleicht sogar in ein Versteck zu schaffen. Das schadet den Tieren zwar nichts, aber wenn Sie das nächste Mal spielen wollen, ärgern sie sich vielleicht.

Auch die Begrüßung des neuen Jahres am **Silvesterabend** kann für Katzen böse ausgehen. Durch die lautstarke Knallerei können sie einen Schock erleiden oder sogar taub werden, wenn ein Feuerwerkskörper in allzu großer Nähe explodiert. Oft schon sind reine Wohnungskatzen in der Silvesternacht geflohen, selten nur hat ein Besitzer sein Tier später wiederfinden können. In ihrer panischen Angst rennen die armen Katzen immer weiter vom Haus fort, was sie sonst nicht tun, und verkriechen sich schließlich völlig erschöpft und verängstigt in irgendeinem Winkel, aus dem sie sich auch dann nicht wieder hervorwagen, wenn das Spektakel vorüber ist. Solange die Feuerwerkskörper noch friedlich irgendwo lagern, nähern die Katzen sich neugierig um festzustellen, was man damit wohl anfangen könnte. Wenn eine auf so ein Teufelsding beißt, erfolgt die Explosion im Mund des unglücklichen Tieres. In einem Katzenhaushalt sollte man sich deshalb weder an der nächtlichen Knallerei beteiligen noch in der Wohnung Knallbonbons abziehen oder Blei gießen. Wer auf das letztere nicht verzichten möchte, kann die Zukunft nur hinter verschlossenen Türen und weit nach Mitternacht befragen, wenn der Lärm draußen vorbei ist.

Bei uns spielt sich der Silvesterabend so ab: Gegen 23 Uhr wird noch einmal gelüftet, dann werden alle Fenster fest verschlossen. Die Jalousien lassen wir nicht herunter, denn es ist doch zu verlockend, vom achten Stockwerk aus den Feuerzauber über den Türmen der Stadt zu beobachten. Gegen 23.30 Uhr setze ich Angel, der besonders sensibel und ängstlich ist, in den abgelegensten Raum, das Badezimmer. Zum Trost bekommt er eine Extraportion seiner geliebten Vitamintabletten. Ein Schälchen Wasser und eine Katzentoilette dürfen natürlich auch nicht fehlen. Er spielt gutwillig mit, denn er weiß aus Erfahrung, was bevorsteht. Die anderen bleiben bei uns, haben aber die ganze Wohnung einschließlich der dunklen Ekken im Flur zur Verfügung. Wir setzen uns ruhig hin und behalten die Katzen im Auge. Sie bekommen viele Streicheleinheiten und viel freundlichen, beruhigenden Zuspruch. Nach dem Anstoßen und den Glückwünschen zum neuen Jahr, auch an die Adresse jeder einzelnen Katze, stelle ich mich mit meinem Glas vor das Balkonfenster. Nello kam dann immer zu mir auf die Fensterbank und schaute interessiert hinaus, völlig ohne Angst. Ich habe ihn gestreichelt und ihn gefragt, wie ihm die vielen bunten »Mäuschen« da draußen gefallen. Inzwischen geht Aljoscha neben mir an der Balkontür hoch und pocht mit beiden Pfoten an die Scheibe. Hinter ihm wartet bereits Grischa. »Nein, jetzt wird die Tür nicht aufgemacht. Das ist zu gefährlich.« Während ich sie streichele, kümmert mein Mann sich um Kolja, der zwischen Faszination und Furcht schwankt, mal auf ein Fensterbrett springt, dann wieder in den dunklen Flur läuft. Angel verhält sich mucksmäuschenstill, er fühlt sich in seiner »Höhle« sicher. Wenn der Lärm abebbt, öffne ich die Tür zum Bad, streichle und lobe ihn. Loben ist immer gut. Fenster und Balkontür werden erst wieder geöffnet, wenn auch die letzten Raketen verglüht sind. Inzwischen haben sich die Katzen schon auf verschiedene Ruheplätzchen verteilt und erholen sich von dem Abenteuer. Am nächsten Morgen schlafen sie vielleicht ein bißchen länger, und das war's dann. Aber auf das Frühstück stürzen sie sich nach soviel Aufregung mit einem wahren Bärenhunger.

Achtung Gift!

Neben äußeren und inneren Verletzungen kann die Katze sich in jedem Haushalt leicht eine Vergiftung zuziehen, wenn man nicht achtgibt. Diese Gefahr ist besonders groß bei unerfahrenen Jungtieren, die an allem schlecken, was sie sehen. Wahrscheinlich erkunden sie die Umwelt wie ein Kleinkind zum großen Teil mit Lippen, Zunge und Mundraum. Leider gibt es eine ganze Latte von Dingen, die zu einer akuten Vergiftung führen können.

Hochgiftig für Katzen sind alle für Menschen und andere Haustiere bestimmten Medikamente, ganz besonders Aspirin, das schon in kleinsten Mengen zu schweren Krämpfen und zum Tode führt, wenn nicht umgehend ein Tierarzt eingreift, medizinische Salben und auch viele Kosmetika. Ebenfalls hochgiftig sind alle

Schädlings- und Ungeziefervertilgungsmittel, ganz besonders Ratten- und Mäusegifte, und zwar selbst dann noch, wenn die Katze eine Maus erwischt hat, die bereits vergiftet ist, Mottenkugeln und Mottenvertilgungsmittel, alle chemischen Putz- und Reinigungsmittel im Haushalt – deshalb mein wiederholter Tip, Essig zum Reinigen zu verwenden –, Desinfektionsmittel, vor allem wenn sie Karbolsäure oder Lysol enthalten, die noch in stärkster Verdünnung für Katzen tödlich sind.

Diese und weitere für Katzen giftige Stoffe bzw. Pflanzen sind in den beiden folgenden Tabellen alphabetisch zusammengefaßt.

Für Katzen giftige Haushaltsstoffe

Aspirin
Säuren wie z. B. Salpeter-, Salz- und Schwefelsäure
Benzin, Petroleum und Terpentin sowie alle Mittel, die diese Substanzen enthalten
Desinfektionsmittel
Holzschutzmittel
Jodhaltige Produkte
Ratten- und Mäusegift
Rizinusöl
Kosmetika
Künstliche Dünge- und Unkrautvertilgungsmittel
Mottenkugeln und Mottenvertilgungsmittel
Frostschutzmittel
Phosphorhaltige Substanzen
Farben, Beizmittel, Lacke und Lackentferner
Viele Zierpflanzen (siehe folgende Tabelle)
Alkohol, Tabak und Zigaretten
Alkoholhaltige Gesichtswasser, Rasierwasser und Parfüms

Die wichtigsten für Katzen giftigen Zierpflanzen

Ackerveilchen
Alpenveilchen
Amaryllisgewächse wie Schneeglöckchen, Narzissen
Anemonen
Anthurien
Arnika
Aronstabgewächse wie Dieffenbachie, Kalla, Kalmie, Philodendron
Azaleen
Breitblättrige Kalmie
Buchsbaum
Christrose oder Schwarze Nieswurz
Christusdorn
Chrysanthemen
Clematis
Clivie
Edelweiß

Efeu
Eiben
Eisenhut
Enzian
Farne
Feldstiefmütterchen
Feuerdorn
Fingerhut
Geranien
Geißblatt
Ginster
Glyzinien
Goldregen
Hahnenfußgewächse wie Buschwindröschen und Katzenschelle
Hartriegel
Herbstzeitlose
Herkuleskraut
Hortensien
Hyacinthen
Kaiserkrone
Kakteen (jedenfalls die meisten)
Kastanien
Kornraden
Kreuzdorn
Krokus
Lebensbaum
Leberblümchen
Liliengewächse wie Blaustern, Iris, Schwertlilien
Lorbeer (auch als Gewürz)
Löwenzahn
Lupinen
Magnolien
Maiglöckchen
Märzenbecher
Mauerpfeffer
Mistel
Nachtschattengewächse
Nelken
Nieswurz
Oleander
Orchideen
Osterglocken
Pfaffenhütchen
Primeln
Prunkwinde
Rhododendron
Rittersporn
Rosmarinheide
Schneeball
Schneeglöckchen
Scilla
Seidelbast
Stechapfel
Stechpalme
Steinklee
Steinröschen
Stephanskraut
Sumach (Gift- und Lacksumach)
Sumpfdotterblumen
Tabakpflanzen
Tollkirschen
Tomatenpflanzen (alle grünen Teile)
Trollblumen
Tulpen
Usambaraveilchen
Vogelkirsche
Wacholder
Waldmeister
Weihnachtsstern
Weinraute
Weißdorn
Wolfsmilchgewächse
Wunderblumen
Wurmfarn
Zwiebelgewächse (in den meisten Fällen)
Zypressen

Auch Trockensträuße sind für Katzen gefährlich wegen der chemischen Farb- und Konservierungsstoffe. Hinter Glas aufbewahren.

Wie man im Ernstfall Soforthilfe leisten kann

Bei einer akuten Vergiftung ist die Katze ohne rasche Hilfe verloren. In der Regel hat man etwa fünfzehn Minuten Zeit um zu handeln. Die Symptome sind verschiedenartig und oft mehrdeutig, aber nie ist Fieber darunter. Die normale Körpertemperatur der Katze liegt zwischen 38 und 38,5°C. Bei weniger als 37°C spricht man von Untertemperatur, bei über 39,3°C von Fieber.

Häufig auftretende **Symptome** bei inneren Vergiftungen sind Krämpfe, Erbrechen, Durchfall, flache Atmung bis zu Atemnot, Speicheln, Berührungsempfindlichkeit (die Katze will sich nicht anfassen lassen), Keuchen und Zittern. Oft kommt unstillbarer Durst hinzu. Natürlich treten nicht alle Symptome gleichzeitig auf. Die Katze braucht sofort fachkundige Hilfe. Rufen Sie den Tierarzt an. Berichten Sie ihm im Telegrammstil – es ist keine Zeit zu verlieren –, was passiert ist und bitten Sie ihn zu kommen. Wenn das nicht geht, bringen Sie ihm das Tier auf dem schnellstmöglichen Wege. Fragen Sie ihn, ob Sie die Katze vorher zum Erbrechen bringen sollen, falls sie sich nicht bereits übergeben hat. Bei vielen, aber nicht bei allen Vergiftungen ist das die wichtigste Sofortmaßnahme.

Öffnen Sie ihr durch Druck auf beide Kieferseiten den Mund und flößen Sie ihr Brechsirup (Sirup Ipecacunanhae) ein. Vielleicht kann Ihnen das rasch jemand aus der nächsten Apotheke besorgen. Oder mischen Sie – das ist die brutalere Methode – zwei Teelöffel Salz mit vier Eßlöffeln Wasser und flößen Sie ihr soviel wie möglich davon mit Hilfe einer Einwegspritze ohne Nadel ein. Immer vorausgesetzt, daß der Tierarzt damit einverstanden ist. Wenn Sie genau wissen, was für ein Gift die Katze geschluckt hat, schauen Sie sich die Packung an, vielleicht steht das Gegenmittel darauf. Nehmen Sie alles zum Tierarzt mit, was die Katze zu sich genommen haben könnte, samt Packung und Beipackzettel, soweit möglich, auch Essenreste, etwas von dem Erbrochenen oder was sonst verdächtig erscheint.

Nicht zum Erbrechen bringen darf man Katzen, die sich mit Ätzkali oder Kalilauge, Ätznatron oder Natronlauge vergiftet haben. In diesen Fällen flößt man ihnen eine Mischung von zwei Eßlöffeln Essig mit einem halben Liter Wasser ein, zwei Eßlöffel voll. Anschließend gibt man ihnen reichlich Speiseöl. Bei Vergiftungen mit einer Säure löst man zwei Eßlöffel Natron in einem halben Liter Wasser auf und flößt der Katze davon vier Eßlöffel ein. Dann gibt man ihr vier Eßlöffel Milch, vermischt mit einem leicht geschlagenen Eiweiß oder Speiseöl. Auch in diesen Fällen darf kein

Erbrechen herbeigeführt werden. Niemals darf man versuchen, eine Katze durch Einflößen von Milch zum Erbrechen zu bringen. Milch als probates Mittel gegen Vergiftungen gehört in den leider nicht immer harmlosen Bereich der Ammenmärchen. Auch bewußtlose Katzen darf man nicht zum Erbrechen bringen, sie würden dabei ersticken. Die Homöopathie bietet als Soforthilfe bei Vergiftungen Okoubaka D 2 und D 3 an. Es wird jede Viertelstunde eingeflößt, bis eine Besserung eintritt, danach seltener, oder bis man die Tierarztpraxis erreicht bzw. bis der Tierarzt eintrifft. Das Mittel wirkt stark entgiftend, das Problem ist nur, ob man es rasch genug erhalten kann. Fragen Sie telefonisch in der Apotheke an.

Falls die Katze Krämpfe hat, wikkeln Sie sie für den Transport in ein großes Badetuch oder eine leichte Decke, aber so, daß sie unterwegs genug Luft bekommt. Legen Sie sie in eine große Plastikwanne, einen Karton oder einen offenen größeren Korb, auf den Boden kommt zuvor ein flaches Kissen oder eine weitere Decke. Die Gefahr, daß die Katze entwischt, besteht jetzt nicht. Wichtig ist, daß Sie selber die Ruhe bewahren, wenigstens äußerlich. Das Leben des Tieres hängt nur noch an einem seidenen Faden. Es ist ein Wettlauf mit der Zeit, bei dem es buchstäblich um jede Minute geht.

Bestimmte Mittel zur Vertilgung von Ratten enthalten das berüchtigte Cumarin, einen Stoff, der die Blutgerinnung verhindert. Die Tiere verbluten innerlich und qualvoll. Hier kann man mit Hausmitteln nicht das Geringste ausrichten, nicht einmal erste Hilfe leisten. Symptome: Flacher, schneller Puls, mühsame Atmung, allgemeine Schwäche, blasses Näschen und kalte Pfoten. Wenig später wird der Harn und Stuhl blutig, auch blutiges Erbrechen tritt auf. Die sofortige Behandlung durch den Tierarzt ist unerläßlich. Die Homöopathie empfiehlt Vitamin K, unterstützt von einer Spritze Phosphorus D 30 plus Herz-Kreislauf-Mittel: Cactus D 1, Crataegus D 1 und Veratrum D 3.

Ein Sonderfall ist die **Gasvergiftung**. Man findet die Katze mit offenem Mund vor, mühsam nach Luft ringend. Zunge und Augen sind schwarzblau verfärbt, das Tier ist bewußtlos. Sofort das Fenster öffnen, den Gashahn abdrehen, die Katze in einen anderen Raum tragen, auch hier ein Fenster aufreißen und mit künstlicher Beatmung beginnen. Man bläst Luft in die Nasenlöcher der Katze, deren Mund dabei geschlossen sein muß. Dann warten, bis der aufgeblasene Brustkorb sich senkt. Das wird wiederholt, solange der Herzschlag noch zu hören ist. Auch mit der Schwingmethode kann man es versuchen: Die Katze wird an beiden Hinterpfoten angehoben und mit ausgestrecktem Arm zehnmal hin- und hergeschwungen. Dann wartet man ein paar Sekunden auf einen Atemzug. Das Ganze wird viermal wiederholt. Bleibt der Erfolg aus, so wendet man die erste Methode an. Wenn die Katze wieder anfängt zu atmen, sofort den Tierarzt anrufen, um einen Not-

Manche Katzen lassen sich brav föhnen

fall anzumelden, und sie umgehend in die Praxis bringen. Sie braucht jetzt dringend Sauerstoffzufuhr.

Weniger akute Vergiftungen, die auftreten, wenn die Katze nur winzige Spuren des Giftes aufgenommen hat, verlaufen anfangs weniger dramatisch und sind besonders schwer zu diagnostizieren. Mein Aljoscha hat sich nur zweimal leicht übergeben und das Futter abgelehnt. So können viele Katzenkrankheiten anfangen. Er aß dann sogar wieder etwas und ging auch auf die Katzentoilette, kein Durchfall. Erst nach Tagen brach er vor der Wasserschale zusammen. Dann setzten die Lähmungen ein, er mußte künstlich ernährt werden, bekam täglich Infusionen, die Tierärztin mußte ihm täglich den Darm und die Blase durch Druck entleeren. Nur mit den Augen konnte er noch auf Zuspruch und Streicheleinheiten reagieren. Und dann kam dieser wirklich riesige Riß im Fell, der erst nach Monaten zuheilte. Vorher hatte er kein Härchen verloren. Ein völlig untypischer Verlauf bei einer Thalliumvergiftung? Niemand weiß es genau zu sagen, denn es gibt kaum Thalliumpatienten, die durchgekommen sind.

Giftstoffe können natürlich auch auf dem Fell einer Katze landen, z. B. wenn eine Flasche mit giftigem Inhalt heruntergeworfen wird und das Tier dabei kleinere oder größere Spritzer abbekommt. In einem solchen Fall muß man die Katze in lauwarmen Seifenwasser baden. Am besten verwendet man Kernseife oder Flocken davon oder Neutralseife, auf keinen Fall aber Teerseife, wie sie häufig zum Baden von Hunden benutzt wird. Teerseife ist für Katzen absolut giftig. Man füllt eine große Plastikwanne zur Hälfte und setzt die Katze hinein. Dann spült man ihr das Wasser über den Rücken und reibt mit einem Waschlappen die betroffenen Stellen tüchtig ab. Die meisten Katzen sind wasserscheu, deshalb ist es gut, wenn eine zweite Person sie bei der Prozedur festhalten kann. Hinterher muß man sie gut abtrocknen, wenn sie es sich gefallen läßt, auch trockenföhnen. Andernfalls hüllt man sie in ein trockenes Badetuch und setzt sie im Winter vor die Heizung, im Sommer auf ein warmes, nach Möglichkeit sonniges Plätzchen in der Wohnung. Bei kleineren Flecken kann man auf das Bad verzichten und statt dessen die betroffenen Stellen direkt mit Seifenwasser behandeln. Niemals aber darf man zur Säuberung Benzin verwenden, damit würde man dem Tier die Haut verätzen. Bereits getrocknete Farbflecken schneidet man am besten vorsichtig mit einer Schere, die abgerundete Ecken besitzt, aus dem Fell. Keine Angst, es wächst rasch wieder nach.

Soforthilfe bei **Verbrennungen und Verbrühungen** mit heißem Wasser, heißem Dampf oder heißem Fett in der Küche: Die betroffenen Haut- und Fellpartien umgehend mit viel kaltem Wasser kühlen, der Katze reichlich Wasser zum Trinken geben, notfalls auch mit der Einwegspritze einflößen. Dann sofort den Tierarzt mit ihr aufsuchen. Vorbeugende Maßnahme: Wenn gekocht oder gebügelt wird, haben Katzen in der Küche nichts zu suchen.

Bei **Verätzungen** entstehen feuchte

Symptome, die Beachtung erfordern

Apathie, allgemeine Lustlosigkeit
Appetitlosigkeit
Ausfluß aus Mund, Nase, Augen
Berührungsscheu, die Katze will sich nicht streicheln lassen
Durchfall, auffällig häufiges Trinken
Erbrechen, mehrmals
Husten
Krämpfe
Mundgeruch, stärker als normal
Nickhaut, die vorfällt
Niesen, Niesanfälle
Schuppen auf dem Fell, mit oder ohne Haarausfall
Speicheln
Verstopfung
Zittern

Wunden auf der Haut, das Fellhaar um die verätzten Stellen fällt meist aus. Die Ätzflüssigkeit, z. B. Benzin oder Terpentin, muß mit viel Wasser und Seife abgewaschen werden. Rührt die Verätzung von einer Säure her, so benutzt man in Wasser aufgelöstes Natron zum Abwaschen, bei alkalischen Verätzungen verdünnten Essig.

Hat die Katze einen **elektrischen Schlag** erlitten, so muß man als erstes den Strom abstellen, bevor man das Tier berühren darf. Dann legt man die bewußtlose Katze auf die Seite und beginnt mit der künstlichen Beatmung. Die Schwingmethode ist in diesem Fall nicht unbedingt zu empfehlen. Statt dessen kann man es mit folgender Methode versuchen: Die Zunge herausziehen, den Hals strekken und mit der flachen Hand vorsichtig so auf die Rippen drücken, daß die Luft aus den Lungen entweichen und dann wieder einströmen kann. Das wird in Abständen von zwei bis vier Sekunden wiederholt, bis die Katze anfängt zu atmen.

Wenn Sie dieses Kapitel gelesen haben mag Ihnen vielleicht ein wenig der Kopf schwirren; so viele Gefahrenpunkte ... Aber im Grunde ist alles nur eine Frage der Organisation. Ich kann mich in den fünfundzwanzig Jahren meiner Katzenpraxis nur an einen einzigen Unfall im Haushalt erinnern, nein, zwei waren es, und beide sind Nello in seinem ersten Lebensjahr zugestoßen. Mit drei Monaten ist er vom Balkon gestürzt, aus dem siebenten Stockwerk. »Von *dem* Balkon fällt keine Katze herunter, bei den breiten Blumenkästen«, sagten mir selbsternannte Katzenexperten. Und ich hab's geglaubt. Jetzt weiß ich es besser. Und als er neun Monate alt war, hat er Ohropax verschluckt. Die Folgen: Appetitlosigkeit, Verstopfung, schließlich Apathie und Berührungsscheu. Zum Glück fand ich am Sonntagvormittag – so etwas passiert grundsätzlich an Wochenenden – einen Tierarzt, der ihn behandelt hat. Er bekam eine Spritze – und acht Stunden später funktionierte der Darm wieder. Nie werde ich vergessen, wie glückselig der Kater durch die Wohnung sprang, als »es« geklappt hatte.

Als Katzenfreund entwickelt man schnell einen sechsten Sinn für das, was den Katzen schaden könnte, und findet auch Mittel und Wege, um ein Unglück zu vermeiden. Und auch die Katze lernt, wird mit der Zeit vorsichtiger. Wenn man ihr viel Spielmöglichkeiten und Ablenkung bietet, ist sie ganz zufrieden mit dem, »was sein kann und sein darf«, und ehe man es bemerkt, ist die kleine Katze groß und man selbst längst kein frischgebackener Katzenfreund mehr. Die gefährlichste Zeit ist überstanden, zumindest was Hausunfälle anbelangt.

Die fünf wichtigsten Infektionskrankheiten

Fünf gefährliche Infektionskrankheiten gibt es, die das Leben unserer Katzen bedrohen: Katzenseuche, Katzenschnupfen, infektiöse Bauchfellentzündung, Leukose und Tollwut. Alle fünf sind sehr ansteckend und führen häufig zum Tode. Wenn man auf Krankheitssymptome achtet, kann man jedoch als Katzenhalter diesen schlimmsten Fall oft verhindern.

Katzenseuche (Panleukopenie oder Feline Enteritis), auch Katzenpest oder Katzentyphus genannt, ist eine von verschiedenen Virenstämmen verursachte Magen-Darm-Entzündung, die sehr ansteckend ist, nicht aber für Menschen. Sie verläuft in 80–90 Prozent der Fälle tödlich. Hat eine Katze die **Katzenseuche** überstanden, so ist sie ihr Leben lang immun dagegen.

Es beginnt mit hohem Fieber, über 40°C, Appetit- und Lustlosigkeit. Die Katze versucht, sich zu verkriechen. Dann kommen heftiger, oft gelber Durchfall hinzu, häufig auch gelbliches Erbrechen. Das Fell wird schnell glanzlos und struppig. Das Tier magert ab. Die Katze muß von anderen Artgenossen sofort isoliert werden, darf auch mit dem Familienhund nicht zusammen kommen. Sehr groß ist die Gefahr der Austrocknung, da die Katze viel Flüssigkeit verliert durch Durchfall und Erbrechen. Geben Sie eine kleine Prise Salz in das Trinkwasser, flößen sie es ihr mit der Einwegspritze ein, wenn sie nichts davon aufnehmen will. Je eher die Behandlung durch den Tierarzt einsetzt, desto besser sind die Überlebenschancen. In ganz schweren Fäl-

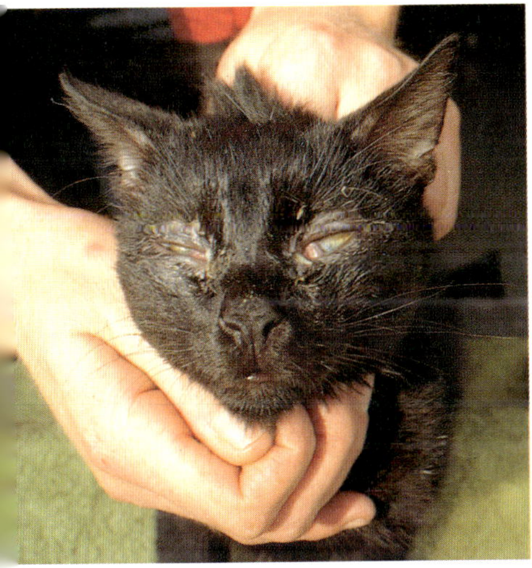

Verklebte Augen und Augenfluß können Anzeichen für Katzenschnupfen sein

len kann der Tod bereits nach 24 Stunden eintreten, normalerweise setzt die entscheidende Krise am fünften Tage ein. Die Viren sind sehr resistent, noch Monate später kann eine andere Katze an Dingen sich anstecken, mit denen die kranke in Berührung gekommen ist. Die Wohnung muß gründlich desinfiziert und gelüftet werden. Decken und Kissen vom Katzenlager verbrennt man am besten, ebenso den Karton oder Korb, in dem sie gelegen hat, und ihre Stoffmäuse. Das Katzengeschirr muß mehrmals sehr sorgfältig desinfiziert werden, ebenso natürlich die Katzentoilette. Zur Desinfektion darf man auf keinen Fall Mittel verwenden, die Karbolseife, Lysol oder in anderer Form Kohlen- und Holzteer enthalten, da dieser für Katzen hochgiftig ist. Fragen Sie den Tierarzt, welches Desinfektionsmittel Sie anwenden sollen.

Hinter dem harmlosen Namen **Katzenschnupfen** (Katzenpneunomie) verbirgt sich eine sehr schwere, gefährliche und für andere Katzen ansteckende Erkrankung, die von Viren ausgelöst wird. Die Symptome sind Appetitlosigkeit, Fieber, Husten, Augenausfluß, Nasenausfluß, Schluckbeschwerden. Später kann auch Durchfall hinzukommen. Menschen können sich nicht anstecken.

Bei Katzenschnupfen empfiehlt die Homöopathie Baptisia D 3 oder D 30 oder in irgendeiner anderen Potenz, zweimal stündlich am ersten und dreimal stündlich an den folgenden Tagen, bis der Appetit sich wieder einstellt. Man gibt es am besten in Form von Ampullen in einer Einwegspritze seitlich in den Mund der Katze, wobei der Kopf leicht nach hinten gedreht wird, damit das Tier schlucken muß. Auf die gleiche Weise gibt man ihr so viel zu trinken wie nur möglich. Für

Katzenseuche ist Mercurius corrosivus D 6 oder D 30 das homöopathische Mittel, zweimal stündlich am ersten Tag, dann dreimal stündlich bis zur endgültigen Heilung. Auch nach einem glücklich überstandenen Katzenschnupfen ist die Katze lebenslänglich immun dagegen.

Katzenseuche und Katzenschnupfen befallen vorwiegend jüngere Tiere im Alter bis zu zwei Jahren und treten meist im Herbst und Winter auf. Die betroffenen Tiere bieten ein Bild des Jammers und verfallen zusehends. Die Veterinärmedizin setzt bei der Bekämpfung dieser Infektionen auf Impfungen. Schon junge Kätzchen ab sieben Wochen (Katzenseuche) bzw. neun Wochen (Katzenschnupfen) können dagegen geimpft werden. Es gibt auch kombinierte Impfungen gegen Katzenseuche und Katzenschnupfen.

Ich habe meine Katzen brav jahrelang impfen lassen, bis sie mir plötzlich mit einer Deutlichkeit, die nichts zu wünschen übrig ließ, zu verstehen gaben: jetzt reicht es. Den Anfang machte ausgerechnet Nello, der sich sonst bei tierärztlichen Bemühungen verschiedenster Art eher entgegenkommend verhielt. Die Signalwirkung auf die anderen war verblüffend. Kolja tobte wie ein Berserker, Angel schlüpfte wie ein Aal jedem aus der Hand. Gut, schließlich blieben die Menschen die Stärkeren, aber ich schwor mir: »nie wieder«. Schließlich kommen meine Kater nie aus der Wohnung, und die oft beschworene Gefahr, sie könnten sich schließlich an einem Virus anstecken, der an meiner Schuhsohle haften bleibt, nahm ich in Kauf. Das ist jetzt elf Jahre her, und bis jetzt mußte ich meinen Beschluß nicht bereuen.

Die **Tollwut** (Lyssa) ist bekanntlich auch auf den Menschen übertragbar. Wie kommt man zu einer so furchtbaren Krankheit? Ich erzähle meinen Freunden auf der Insel Malta, wohin ich meine Katzen wegen der restriktiven Quarantänebestimmungen (sechs Monate) nicht mitbringen darf, immer folgendes: »Wenn ich in Deutschland im Wald spazierengehe, kann ich natürlich von einem tollwütigen Fuchs gebissen werden. Die laufen bei uns ja scharenweise herum. Komme ich dann nach Hause zurück, muß ich meine Katzen beißen, um sie anzustecken, und dann schnell in einen Korb packen, um mit ihnen nach Malta zu fahren, wo **sie** in Quarantäne kommen, **ich** nicht.« Die Ansteckung erfolgt ausschließlich über eine Speichelinfektion, wobei der Speichel des kranken Tieres in die Blutbahn gelangen muß. Das geschieht in der Regel durch Bisse, theoretisch ist es auch möglich, daß infizierter Speichel über eine kleine Wunde an der Hand in den Körper eindringt, praktisch ist das eher unwahrscheinlich.

Impfungen gegen Tollwut sind bei Katzen von der achten Lebenswoche an möglich. Bei Reisen mit der Katze ins Ausland ist die Tollwutimpfung Vorschrift, erkundigen Sie sich vorher beim Tierarzt, wie lange sie zurückliegen muß oder darf. Ein Heilmittel gegen diese äußerst seltene Krankheit gibt es nicht, weder in der Veterinärmedizin noch in der Homöopathie. Von der Ansteckung bis zum Ausbruch der Krankheit können

Wochen, sogar Monate verstreichen. Tollwütige Katzen neigen mehr zur sogenannten »stillen« Wut, scheue Tiere fallen durch große Zutraulichkeit auf. Sie sind leicht erregbar, lichtscheu, wasserscheu und speicheln stark. Dann treten Schlucklähmungen auf, etwas später Lähmungen an den Beinen, später am ganzen Körper. Der Tierarzt ist verpflichtet, jede tollwütige Katze sofort einzuschläfern, was in diesem Fall wirklich eine Erlösung für das arme Tier bedeutet. Wenn die Tollwut ausnahmsweise bei der Katze nicht »still« verläuft, kann sie den Menschen, bevor die Lähmungen einsetzen, anspringen und beißen, wodurch er natürlich auch angesteckt wird.

Die feline infektiöse **Bauchfellentzündung** (Peritonitis, FiP), auch als Katzenleukämie bekannt, ist eine fast immer tödlich verlaufende Viruskrankheit. Sie ist sehr ansteckend und wird von einer trächtigen Katze auf die Jungen übertragen, nicht aber auf den Menschen. Die Katze hat Fieber, verweigert das Futter, ist apathisch und verliert rasch an Gewicht. Häufig ist das Bäuchlein geschwollen. Gleichzeitig magert die Katze rasch ab. ViP ist nicht heilbar, man kann die Katzen aber dagegen impfen lassen, was vor allem bei Auslaufkatzen ratsam ist sowie bei Tieren, die häufig mit anderen Katzen in Berührung kommen, z. B. in Katzenpensionen.

Die infektiöse Bauchfellentzündung ist nicht zu verwechseln mit der gleichfalls ansteckenden **Leukose**, die durch das Katzenleukämievirus hervorgerufen wird. Auch gegen diese Krankheit kann man die Katze impfen lassen. Eine Übertragung auf den Menschen ist nicht möglich. Erste Anzeichen sind ein auffallend blasses Näschen, blasse Schleimhäute, Mattigkeit, Appetitlosigkeit, Abmagerung. Die Krankheit ist unheilbar, der Verlauf ist schleppend, d. h., Leukosekatzen können noch monatelange, ja, jahrelang leben. Aber bitte nicht zusammen mit gesunden Katzen, die dann nach und nach auch angesteckt werden.

Alle Katzen, die an schweren, ansteckenden Krankheiten leiden, müssen sofort isoliert werden. Der Raum, in dem die kranke Katze sich befindet, darf nur mit besonderen Schuhen betreten werden, die man gleich hinter der Tür aufstellt. Alle Schalen, auch die Katzentoilette natürlich, müssen nach Gebrauch desinfiziert und dürfen mit denen der gesunden nicht verwechselt werden. Nach jedem Besuch bei dem kranken Tier muß man sich gründlich die Hände waschen, unter Umständen auch Teile der Kleidung wechseln, wenn die kranke Katze etwa am Bein geschmust hat oder auf den Schoß gesprungen ist. Praktischer ist es, eine große, lange Kittelschürze innen an die Tür zu hängen und sofort nach Betreten des Raumes überzustreifen.

Nach Möglichkeit sollte man aber die Leukosekatze nicht den Rest ihres Lebens allein halten, da wird sie unglücklich. Erkundigen Sie sich beim Tierarzt und im Tierheim nach den Besitzern anderer Leukosekatzen. Vielleicht läßt sich ein Arrangement treffen: »Vier Wochen nehme ich die beiden, dann kommen sie vier Wochen zu Ihnen.«

Äußere Parasiten: Flöhe, Läuse, Zecken und Milben

Katzen, die draußen auf sich selbst gestellt waren, aber auch Auslaufkatzen werden häufig von Parasiten heimgesucht, die natürlich auch auf andere Katzen übergehen, manchmal sogar auf den Menschen. Man kann innere und äußere Parasiten unterscheiden. Die wichtisten äußeren Parasiten sind Katzenflöhe und -läuse, Zecken und Milben. Innere Parasiten wie verschiedene Wurmarten und Kokzidien siedeln sich im Darm der Katze an.

Der **Katzenfloh** *(Ctenocephalides felis)* ist der Zwischenwirt des Bandwurms. Nur ein bis zwei Millimeter lang, hinterläßt er im Katzenfell schwarze Kügelchen von der Größe eines Sandkorns. Er überträgt nicht nur Bandwürmer, wenn die Katze einen Floh verschluckt, sondern kann auch Allergien auslösen. Gelegentlich springt er schon mal auf den Menschen über, aber Katzen sind ihm lieber. Als erstes Symptom fällt auf, daß die von Flöhen befallene Katze sich sehr häufig kratzt, so intensiv, daß blutige Spuren entstehen – aber das tut sie natürlich auch bei anderen äußeren Parasiten und bei Pilzbefall. Es gibt speziell für Katzen bestimmte Flohpuder, man sollte aber vor der Behandlung den Tierarzt fragen, ob die Katze auch wirklich Flöhe hat. Durch ständiges, heftiges Kratzen können Ekzeme entstehen, entzündete Stellen überall am Körper der Katze.

Zum Einpudern mit einem Antiflohmittel stellt man die Katze, bei gutem Wetter am besten auf dem Balkon oder im Garten, auf einen Stuhl oder einen Tisch, auf dem man zuvor Zeitungspapier ausgebreitet hat. Dann fängt man an, zuerst den Schwanz einzupudern, dadurch laufen die Flöhe zum Rücken und zum Bauch, dann kommt der Kopf an die Reihe, wobei man sehr vorsichtig sein muß, damit das Pulver nicht in die Augen, den Mund oder die Nase gerät. Jetzt laufen die Flöhe auch von dieser Seite zur Körpermitte, die zuletzt gründlich eingepudert wird, wobei auch die Beine und die Ansatzstellen der Gelenke nicht vergessen werden dürfen. Die Katze wird sich das meist gefallen lassen, denn die Behandlung tut ja nicht weh. Man redet ihr ständig gut zu und versucht, sie bei guter Laune zu halten. Wenn sie sich sehr sträubt, muß eine zweite Person das Tier festhalten. Anschließend, und das ist meist der schwierigste Teil, sollte man ein paar Minuten warten, damit das Mittel gründlich einwirken kann, bevor man es aus dem Fell bürstet, wobei die toten und/oder betäubten Flöhe und die Brut auf das Zeitungspapier fallen. Das wird anschließend zusammengerollt und am besten verbrannt. Auch das Lager der Katze und ihre Ruheplätzchen müssen sorgfältig eingepudert werden. Nach einer viertel- bis halben Stunde entfernt man den Puder mit dem Staubsauger. Zur Unterstützung der Behandlung durch Stabilisierung des Säuremantels der Haut kann man dem Tier aus der homöopathischen Apotheke Sulfur D30 geben, und zwar drei bis vier Wochen lang jede Woche eine Tablette. Da homöopathische Tabletten auf Milchzuckerbasis produziert werden und deshalb keinen unangenehmen Geschmack haben, zerstampft man die Tablette einfach und gibt sie ins Katzenfutter.

Die zum Glück ziemlich selten auftretenden **Katzenläuse** sind winzig, von grau-rötlicher Farbe und siedeln sich mit Vorliebe an Hals, Kopf und Ohren der Katze an. Für Menschen interessieren sie sich nicht. Auch sie können den Katzenbandwurm übertragen. Beim Tierarzt bekommt man ein Spezialpräparat, mit dem man die Katze ebenso behandelt, wie ich es oben beschrieben habe. Es sind immer zwei derartige Kuren notwendig, da die Eier, die Nissen, beim erstenmal nicht absterben. Nach zehn Tagen, wenn die Nachkommen geschlüpft sind, selber aber noch keine Eier abgelegt haben, erfolgt die zweite Behandlung. Zwischendurch kämmt man mit einem engzahnigen Kamm immer wieder gründlich das Fell aus. Auch in diesem Fall müssen die Katzenplätze gesäubert werden.

Zecken leben im Sommer überall in Gebüschen und auf Gräsern. Sie lassen sich auf vorübergehende Tiere oder Menschen fallen und bohren ihren Kopf in die Haut ein, um Blut zu saugen. Man spürt zunächst nichts davon, denn Zecken bringen ihren eigenen Anästhesieapparat mit, wodurch die Haut an der entsprechenden Stelle gefühllos wird. Vollgesogen bis zur Größe einer Bohne, hängen sie später deutlich sicht- und fühlbar am Katzenkörper. Man betupft sie mit Öl, wartet ein paar Minuten und zieht sie dann mit einer leichten Drehung nach rechts heraus. Wichtig ist, daß der Kopf nicht in der Haut steckenbleibt, sonst können schmerzhafte Entzündungen entstehen. Zecken sind Überträger einer Reihe von viralen und bakteriellen Erkrankungen.

Katzenhalsbänder gegen Ungeziefer, meist kurz Flohhalsbänder genannt, schützen die Katze in der Regel zuverlässig vor Flöhen, Läusen und Zecken. Sie sollten so locker umgelegt werden, daß noch zwei Finger dazwischen Platz haben. Leider reagieren manche Katzen mit Allergien auf die darin enthaltenen Chemikalien. Es können dann Entzündungen am Hals auftreten, Speicheln, Erbrechen und sogar Koordinationsstörungen. Nehmen Sie der Katze das Halsband ab und werfen Sie es in einen Container für Sondermüll. Es hat keinen Zweck, es noch einmal damit zu versuchen. Überhaupt sollte die Katze das Flohhalsband nur im Freien tragen, nicht in der Wohnung. Man darf es auch nicht am Hals der Katze trocknen lassen, wenn sie im strömenden Regen heimkommt. Als Alternative gilt Bierhefe, in Tablettenform oder übers Futter gestreut, weil sich dadurch der Körpergeruch der Katze verändert, so daß er für Ungeziefer nicht mehr so anziehend ist. Im Garten oder auf dem Balkon empfiehlt sich das Anpflanzen von Pfefferminz, wodurch zumindest die Flöhe abgehalten werden.

Unter dem Begriff **Milben** werden eine Reihe winziger Parasiten zusammengefaßt, die schwere Erkrankungen hervorrufen können. Die Ohrmilben *(Otocectes cynotis)* sind Saugmilben, die fast mit Sicherheit die Ohren freilebender Katzen bevölkern. Wenn man in die Ohrmuscheln schaut, erkennt man dort schwarzbraune Verkrustungen. Die Katze kratzt sich häufig an den Ohren und schüttelt immer wieder den Kopf, in dem vergeblichen Versuch, die Plagegeister loszuwerden. Die Behandlung erfolgt äußerlich mit Hilfe von Öl oder einer Emulsion. Ohrmilben, die nicht bekämpft werden, rufen die gefährliche Ohrräude hervor.

Bei der Katzenräude unterscheidet man je nach den Erregern die Notoedresräude und die Sarcoptesräude, die erstere tritt vorwiegend im Gesicht, an den Pfoten und Ohren auf, die andere befällt den ganzen Körper der Katze. Ansteckend sind beide. Es beginnt meist mit einer einzelnen kahlen oder blutigen, stark juckenden Stelle. Bei Jungtieren treten sie überwiegend am Kopf auf, bei älteren Tieren mehr am Hals, an den Pfoten oder auch an anderen Teilen des Körpers. Die nur unter dem Mikroskop zu identifizierenden Milben vermehren sich rasant. Der Juckreiz ist unerträglich, die Katze kratzt sich pausenlos, und zwar bis aufs Blut. Räudemilben gehen bei Berührungskontakt auch auf Menschen und Hunde über, sollen sich auf dem »artfremdem Terrain« aber nicht vermehren können.

Wie lange es dauern mag, bis sie absterben, weiß ich nicht. Jedenfalls habe ich wochenlang unter einem entsetzlich juckenden Ekzem an Armen und Oberkörper gelitten, als mein kleiner Aljoscha uns die Räude eingeschleppt hatte. Seltsamerweise trat sie erst nach langen Monaten in Erscheinung, als er die Thalliumvergiftung überwunden hatte. Er steckte Grischa an, Nello und mich. Mein Mann, Kolja und Angel blieben verschont, weil sie weniger Kontakt mit Aljoscha hatten. Die erste Diagnose lautete auf Pilz, bei den Katzen. Bei mir tippte der Hausarzt auf eine Allergie. Wochen vergingen, die Medikamente schlugen nicht an, wir kratzten uns »halbtot«. Dann traf ich bei einer Tierschutztagung zufällig einen ehemaligen italienischen Schiffsarzt. Der schaute meinen Arm an und sagte nur ein einziges Wort: »Scabies«. Die Übersetzung im Medizinduden lautete: »Krätze«. Ich raste in die Apotheke und holte mir eine Emulsion, mit der ich mich einrieb. Endlich Erleichterung! Die Katzen mußten mit einem entsprechenden Zusatz gebadet werden, es ist zu riskant, sie mit einem Gegenmittel einzureiben, weil sie unweigerlich daran herumlecken und dann eine neue Krankheit bekommen können. Je nach Temperament ließen sie es sich mehr oder weniger gutwillig gefallen. Am bravsten war Nello. Der setzte sich freiwillig ins Badewasser, als wollte er sagen: »Nun macht mal.« Nach drei Wochen waren alle drei gesund und sauber. Manche Tierärzte glauben, die Katzenräude sei so gut wie ausgestorben. Erinnern Sie sie ruhig an diese Möglichkeit, wenn die Katze sich blutig kratzt und andere Untersuchungsergebnisse bereits negativ waren.

Da **Hautpilz** leicht mit Scabies im Anfangsstadium verwechselt werden kann, möchte ich ihn gleich anschließend behandeln. Genaugenommen gehört ja auch Hautpilz zu den von Parasiten hervorgerufenen Erkrankungen. Die Scherpilzflechte (Trichopythie) bei Katzen ist sehr ansteckend und auch auf den Menschen und andere Haustiere übertragbar. Umgekehrt können auch wir unsere Katzen mit Pilz anstecken. Auch die Glatzflechte kann auf den Menschen übertragen werden, wenn er sich z. B. über eine kleine Wunde an der Hand damit infiziert. Aber diese Gefahr ist gering. Ich habe ohne es zu wissen sogar mit einer kleinen von Hautpilz befallenen Katze im Bett geschlafen, ohne mich anzustecken.

Pilzerkrankungen beginnen mit kreisrunden roten oder einfach kahlen Flecken an Kopf, Hals oder den Pfoten der Katzen. Sie jucken stark, und die Katze kratzt sich entsprechend viel. Wenn nicht rasch eine Behandlung einsetzt, breitet der Pilz sich immer mehr aus, es entstehen großflächige, ineinander übergehende kranke Stellen auf der Haut. Die Fellhaare an den Rändern lassen sich leicht ausziehen, denn auch hier ist die Haut schon angegriffen. Die einfachste und sicherste Behandlung besteht darin, die Stellen zuerst mit Äther zu entfetten und anschließend, über die Ränder hinaus, mit Jod einzupinseln. Man muß aber – mit List und Tricks – verhindern, daß die Katze gleich darauf herumleckt. Das Medikament sollte etwa eine halbe Stunde ungestört einwirken können, mindestens aber so lange, bis das Mittel eingetrocknet ist. Statt Jod kann man auch Echinacea-Urtinktur verwenden. Die Behandlung wird drei bis fünf Tage lang fortgesetzt, dann wartet man eine Woche und pinselt die Stelle(n) noch ein letztes Mal ein. Bei schwerem Flächenbefall mit Hautpilz wird der Tierarzt zusätzlich Tabletten verschreiben.

Man muß sich nach jeder Behandlung sehr gründlich die Hände waschen, den Kindern einschärfen, daß sie die Katze ein paar Tage lang nicht anfassen dürfen, das Tier unbedingt in der Wohnung halten, bis es geheilt ist, und andere Haustiere fernhalten.

Innere Parasiten: Würmer und Kokzidien

Die inneren Parasiten, die Katzen befallen können, haben eines gemeinsam, sie siedeln sich im Darm der Katze an und sie verursachen Durchfall bei meist gesteigertem Appetit und Durst. Das ist leicht erklärlich, denn was sie auch ißt und wie viel, es kommt nicht ihr zugute, sondern den lästigen Mitbewohnern.

Besonders häufig treten bei Katzen **Rund- oder Spulwürmer** auf. Sie können bis zu zehn Zentimeter lang werden und haben nichts mit den Parasiten der Wurmart Enterobius zu tun, die bei Kindern vorkommen. An Katzenwürmern können Kinder sich nicht anstecken, auch nicht am Katzenbandwurm. In äußerst seltenen Fällen ist es allerdings schon vorgekommen, daß kleine Kinder Wurmeier verschluckt haben, noch seltener wandern diese Eier in den Augenhintergrund, wo sie schwere Schäden bis hin zur Blindheit erzeugen können. So etwas ist jedoch nut unter denkbar unhygienischen Bedingungen denkbar.

Verwurmte Katzen magern ab, aber das Bäuchlein ist dabei oft prall und rund, aufgedunsen von den sich rasch vermehrenden Parasiten. Häufig kommt es zu Erbrechen, wobei man die Spulwürmer mit bloßem Auge besser erkennen kann als im Kot. Da Spulwürmer von der ganz gesund wirkenden Katzenmutter auf die Jungen übergehen können, ist es zweckmäßig, schon die Jungtiere vom Tierarzt entwurmen zu lassen. Erwachsene Auslaufkatzen stecken sich draußen oft immer wieder an und müssen entsprechend oft entwurmt werden. Allerdings werden sie nach einiger Zeit häufig immun gegen Spulwürmer.

Bandwürmer werden in erster Linie durch Flöhe übertragen. Dazu muß die Katze allerdings einen lebenden Floh verschlucken, was beim Putzen leicht vorkommen kann. Eifrige Mäusefänger können infiziert werden, wenn sie Ratten und Mäuse fangen und verzehren, die an Bandwürmern leiden. Schließlich besteht auch noch die sehr viel seltenere Gefahr, daß Bandwurmeier durch rohen Fisch auf die Katze übertragen werden. Eine Katze, die einen Bandwurm hat, hat in aller Regel auch Flöhe, behandelt werden muß beides. Die abgestorbenen Bandwurmglieder lagern sich rund um den After ab, sie sehen aus wie Reiskörner. Die Katze versucht, sich durch »Schlittenfahren« davon zu befreien, indem sie auf dem Hinterteil über den Boden rutscht. Das machen allerdings manche gesunde Katzen auch, wenn sie vom großen Geschäft aus der Katzentoilette kommen. Mein Nello war Spezialist im »Schlittenfahren«.

Außerdem gibt es bei Katzen noch

die sehr viel seltener auftretenden **Haken- und Lungenwürmer**. In unserem Zusammenhang muß deshalb darauf hingewiesen werden, um zu betonen, wie wichtig es ist, daß die Katze die richtige Wurmkur verordnet bekommt. Nur der Tierarzt kann zuverlässig feststellen, ob eine Katze mit Durchfall Würmer hat und welche.

Viele Tierärzte vertreten die Meinung, daß mehr Katzen durch falsche Wurmkuren zu Schaden kommen als durch die Würmer selbst. Wenn Sie vermuten, daß Ihre Katze an Würmern leidet, nehmen Sie dem Arzt eine Kotprobe mit, die er unter dem Mikroskop untersuchen wird. Dazu brauchen Sie nur einen alten Plastiklöffel, der hinterher fortgeworfen wird, und ein fest verschließbares, sauberes Marmeladenglas oder etwas Ähnliches.

Als unterstützende Hausmittel haben sich Knoblauch und rohe Mohrrüben bewährt. Beide schaffen ein Darmklima, das weder Würmern noch Kokzidien behagt. Man schneidet eine halbe Knoblauchzehe in winzige Stückchen und mischt sie unters Futter. Man denkt natürlich, die Katzen lehnen das Futter dann angewidert ab. Stimmt nicht, ich hab's mehrfach ausprobiert. Wenn sie Würmer haben, essen sie den Knoblauch mit. Man kann die Knoblauchzehe auch vorher in Milch kochen, aber meist ist das gar nicht notwendig. Die rohe Möhre reibt man und gibt vor allem Jungkatzen auch vorbeugend schon ein wenig davon ins Futter. Selbstverständlich bietet auch die Homöopathie Wurmkuren an.

Kokzidien sind mikroskopisch kleine, einzellige Darmparasiten, die bei den damit befallenen Katzen zu schwerem, oft sogar blutigen Durchfall führen. Die Tiere leiden unter Heißhunger. Die Behandlung kann langwierig werden, da Kokzidien sehr widerstandsfähig sind. Die winzigen Plagegeister können der armen Katze sehr zusetzen. Als ich auf der Insel Ischia meinen Grischa fand, vier bis fünf Monate war er damals alt, litt er an Spulwürmern, Bandwurm, Pilz und Kokzidien. »Er hat alle Krankheiten«, sagte der italienische Tierarzt und wollte ihn gleich einschläfern, was ich zum Glück verhindern konnte. Die ersten der drei Parasitenarten waren schnell beseitigt und schon fast in Vergessenheit geraten, aber die Kokzidien blieben. Zum Glück können andere Katzen, ich hatte damals schon drei, sich nur daran anstecken, wenn man das Katzenkästchen 24 Stunden lang nicht reinigt, und das wird wohl kaum jemand tun, der eine Katze mit schwerem Durchfall in der Wohnung hat. Kokzidien können mit Tabletten, heute auch bereits mit Spritzen behandelt werden.

Bei allen Darmparasiten sind durchgreifende Hygienemaßnahmen oberstes Gebot. Die Katzentoilette muß mehrmals täglich mit kochend heißem Wasser gründlich geputzt werden, ebenso die Futterschälchen. Wechseln Sie immer wieder die Textilunterlagen der Katzenplätzchen und kochen Sie sie aus. Putzen Sie die ganze Wohnung öfter und gründlicher als sonst, damit den Parasiten jede Lebensgrundlage entzogen wird.

Entzündliche und allergische Hautkrankheiten

Die von Parasiten verursachten Hautschäden sind nicht die einzigen Hautkrankheiten bei Katzen. Sie können außerdem Furunkel und Akne bekommen, Ekzeme, Abszesse, Nesselfieber, Mitesser und allergisch (Allergien, Hautkrankheiten) bedingte Hautprobleme.

Furunkel können durch Infektionen kleiner Hautverletzungen entstehen. Man findet sie vor allem im Gesicht, am Rücken und an der Schwanzwurzel, kleine harte Knötchen mit Eiterkopf. **Furunkel** treten am häufigsten bei unterernährten Katzen auf. Mit guter, abwechslungsreicher Ernährung kann man die Abwehrkraft der Tiere gegen Furunkel stärken. Davon betroffene Katzen brauchen unbedingt die Hilfe des Tierarztes.

Akne und Furunkel sind für den Laien leicht zu verwechseln. **Akne** ist eine Hautfinnenerkrankung und wird durch Bakterien hervorgerufen. Es bilden sich Pusteln, die mit Eiter oder einer wäßrigen Flüssigkeit gefüllt sind, oder auch Knötchen. Beide siedeln sich vorwiegend an Kopf und Brust der Katze an. Als homöopathische Heilmittel werden für die Pusteln Hepar sulfuris D 12 angeboten, für die Knötchen Silicea D 12. Kastrierte Katzenweibchen bekommen übrigens nie mehr Akne.

Für die Bildung von **Ekzemen** kommt eine ganze Reihe von Ursachen in Frage von chronischen Magen-Darm-Erkrankungen bis hin zur Zuckerkrankheit. Oft sind auch Stoffwechselstörungen und einseitige Ernährung dafür verantwortlich.

Von feuchten Ekzemen werden vorwiegend zu dicke und zu träge Stubentiger heimgesucht. Sie befinden sich meist in den Gelenkbeugen und sondern eine klebrige Flüssigkeit ab. Trockene Ekzeme sind weniger gut zu erkennen, zumal sie auch nicht überwiegend an bestimmten Körperstellen auftreten. Auffällig dabei sind größere oder kleinere Hautschuppen, Fellausfall, unter Umständen auch Rötungen von Mund, Augen, Näschen und After. Die betroffenen Katzen zeigen ein besonderes Bedürfnis nach Wärme (bei kleinen Schuppen) oder auch Kühle (bei größeren Schuppen). Weiter gibt es nässende Ekzeme, schorfige Ekzeme und Ekzeme mit rissiger, aufgesprungener Haut. Zwischen den Zehen können sich die sogenannten oft infizierten Ekzeme bilden durch zu häufiges Belecken der Haut.

Bei allen Ekzemen ist rasche Hilfe erforderlich. Die Tiere leiden nicht nur unter dem Juckreiz, es können auch Schmerzen auftreten. Unbehandelte Ekzeme breiten sich rasch aus. Der Tierarzt wird möglicherweise neben bestimmten Medikamenten auch eine Futterumstellung anordnen.

Manchmal z.B. treten Ekzeme auf, wenn die Katze zuviel Fisch bekommt. Bei richtiger Behandlung heilen fast alle Ekzeme rasch wieder ab, nur das oft infizierte Ekzem braucht einen längeren Zeitraum. Allerdings gibt es auch chronische Ekzeme, denen schwer beizukommen ist.

Abszesse entstehen in der Regel als Folge von Bißwunden von anderen Katzen oder auch von Ratten. Dabei handelt es sich um kleine, stichartige Bisse, die oft unbemerkt bleiben und oberflächlich zuheilen. Später bilden sich dann kleine Geschwüre, die rot, heiß, geschwollen und offensichtlich schmerzempfindlich sind. Man gibt zwei Eßlöffel Salz in einen Liter warmes Wasser. Wenn das Salz sich aufgelöst hat, taucht man ein sauberes Taschentuch hinein, drückt es leicht aus und hält es an die entzündete Stelle. Ist das Tuch abgekühlt, taucht man es erneut ein. Das wird zehn bis fünfzehn Minuten lang wiederholt, danach wird die Stelle abgetrocknet. Nach vier bis fünf Stunden ist eine weitere Behandlung erforderlich. Wenn der Abszeß einen Eiterkopf bekommt, geht man mit dem Tier zum Arzt. Er wird das Geschwür entweder aufschneiden oder Hepar sulfuris D 3 verordnen, damit es von selbst aufgeht.

Abszesse sind sehr gefährlich. Wenn sie nicht behandelt werden, kann der Eiter in die Blutbahn gelangen, wodurch es zu einer Blutvergiftung kommt. Abszesse an der Kehle oder unter dem Auge rühren oft von vereiterten Zahnwurzeln her. In diesem Fall verweigert die Katze in der Regel das Futter, weil sie beim Essen Schmerzen hat. Der Tierarzt muß den Zahn ziehen, wobei die Katze eine Vollnarkose bekommt. Wenn sie eine geschwollene Pfote hat, liegt häufig gleichfalls ein Abszeß vor. Bringen Sie die Katze zum Tierarzt, wenn Sie nicht genau wissen, was vorliegt. Sonst baden Sie die Pfote alle paar Stunden in warmem Salzwasser.

Nesselfieber können Katzen bekommen, wenn sie durch Brennesselstauden gelaufen sind oder einen Insektenstich erhalten haben. Es äußert sich durch Schwellungen von Gesicht und Augenlidern sowie geschwollene Flecken am Körper. Oft klingt das Nesselfieber innerhalb von 24 Stunden von selbst wieder ab, andernfalls muß man den Tierarzt zu Rate ziehen.

Mitesser entstehen durch winzige Speisereste am Kinn. Es bilden sich schwarze Pünktchen, die bei hellen Katzen natürlich besser zu erkennen sind als bei schwarzen, die zu ernsthaften Entzündungen führen können. Kurzhaarkatzen neigen mehr zu Mitessern als Langhaarkatzen. Solange die Mitesser nicht entzündet sind, säubert man das Katzenkinn sorgfältig mit lauwarmem Wasser. Danach wird es trockenfrottiert, dann klopft man sanft ein wenig Babypuder ein. Wenn eine Katze besonders zu Mitessern neigt, sollte man diese Behandlung vorbeugend einmal in der Woche durchführen. Entzündete Mitesser müssen vom Tierarzt behandelt werden.

Auch Katzen leiden unter **Allergien**, die sich vorwiegend durch Knötchen, Krusten oder Schuppen auf der Haut äußern, die oft starken Juckreiz erzeugen. Meist befinden sie sich in der Halsgegend. Alles mögliche kommt als Auslöser in Frage, bei weißen Katzen genügt oft schon ein zu ausgedehntes Sonnenbad. Es hat keinen Zweck, selber daran herumzudoktern. Allergische Hautveränderungen sollten immer vom Fachmann behandelt werden. Bei einer Hauterkrankung packt man die Katze sowieso am besten sofort in den Transportkorb und bringt sie zum Tierarzt, denn herauszufinden, welche der vielen möglichen Krankheiten das Tier befallen hat, ist für den Laien äußerst schwierig. Hausmittel sind gut und schön, ohne richtige Diagnose aber bleiben sie bestenfalls wirkungslos. Nur bei der richtigen Behandlung klingen die meisten Hautprobleme rasch wieder ab.

Es ist klar, daß Auslaufkatzen auch in dieser Hinsicht viel mehr gefährdet sind als reine Wohnungskatzen. Im Freien treffen sie mit allen möglichen anderen Katzen zusammen und können sich leicht anstecken. Auch die Parasiten lesen sie in aller Regel irgendwo draußen auf. Abgesehen von der Katzenräude, die mein Aljoscha eingeschleppt hat, ist bei meinen Katzen nie ein Fall von Hautkrankheit aufgetreten. Es spricht also wirklich einiges dafür, Katzen nicht aus dem Haus zu lassen.

Augenleiden

Als Folge von Verletzungen oder durch Infektionen können Katzen sich Augenleiden zuziehen. Die infektiöse Bindehautentzündung wird durch einen Virus hervorgerufen, Hornhautentzündungen können durch eine Verletzung des Auges entstehen oder aufgrund einer nicht behandelten Bindehautentzündung. Das Glaukom und der graue Star sind meist, aber nicht nur, bei älteren Katzen zu beobachten.

Das dritte Augenlid der Katze nennt man die Nickhaut. Es befindet sich im inneren Augenwinkel und kann von dort aus vorfallen und das halbe Auge bedecken. Die Nickhaut ist weißlich oder rosafarben und unbehaart. Sie hat die Funktion, das Auge zu schützen und bildet eine Art natürlichen Verband, wenn ein Auge verletzt oder entzündet ist. Wenn die Katze irgendeine schwere Krankheit ausbrütet, kann die Nickhaut vorfallen. Achten Sie auf weitere Symptome und informieren Sie den Tierarzt.

Die **Bindehautentzündung** beginnt einseitig. Ohne Behandlung erkrankt das andere Auge innerhalb einer Woche gleichfalls. Man erkennt die Erkrankung an einer starken Augenrötung, bald kommt ein eitriger Ausfluß hinzu. Andere Katzen können sich anstecken, Menschen nicht. Wenn man nicht sofort etwas unternimmt, kann die Krankheit chronisch werden. Erste Hilfe: Man stellt aus einem Liter kochendem Wasser und einem Teelöffel Salz eine Kochsalzlösung her. Ist die Flüssigkeit abgekühlt, so beträufelt man alle zwei Stunden das kranke Auge damit. Wenn sich nach 24 Stunden keine Besserung zeigt, muß man die Katze unverzüglich zum Tierarzt bringen.

Bei **Hornhautentzündungen** tränen die Augen, die Katze meidet jede Helligkeit. Die Hornhaut ist weißlich verfärbt oder wolkig trüb. Ohne rasche Behandlung durch den Tierarzt können sich Hornhautgeschwüre bilden. Katzen mit Hornhautentzündungen sind allgemein sehr empfindlich und wehren sich, wenn man sie anfassen oder gar untersuchen will. Die Heilung ist relativ langwierig, mit einigen Wochen muß man schon rechnen. Hornhautentzündungen können zu vorübergehender Blindheit führen.

Der **graue Star** (Katarakt) wird bei jüngeren Katzen oft durch eine Zukkerkrankheit oder falsche Ernährung verursacht. Eine Futterumstellung kann Wunder bewirken. Die Augenlinse wirkt milchig, die Pupille trüb. Tritt die Krankheit als Altersstar auf, so besteht durchaus noch eine gute Chance auf Heilung, wenn das Tier rechtzeitig in Behandlung kommt.

Das **Glaukom** entsteht durch eine Druckerhöhung im Augapfel und kann ein- oder beidseitig auftreten. Das Auge quillt hervor und wirkt stark vergrößert. Im Anfangsstadium kann man das Kammerwasser abziehen. Wird der richtige Zeitpunkt verpaßt, so stellen sich starke Schmerzen ein und Erblindung droht.

Als ich im November 1989 aus dem Krankenhaus heimkehrte, bekam ich einen Todesschreck, als ich meinen Grischa sah. Er hockte apathisch auf einem Stuhl und hielt das Köpfchen so schräg wie bei der Büste des blinden Homer. Das rechte Auge quoll hervor. Das war am Samstagmittag. Montag morgen wurde er operiert, aber zum Abziehen des Kammerwassers war es bereits zu spät. Das Auge konnte nicht mehr gerettet werden. Natürlich habe ich darauf verzichtet, ihm ein Glasauge einsetzen zu lassen. Das ist Tierquälerei und nützt der Katze überhaupt nichts, im Gegenteil, der Fremdkörper irritiert und belästigt sie ständig. Der Tierarzt hat Ober- und Unterlid miteinander vernäht, es sieht aus, als ob er das eine Auge ständig zukneift.

Es ist erstaunlich, wie rasch eine Katze – Grischa war damals immerhin schon acht Jahre alt – sich mit einer solchen Situation abfindet. Er dreht das Köpfchen ein bißchen öfter, um sich optisch zu orientieren, aber das ist auch schon alles. Man muß nur darauf achten, daß man nicht überraschend von der falschen Seite, auf der er blind ist, an ihn herantritt, dann erschrickt er. Während des Heilungsprozesses hat er immer wieder an der Wunde gekratzt, weil sie anfing zu jucken. Und dann floß Blut. Ich habe mit vom Tierarzt einen »Maria-Stuart-Kragen« besorgt und ihn dem Kater um den Hals gebunden. Er besteht aus Plastikmaterial und sieht aus wie ein nach oben weit geöffneter Trichter. Das Tier kann damit ungehindert essen und trinken, sich aber nicht im Gesicht kratzen. Auch das nahm er mit Engelsgeduld hin und ließ es sich nicht nehmen, samt Trichter bei mir im Bett zu schlafen, unter der Decke, denn es war ziemlich kalt. Nach zehn Tagen war die Wunde so gut verheilt, daß wir ihm den Kragen wieder abnehmen konnten. Ich weiß nicht, ob man sein Auge hätte retten können, wenn ich früher aus dem Krankenhaus entlassen worden wäre, aber es ist müßig, darüber nachzudenken. Ich bin heilfroh, daß er alles so gut überstanden hat. Augenoperationen bei Katzen sind eine außerordentlich heikle Angelegenheit, zu der viel Fingerspitzengefühl und auch eine gute Portion Glück gehören.

Bei leichten Augenentzündungen oder kleinen Fremdkörpern im Auge feuchtet man ein sauberes Taschentuch mit lauwarmem Kamillentee an und wischt der Katze damit vorsichtig die Augen aus, immer vom inneren Augenwinkel ausgehend. Statt Kamillentee kann man auch Calendula-Wasser nehmen, auf eine Tasse warmes Wasser kommen 20 Tropfen Calendula. Bitte keine Watte verwenden, damit keine Fusseln ins Auge geraten können. Tritt innerhalb von 24 Stunden keine Besserung ein, muß man die Katze zum Tierarzt bringen. Vielfach ist eine Augenentzündung lediglich ein Symptom für eine andere Erkrankung.

Perserkatzen leiden häufig unter verstopften Tränenkanälen und dadurch ständig tränenden Augen, was eine Folge der idiotischen Mode ist, ihnen winzige Stupsnäschen anzuzüchten. Das Leiden wird an die Jungen weitervererbt. Es können entzündete Ekzeme im ganzen Gesicht auftreten, die sich von den Augen aus nach unten verbreiten. Eine ständige Behandlung ist unerläßlich. Wischen Sie der Katze immer wieder die Tränen mit einem sauberen, trockenen Läppchen ab. oft kann der Tierarzt durch einen kleinen Eingriff Abhilfe schaffen.

Netzhautatrophie ist eine weitere Erbkrankheit, die überwiegend bei Rassekatzen auftritt. In letzter Zeit trifft man sie leider immer häufiger an. Sie führt stets zur Erblindung und verläuft für das betroffene Tier qualvoll. Das erste Anzeichen ist Nachtblindheit – ich frage mich nur, wie man das als Mensch feststellen soll. Wenn es dunkel in der Wohnung ist, schlafen wir. Wenn die Katze dann gegen Möbel stößt, bemerken wir es wohl kaum. Es ist aber auch müßig, darüber nachzudenken, denn für Netzhautatrophie gibt es bisher werder eine Behandlung noch Heilung. Mit Katzen, die diese Veranlagung ererbt haben, weiterzuzüchten, ist kriminell. Den Käufer darüber im unklaren zu lassen, ebenfalls.

Augenzuckungen bei Katzen sind ein sehr ernstes Symptom, natürlich gilt das nicht für die manchmal ruckweisen Lidbewegungen einer schlafenden Katze. Die träumt gerade etwas Aufregendes. Aber wenn bei geöffneten Augen ein oder beide Augäpfel sich schnell, zuckend und unregelmäßig bewegen, hin und her oder auf und nieder oder im Kreis, dann liegt mit größter Wahrscheinlichkeit ein Gehirnschaden vor, auch wenn die Katze sich sonst völlig normal verhält. Manchmal kommt noch ein merkwürdiges Kopfnicken hinzu. Die

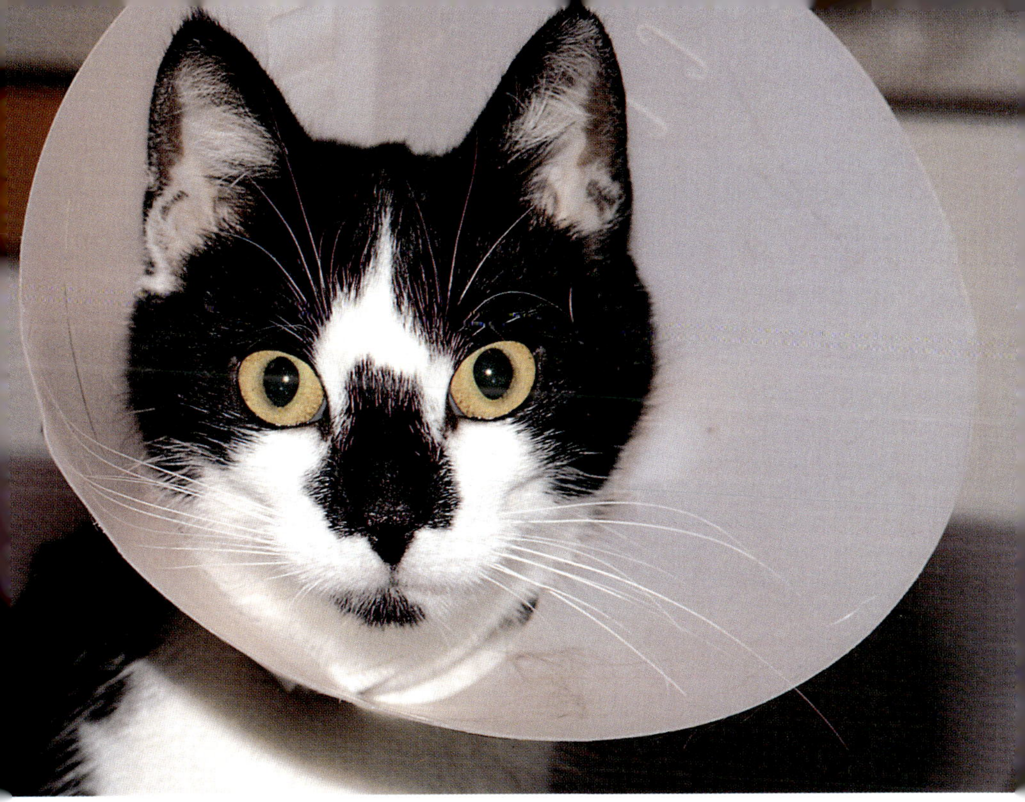

Plastikkragen helfen, wenn die Katze heilende oder juckende Wunden nicht berühren soll

Katze kann sich bei einem Sturz eine Kopfverletzung zugezogen haben, sie kann Gift aufgenommen haben, oder es liegt ein Gehirntumor vor. Man bringt sie am besten sofort in ein ruhiges, abgedunkeltes Zimmer, wo sie ungestört ist, und ruft den Tierarzt an.

Manche Kätzchen kommen schon blind auf die Welt. Oft liegt es daran, daß die Katzenmutter während der Tragezeit eine schwere Infektionskrankheit durchgemacht hat. Überraschenderweise finden die Kleinen sich trotzdem mit Hilfe des Gehör- und Tastsinnes in ihrer Umgebung ausgesprochen gut zurecht. Das gilt auch für Katzen, die irgendwann im Laufe ihres Lebens das Augenlicht verlieren, sei es auf Grund eines Unfalls, einer Vergiftung oder einer Hirnblutung. Bei alten Katzen setzt häufig eine allmähliche Erblindung ein. Es ist selbstverständlich, daß man eine blinde Katze nicht aus der Wohnung läßt, es sei denn, man verfügt über einen gut abgesicherten Katzengarten. In der gewohnten Umgebung kann eine blinde Katze sich am besten orientieren. Wird ein Umzug erforderlich, so fällt ihr die Umstellung am leichtesten, wenn man die Möbel in der neuen Wohnung wieder so anordnet, wie sie es gewöhnt ist. Eine »befreundete Katze« ist in einer solchen Situation von unschätzbarem Wert.

Sie dient der blinden als Orientierungspunkt. Mit Hilfe des feinen Geruchssinnes folgt das blinde Tier den Spuren der anderen und kann so vielen Gefahren ausweichen. Es besteht kein Grund, eine blinde Katze, die sonst gesund und munter ist, einschläfern zu lassen.

Ohrenleiden

Ohrenkrankheiten treten bei Katzen zum Glück relativ selten auf, aber wenn es der Fall ist, können sie gefährlich werden. Katzen können an Entzündungen der äußeren Gehörgänge leiden, an Mittelohrentzündung, an chronischer Ohrentzündung und am sogenannten Blut- oder Blumenkohlohr. Außerdem können sie von ins Ohr eingedrungenen Fremdkörpern geplagt werden und von Ohrmilben, wovon ja schon die Rede war.

Bei einer **Entzündung des äußeren Gehörganges** schüttelt die Katze ständig den Kopf und kratzt sich an den Ohren. Dadurch können die Ohren so anschwellen, daß der Gehörgang samt der darin befindlichen Infektion verschlossen wird. In diesem Fall kann nur noch eine Operation helfen, was durch eine rechtzeitige Behandlung durch den Tierarzt leicht hätte vermieden werden können. Die Homöopathie rät, ein- bis zweimal täglich Calendula-Urtinktur ins Ohr zu träufeln und zusätzlich dreimal täglich eine Calendula-Tablette D 3 zu verabreichen. Diese Behandlung dauert in der Regel nicht länger als drei bis sieben Tage.

Noch seltener ist die sich meist an eine Entzündung der äußeren Gehörgänge anschließende **Mittelohrentzündung**. Die Katze leidet an starken Schmerzen und Gleichgewichtsstörungen. Sie läuft unsicher im Kreis herum und wirkt gestört. Eine sofortige Behandlung durch den Tierarzt ist unerläßlich.

Chronische Ohrentzündungen können entstehen, wenn eine akute Gehörgangsentzündung übersehen wurde. Dann bilden sich trockene Ekzeme im Ohr, die einen starken Juckreiz verursachen, oder größere Mengen von Ohrschmalz, die den Gehörgang verstopfen können. In schweren Fällen kommt es zu einem eitrig-blutigen, übelriechenden Ausfluß. Die Behandlung chronisch gewordener Erkrankungen dauert naturgemäß immer ein wenig länger, bis der Erfolg sich einstellt.

Ein **Blut- oder Blumenkohlohr ist die Folge eines Blutergusses** an der Ohrmuschel, des sogenannten Othaematoms, dem eine Verletzung oder Ohrenerkrankung vorausgegangen sein kann. Durch Kratzen oder heftiges Kopfschütteln platzt ein kleines Blutgefäß zwischen Haut und Knorpel der Ohrmuschel, die innerhalb von 24 Stunden stark anschwillt. Wird das Othaematom vom Tierarzt ausgeschnitten und ausgekratzt, so bleibt nur eine kleine Operationsnarbe zurück. Ohne Operation entsteht in der Ohrunterhaut ein Narbengewebe, das die Ohrmuschel zusammenzieht und schrumpfen läßt. Das so entstandene Blumenkohlohr kann den Gehörgang ganz oder teilweise verschließen.

In der Homöopathie hat man bei der Behandlung des Blutohrs mit Arnika gute Erfahrungen gemacht. Das Tier bekommt drei Tage lang viermal täglich eine Tablette Arnica D 30, außerdem wird das Ohr mehrmals täglich leicht mit Arnikasalbe massiert. Da der Bluterguß nicht weiter schmerzhaft ist, läßt die Katze sich das meist gutwillig gefallen. Vom vierten Tag an gibt man nur noch zwei Tabletten täglich, bis der Bluterguß verschwunden ist.

Wichtigste Regel bei allen Erkrankungen der Ohren ist, niemals, unter keinen Umständen mit einem Wattestäbchen oder gar Streichholz im Ohr herumzufummeln. Damit richtet man nur noch mehr Schaden an. Das einzige, was man tun kann, ist, zur Säuberung der Ohren reichlich leicht angewärmtes Öl hineingießen, wobei auch ein kleiner Fremdkörper mit herausgeschwemmt werden kann. Am besten geeignet sind Paraffinöl, flüssige Vaseline und Olivenöl. Alles weitere sollte man dem Tierarzt überlassen. Übrigens ist es völlig normal und kein Grund zur Besorgnis, wenn eine Katze sich ab und zu mal an den Ohren kratzt. Kritisch wird es erst, wenn sie das auffallend oft tut und möglicherweise auch noch oft mit dem Kopf schüttelt. Es empfiehlt sich allerdings, den Tierarzt zu bitten, sich auch die Ohren anzuschauen, wenn er die Katze aus irgendeinem anderen Grund behandelt.

Weitere entzündliche Krankheiten

Die häufigsten entzündlichen Krankheiten, an denen unsere Katzen leiden können, sind (soweit noch nicht an anderer Stelle besprochen): Mandelentzündung, Bronchitis, Lungenentzündung, Zungenentzündung, Mundschleimhautentzündung, Magen-Darm-Entzündung, Blasenentzündung und Nierenentzündung.

Die **Mandelentzündung** tritt meist nicht allein auf, sondern als Komplikation von anderen schweren Krankheiten. Die Katze lehnt feste Nahrung ab, weil ihr das Schlucken Schmerzen bereitet, nimmt aber Brühe oder

Folgende Seite:
Die Ohruntersuchung nimmt der Arzt vor (oben), Fiebermessen darf man – vorsichtig – auch selbst (unten)

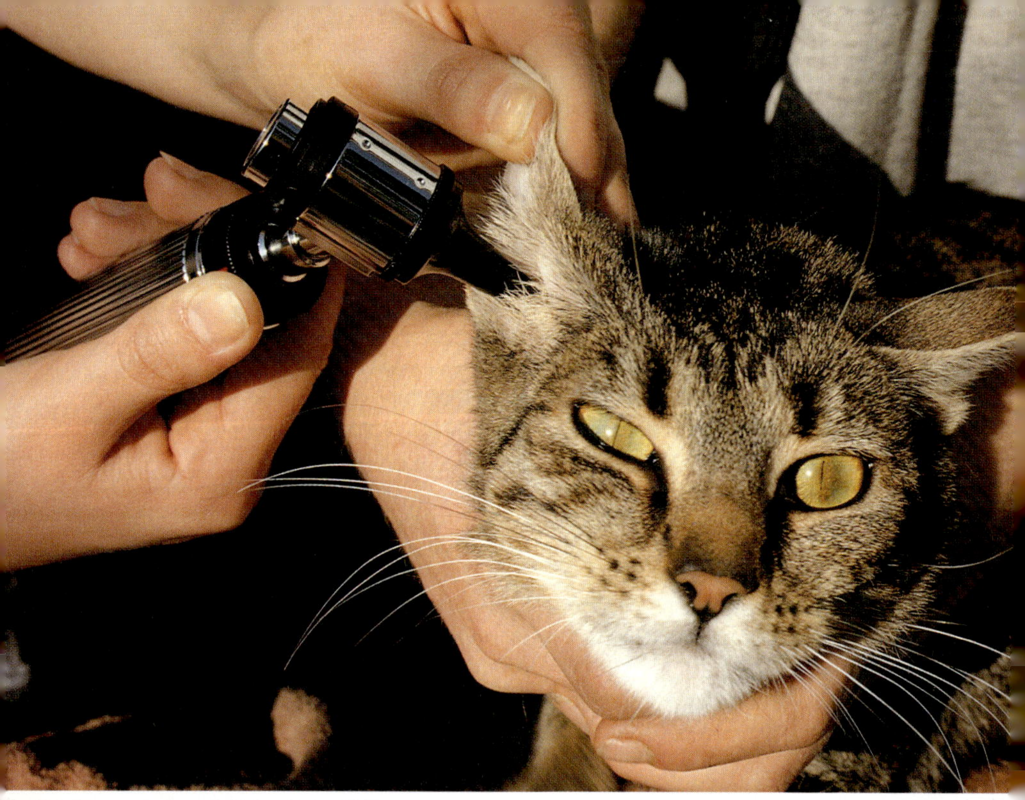

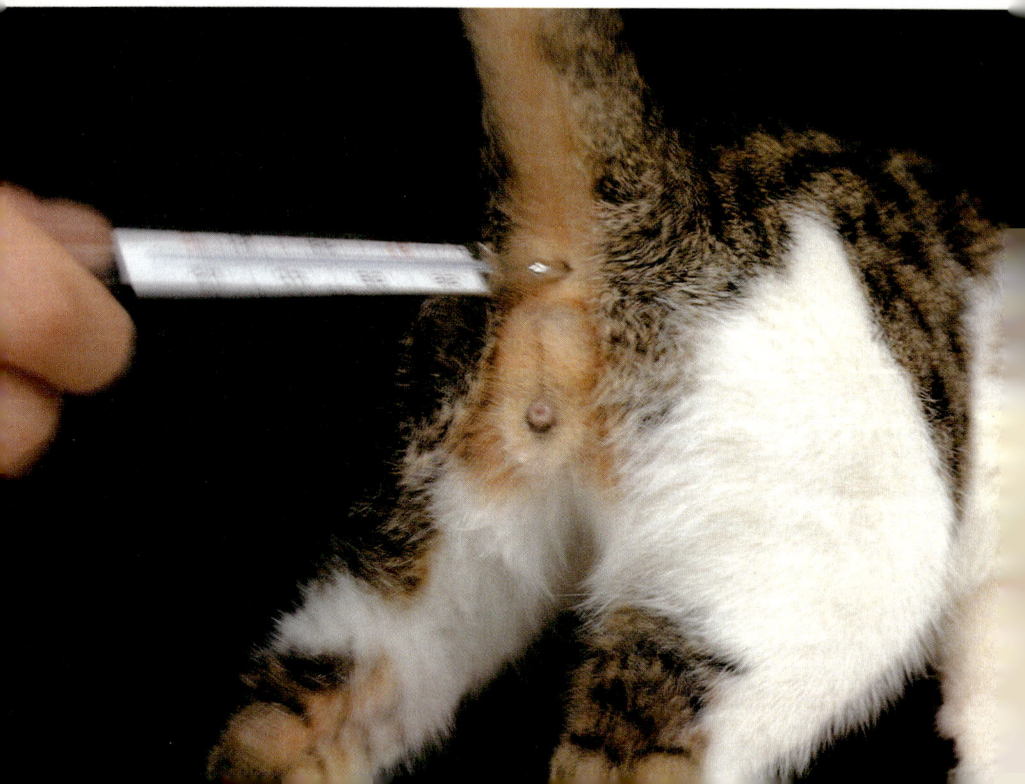

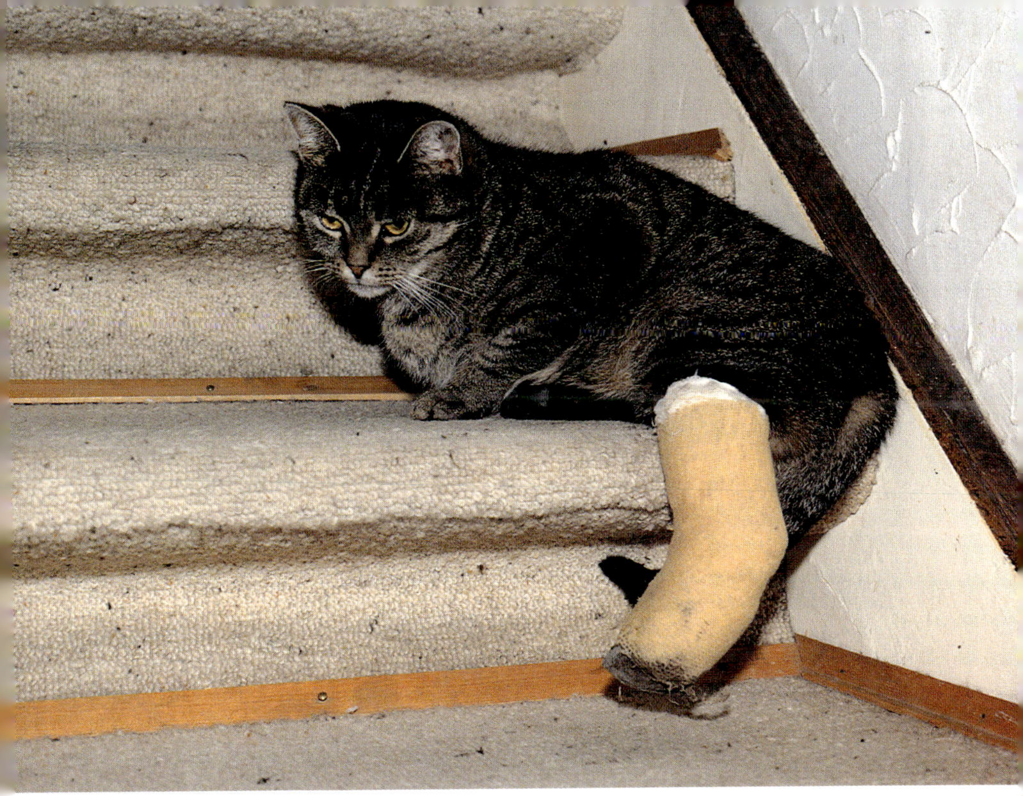

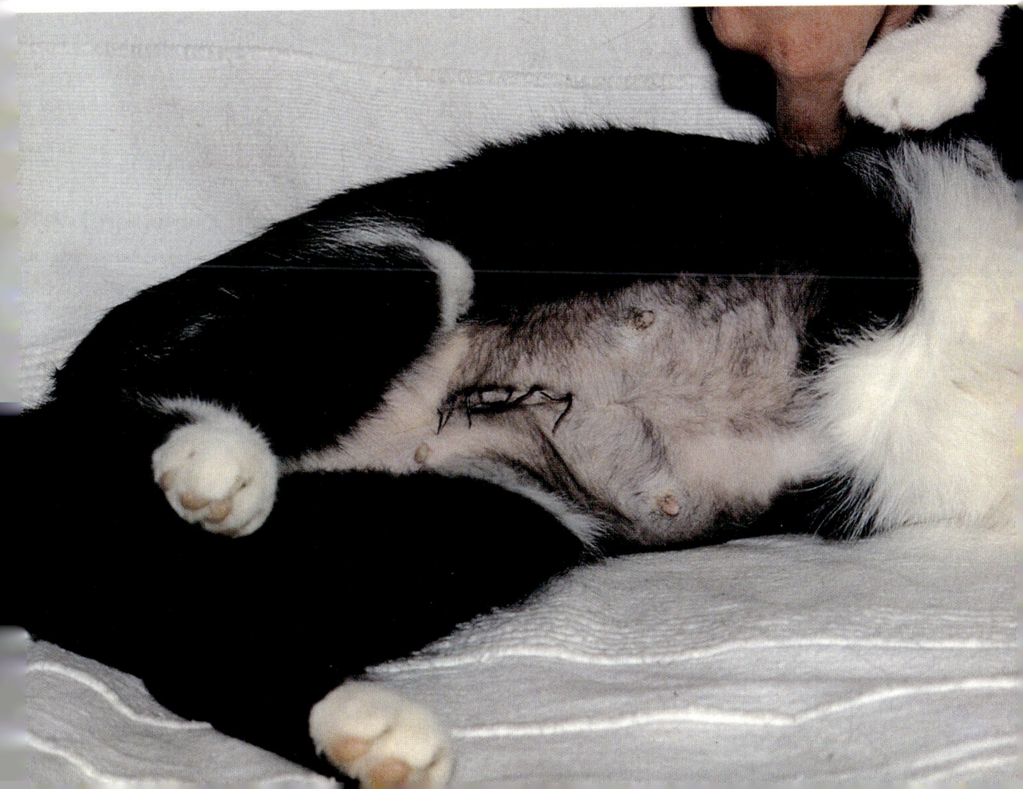

Milch häufig an. Die Mandelentzündung kann sich zu einer Rachenentzündung ausweiten, die sehr schmerzhaft und bedenklich ist, obwohl kein hohes Fieber eintritt. Die Katze würgt, hustet und speichelt, aus dem Mund strömt ein fauliger Geruch. Sie braucht umgehend die Behandlung durch den Tierarzt.

Bronchitis wird durch Viren oder Bakterien übertragen. Die Katze bekommt Husten und Fieber, der Atem wird beschleunigt. Eine verschleppte Bronchitis kann chronisch werden. Das Tier hustet viel, ein schleimiger Auswurf kommt hinzu. Es treten auch Fälle von chronischer Bronchitis auf, bei denen die Katze mehrmals am Tag regelrechte Niesanfälle bekommt, bei denen sie oft Schleim aus dem Näschen verliert.

Aus einer akuten Bronchitis kann sich auch eine **Lungenentzündung** entwickeln, die bei Katzen leider gar nicht so selten auftritt. Sie ist ansteckend für andere Katzen, nicht aber für den Menschen. Nicht immer geht eine Lungenentzündung auch mit Husten einher. Die Katze ist matt und elend, hat nicht den geringsten Appetit und liegt apathisch da. Das Fieber steigt bis auf 40,6 Grad Celsius an. Das Atmen bereitet ihr sichtlich Schmerzen. Weitere Symptome sind rasselnde Geräusche im Brustkorb und eine bläulich verfärbte Mundschleimhaut. Die Katze muß unbedingt trinken, denn Katzen trocknen sehr schnell aus, besonders wenn sie Fieber haben. Notfalls muß man ihr das Wasser mit einer Einwegspritze einflößen. Weiter sollte man dafür sorgen, daß die Katze Ruhe hat und jede kleine Anstrengung vermeidet. Tragen Sie sie in ihrem Katzenbett in ein möglichst kleines, ruhiges Zimmer. Links neben das Katzenlager kommt das saubere Kästchen, rechts daneben die Futter- und Wasserschale, damit sie alles bequem erreichen kann, ohne einen Schritt zuviel zu tun. Der Raum sollte gut gelüftet, aber frei von Zugluft sein. Alle Störungen durch Kinder oder andere Haustiere sollten ausgeschaltet werden. Alle Anordnungen des Tierarztes müssen gewissenhaft ausgeführt werden. Es besteht akute Lebensgefahr.

Zungenverletzungen sind bei starker Blutung, wie sie häufig nach einem Biß in die Zunge auftritt, ein Notfall. Die Katze kann verbluten. Versuchen Sie, die Blutung mit Hilfe einer sauberen Mullbinde oder notfalls auch eines Wattebausches einzudämmen und fahren Sie sofort zum Tierarzt. Zungenverletzungen durch Knochen, andere Fremdkörper, Schnitte an einer Konservendose äußern sich durch starken Speichelfluß und Schwierigkeiten bei der Nahrungsaufnahme.

Aus der Zundenentzündung kann sich ohne Behandlung rasch eine **Mundschleimhautentzündung** entwickeln. Sie entsteht auch als Folge von schlechten Zähnen oder einer Zahnfleischentzündung sowie durch kleine Fremdkörper, die sich im

Vorhergehende Seite: Hinterpfote im Gipsverband nach einer Verletzung (oben). Nach einer Kastration brauchen Weibchen besondere Zuwendung (unten)

Mundbereich festgesetzt haben. Als erstes fällt auf, daß die Katze zum Futternapf läuft, davorsitzt, aber nicht anfängt zu essen. Sie hat Hunger, kann aber vor Schmerzen im Mund nichts zu sich nehmen. Ausspülen des Mäulchens mit Kamillentee oder verdünntem, lauwarmem Salzwasser (1 Teelöffel Salz auf einen halben Liter Wasser) bringt vorübergehend eine gewisse Erleichterung. Helfen kann nur der Tierarzt. Mundschleimhautentzündung kann auch auf eine beginnende Katzenseuche oder einen Katzenschnupfen hinweisen.

Eine **Magen-Darm-Entzündung** geht immer mit Durchfall einher. Sie kann durch Viren oder Bakterien ausgelöst werden. Die Katze darf keine Milch bekommen, kein Fett, kein Öl, kein Dosenfutter. Hausmittel sind gekochte Leber, hartgekochtes Ei, Quark, schwarzer Tee oder Kamillen-Fenchel-Tee. Wenn nach 24 Stunden keine Besserung einsetzt, muß der Tierarzt eingreifen, da die Magen-Darm-Entzündung im Anfangsstadium leicht mit einer beginnenden Katzenseuche verwechselt werden kann. Nehmen Sie unbedingt eine Kotprobe in die Sprechstunde mit.

Mit großen Schmerzen verbunden sind, wie bei uns Menschen auch, die **Blasen- und Nierenentzündung**. Die Katze geht immer wieder auf die Katzentoilette, kann aber jeweils nur kleine Harnmengen absetzen. Manchmal läßt sie dabei einen Schmerzenslaut ertönen, manchmal leckt sie sich dauern das Hinterteil. Im Urin kann Blut erscheinen, oft strömt er auch einen üblen Geruch aus. Die Krankheit kann durch Erkältung, Unterkühlung oder eine Infektion ausgelöst werden. Kastrierte Katzenweibchen sollen am öftesten darunter leiden.

Die Infektion kann sich bis ins Nierenbecken hinein ausbreiten und zu einer Nierenentzündung führen, wenn sie nicht rechtzeitig erkannt wird. Und das kommt besonders bei Auslaufkatzen vor, die ihr Geschäft meistens im Freien verrichten, wobei man sie nicht beobachten kann. Deshalb ist es gerade in diesem Fall so wichtig, sofort einen Tierarzt hinzuzuziehen, wenn man Probleme beim Wasserlassen bemerkt, denn es ist nicht auszuschließen, daß die Katze sich schon tagelang plagt. Auffällig ist, daß Katzen, die an einer Blasenentzündung leiden, Kühle suchen und Wärme meiden.

Niederenentzündungen können auch durch eine Vergiftung hervorgerufen und chronisch werden. Die wichtigsten Symptome sind häufige Entleerung der Blase, starker Durst, allgemeine Lustlosigkeit, steifer Gang, gekrümmtes Hinterteil. Die Katze hat starke Schmerzen. Diät unterstützt den Heilungsprozeß: Wenig Fleisch, statt dessen Milch, Milchbrei, Schleimsuppen. Quark, Hüttenkäse, reichtlich Fett, auch in Form von Butter. Chronische Nierenleiden können zu Herzerkrankungen führen.

Altersbedingte Krankheiten

Auch bei Katzen gibt es typische Altersleiden oder -beschwerden. Die wichtigsten sind: Schwerhörigkeit bis hin zu Taubheit, schlechte Zähne, Zahnstein und dadurch verursachte Zahnfleischentzündungen, alterbedingte Niereninsuffizienz, Rheuma, Arthritis, Thrombose, Zuckerkrankheit und Schlaganfall. Wenn ein Tier an Alterbeschwerden stirbt, wirken in der Regel mehrere dieser Ursachen zusammen.

Schwerhörigkeit oder **Taubheit** fallen meist nur dann auf, wenn die alte Katze schläft. Ist sie wach, so schaut sie einen an, wenn man mit ihr spricht, und liest wahrscheinlich von den Lippen ab, was man sagt. Aber wenn sie nicht mehr aus dem Schlaf erwacht, wenn man ins Zimmer kommt und sie anspricht, dann ist sie mit Sicherheit so gut wie taub. Schwerhörige oder taube Katzen darf man unter keinen Umständen mehr unbeaufsichtigt ins Freie lassen, egal, wie sie vorher gelebt haben. Sie hören das Auto nicht mehr, das auf sie zurast. Das ist der Grund, daß alte, erfahrene Katzen plötzlich überfahren werden, wenn sie eine Straße überqueren, die sie seit Jahren kennen.

Zahnprobleme bemerkt man am besten, wenn man die Katze beim Futtern beobachtet. Sie hat Hunger, kommt zum Futterschälchen, schnuppert daran, nimmt vielleicht vorsichtig ein Häppchen und zieht wieder ab. Besonders bei älteren und alten Katzen ist es sehr wichtig, daß der Tierarzt ihnen bei jeder Behandlung immer auch in den Mund schaut. **Zahnfleischentzündungen** erkennt man an gerötetem **Zahnfleisch**. Ein erfahrener Kleintierarzt entfernt den **Zahnstein** häufig ohne Betäubung, das geht blitzschnell. Eitrige Zähne müssen unter Narkose gezogen werden. Das Problem dabei ist das im Alter steigende Narkoserisiko, mit anderen Worten, die Gefahr, daß die Katze nicht wieder aufwacht. Als meinem Nello etwa sechs Wochen vor seinem Tode zum letztenmal der Zahnstein entfernt wurde, sagte die Tierärztin zu mir: »Zum Glück sitzt kein Zahn auf Eiter. Wenn ich Nello nochmals in Narkose legen muß, brauche ich eine Packung Valium – für mich.« In seinem fast siebzehnjährigen Leben mußte ihm übrigens nur ein einziger Zahn gezogen werden.

Daß alte Katzen an Gewicht verlieren, ist völlig normal. Sie nehmen weniger Nahrung zu sich und können sie auch nicht mehr so gut verwerten wie jüngere Tiere. Grund zur Besorgnis besteht nur, wenn eine alte Katze rapide abnimmt und andere Symptome hinzukommen. Man muß allerdings einen schlechten Esser, der schon seine zwölf oder mehr Jahre auf dem Buckel hat, immer wieder zum

Vor TierärztInnen haben alle Katzen Respekt

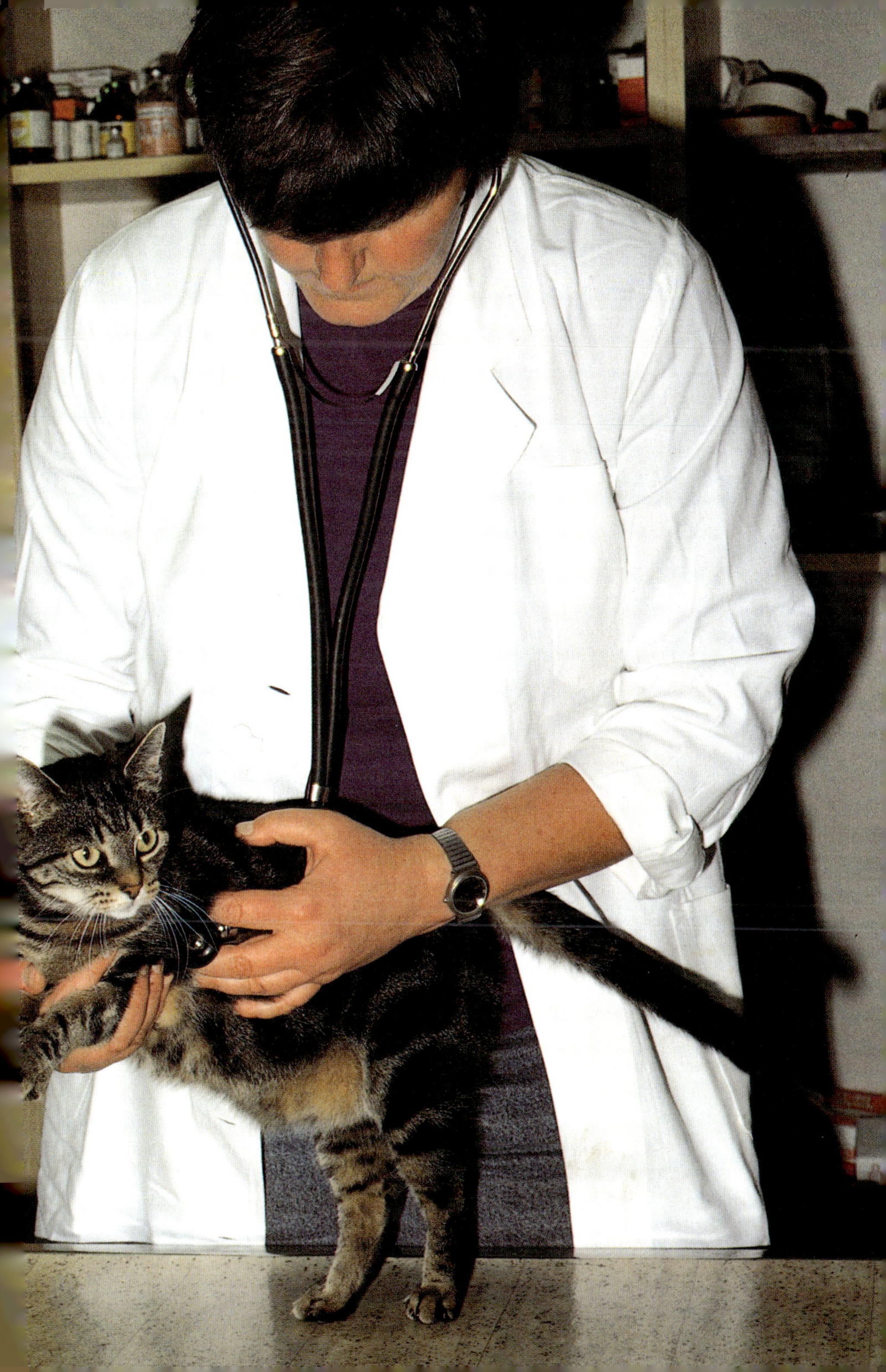

Futtern animieren – mit Lieblingsspeisen, Leckerbissen und allem, was das Tier normalerweise gern mochte. Damit kann man einem vorzeitigen Kräfteverfall gegensteuern. Wenn die alte Katze hier ein paar Häppchen nimmt und dort ein paar, kommt im Laufe des Tages auch noch eine ganz vernünftige Portion zusammen.

Die altersbedingte **Niereninsuffizienz** äußert sich vor allem dadurch, daß die Katze immer Durst hat, sehr viel Wasser trinkt und entsprechend viel Harn abgibt. Zum Glück ist die Krankheit nicht mit Schmerzen verbunden, ganz im Gegensatz zu Harnverhalten. Man kann nicht viel mehr tun, als den Abbau des Nierengewebes zu verzögern. Nello bekam fünf Jahre lang Solidago, ein homöopathisches Mittel, worauf der Organismus sehr gut angesprochen hat. Jedenfalls war bis zuletzt eine Verschlimmerung der Beschwerden nicht zu beobachten.

Wenn es richtig wäre, daß ein Katzenfell gegen Rheuma hilft, dürfte die Katze mit ihrem dichten Fell diese Krankheit eigentlich gar nicht bekommen. Aber wie viele ältere Menschen leiden auch viele ältere Katzen unter **Rheuma** und **Arthritis**. Bei rheumatischen Erkrankungen braucht auch die Katze viel Wärme. Es wird empfohlen, ihr viel Sauermilch zu geben, schaden kann es nichts. Mit chemisch definierten Schmerzmitteln sollte man vorsichtig sein. Man muß sie ständig geben, und die Ursache wird dadurch nicht bekämpft. Sicher ist dagegen, daß alle diese Medikamente schädliche Nebenwirkungen haben, vor allem, wenn sie ständig genommen werden müssen.

Während eine akute Arthritis (Gelenkentzündung) sehr schmerzhaft ist, verschwinden die Schmerzen im chronischen Stadium. Man fühlt ein Knirschen, wenn man das betroffene Gelenk bewegt. Eine akute Arthritis äußert sich durch ein geschwollenes Gelenk, das sich auch heiß anfühlen kann. Die Katze lahmt und protestiert, wenn man versucht, das Gelenk zu bewegen, weil ihr das zusätzliche Schmerzen bereitet. Ähnlich wie bei Knochenbrüchen und Verrenkungen muß die Katze völlig ruhiggestellt werden. Homöopathisch orientierte Tierärzte empfehlen Bryonia D 6 und Rhus toxicodendron D 12 im Wechsel alle zwei Stunden zu verabreichen. Die gleichen Mittel wendet man in der Potenz D 30 bei chronischer Arthritis an, das eine wird am Morgen verabreicht, das andere am Abend.

Im höchsten Grade lebengefährlich ist die **Thrombose**, ein Gefäßverschluß durch einen Blutpropfen. Die Katze verkriecht sich in eine Ecke, mag sich nicht anfassen lassen und zieht beim Gehen ein Hinterbein nach. Das betroffene Bein fühlt sich kühl an, die Ballen nehmen eine dunkle, bläuliche Farbe an auf Grund der gestörten Durchblutung. Bringen Sie die Katze sofort zum Tierarzt, vielleicht kann er noch helfen. Sonst tritt infolge von Embolie der Tod in wenigen Stunden ein. Auch die Zukkerkrankheit betrifft vorwiegend ältere und alte Katzen. Die Symptome sind starker Durst, Gewichtsabnahme, Erbrechen, Appetitlosigkeit und Heißhunger. Es kann zum diabetischen Koma kommen. In diesem Fall muß man der Katze sofort ein bis zwei

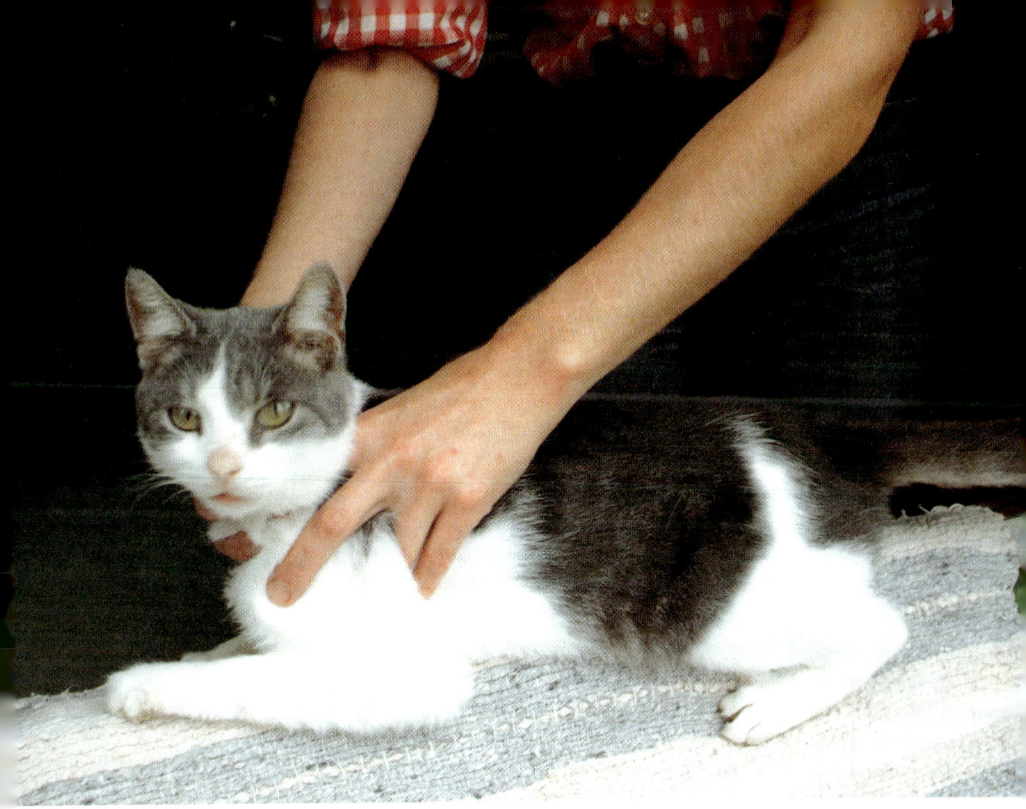

Zur Behandlung muß man eine Katze schon mal energisch festhalten

Teelöffel Honig oder Fruchtsirup direkt ins Mäulchen geben. Der Dauerbehandlung mit Insulin ist wegen des gleichzeitigen Fortschreitens der eigentlichen Krankheit, die sehr gravierende Endschäden mit sich bringt, und der schwierigen Durchführung mit täglichen Injektionen eine radikale Umstellung auf geeignete Diät vorzuziehen. Zumindest sollte man zunächst einmal ausprobieren, ob sie etwas bringt. Empfohlene Nahrungsmittel sind: Wenig mageres Fleisch, vorwiegend Hühnerfleisch, Eier, Magermilch. Bei der **Zuckerkrankheit** schlagen auch homöopathische Heilmittel oft nicht an.

Ein **Schlaganfall** muß nicht immer tödlich sein, das gilt auch für Katzen. Wenn ein altes Tier plötzlich anfängt, im Kreis herumzulaufen – man spricht von der sogenannten Manegebewegung –, hat es mit großer Wahrscheinlichkeit eine Gehirnblutung erlitten. Die endgültige Diagnose muß man dem Tierarzt überlassen, ebenso die Entscheidung darüber, ob es im Einzelfall noch Hoffnung gibt oder ob man die Katze lieber einschläfern sollte.

Hilfsmaßnahmen im Überblick

Appetitlosigkeit: Zwei Wasserschälchen hinstellen, eines mit normalem Trinkwasser, eins mit Wasser plus 1 gehäuften Teelöffel Traubenzucker, wodurch der Katze wenigstens ein paar Energien zugeführt werden. Handfütterung. Leckerbissen anbieten. Vitaminpaste.

Arterienverletzungen: Wenn hellrotes Blut stoßweise aus einem Bein tritt, sofort eine Aderpresse anlegen. Ein Stoffstreifen oder Band wird oberhalb der Wunde ums Bein gebunden, dann ein Bleistift daruntergeschoben und festgedreht. Danach sofort zum Tierarzt fahren.

Bewußtlosigkeit: Künstliche Beatmung anwenden, eine halbe Stunde lang. Bei Erfolg sofort den Tierarzt alarmieren.

Bißwunden: Das Gebiet um die Wunde vorsichtig mit warmem Wasser und Seife reinigen und die Katze zum Tierarzt bringen. Ebenso verfährt man bei Kratz- und Reißwunden.

Blitzschlag: Der Katze, wenn sie nicht bewußtlos ist, lauwarmen starken Tee oder Kaffee einflößen. Sofort den Tierarzt rufen.

Brandwunden und verbrühte Stellen eine halbe Stunde lang mit kaltem Wasser aus der Leitung kühlen oder sofort mit Olivenöl abdecken.

Durchfall: Quark anbieten. Etwas Salz ins Futter geben. Reichlich Wasser hinstellen. Gargekochte Leber verfüttern. Tritt nach 24 Stunden keine Besserung ein oder kommen weitere Symptome hinzu, den Tierarzt um Rat bitten.

Erfrierungen: Wenn die Katze mit weißem Näschen, weißen Ohrspitzen oder Zehen im Winter heimkommt, die betroffenen Stellen sanft reiben und Vaseline auftragen.

Erstickungsanfälle: Ist die Katze bewußtlos, Mund öffnen, Zunge hervorziehen und nach einem Fremdkörper Ausschau halten, der vorsichtig mit den Fingern oder einer stumpfen Pinzette herausgezogen wird. Dann künstliche Beatmung anwenden. Ist sie bei Bewußtsein, nimmt man sie an beiden Hinterbeinen hoch und klopft ihr auf den Rücken. Hilft das nicht, muß man ihr wie oben den Mund öffnen und den Störenfried herausangeln.

Hecheln bei großer Hitze: Die Katze streckt die Zunge heraus, sie atmet hastig und flach. Mehrfach kaltes Wasser mit zwei Fingern auf Kopf und Stirn streichen, dann auf die Brust. Wirkt das nicht, nach fünf Minuten wieder kaltes Wasser anwenden.

Insektenstiche von Bienen oder Wespen: Wenn möglich, den Stachel vorsichtig mit der Pinzette herausziehen, die Stelle mit Alkohol abtupfen und mit Eis kühlen. In schweren Fällen – starke Schwellungen, Atembeschwerden – kann nur der Tierarzt helfen.

Nasenbluten: Bei schwachem Nasenbluten stellt man die Katze in einem verschlossenen Transportbehälter in einen ruhigen Raum. Hört es nicht auf, so muß man sie sofort zum Tierarzt bringen.

Ohrmilben: Man gießt reichlich Öl in die Ohren, am besten Paraffin- oder Olivenöl oder flüssige Vaseline. Nach einer Woche muß die Behandlung wiederholt werden.

Rattenbisse: Sie erzeugen kleine, tiefe Wunden, meist am Kopf oder Vorderteil der Katze, und sind immer infiziert. Gründlich mit Wasser und Alkohol reinigen, die Haare um die Wunde wegschneiden. Mehrmals täglich mit Alkohol oder Wasserstoffsuperoxyd desinfizieren. Bei Rötung, Schwellung oder Eiterung sofort den Tierarzt hinzuziehen.

Reisekrankheit: Wenn Ihre Katze auf Reisen speichelt oder erbricht, lassen Sie sich vom Tierarzt ein leichtes Beruhigungsmittel für sie verordnen, das einige Stunden vor Antritt der Reise eingegeben wird.

Schock: Tritt nach Unfällen, Herzversagen, bei Blutverlust, Verbrennungen, Wassermangel oder Blutarmut auf. Die Katze ist völlig apathisch, hat **Untertemperatur** mit schnellem Puls, atmet rasch und flach, Zunge und Mundschleimhaut sind blaß. Sie braucht dringend Wärme, hüllen Sie sie in eine leichte Decke ein. Dann sofort den Tierarzt rufen.

Vergiftungen: Nie Milch einflößen! Brechmittel sind je nach Art des aufgenommenen Giftes Salzwasser oder Öl. Bitte die genaue Beschreibung auf S. 221 nachschlagen.

Verstopfung: Auf keinen Fall Abführmittel geben, die nicht ausdrücklich vom Tierarzt verschrieben wurden. Gutes Speiseöl anbieten, Ölsardinen mit viel Öl, Frischmilch, rohe Leber.

Wenn die Katze stirbt

Euthanasie ist bei unseren Haustieren glücklicherweise erlaubt. Man sollte sie aber wirklich nur als letztes Mittel betrachten, um einer unheilbar kranken, leidenden Katze weitere Schmerzen und Qualen zu ersparen. Warum ein Tier, dessen Lebensuhr abgelaufen ist und das im Sterben liegt, in letzter Stunde noch mit einer Spritze verängstigt und geplagt werden soll, vermag ich nicht einzusehen.

Nellos Sterben – er starb, als ich an diesem Buch arbeitete – hat von Freitag bis Dienstagmittag gedauert, also viereinhalb Tage. Als am Sonntagmittag klar war, daß die Infusion ihm nicht mehr helfen konnte, habe ich den weiteren Verlauf in Ruhe mit meiner Tierärztin abgesprochen. Wir waren beide für einen natürlichen Tod. Ich habe mich aber genau erkundigt, worauf ich achtgeben mußte, welche Symptome möglicherweise doch eine rasche Erlösung erforderlich machen würden. Das sind Schmerzen bei Berührung, Berührungsscheu, Schmerzensschreie, Erbrechen. Sie sind nicht eingetreten. In der Nacht vom Montag zum Dienstag trat eine deutliche Änderung in seinem Verhalten ein, aber nicht zum Negativen. Bei Menschen spricht man von einem letzten Aufleuchten alter Energien, das nicht mit einer Besserung zu verwechseln ist. Nello nahm plötzlich wieder Haltungen ein, die früher typisch für ihn gewesen waren. Die Steifheit der Glieder schien verschwunden zu sein. Er trank sogar wieder selbst aus der Wasserschale, wobei ich ihm natürlich das Köpfchen stützen mußte. Er schnurrte viel und schlief gegen drei Uhr morgens ganz fest ein, so fest, daß ich ihn auf dem Arm in mein Schlafzimmer tragen konnte, ohne daß er aufwachte.

Wenn ich mir auch leichtere und angenehmere Arbeiten vorstellen kann als diese viereinhalbtägige Intensivpflege, so bin ich doch froh, daß ich ihm seinen eigenen Tod gegönnt habe und seinen »Tag vor dem Tode« und nicht sein felsenfestes Vertrauen zu mir dadurch mißbraucht habe, ihm statt einer heilenden eine tödliche Spritze geben zu lassen. Wie oft hat er in diesen letzten Tagen und Nächten noch sein Köpfchen in meine Hand gelegt und sich streicheln lassen, wie oft nach mir gerufen. Ich glaube, viele Menschen würden einen wesentlich leichteren Tod haben, wenn auch sie bis zur letzten Minute so liebevoll umsorgt und begleitet würden.

Woran sterben die meisten Katzen? Nach einer amerikanischen Untersuchung liegt Krebs an erster Stelle der Todesursachen. In der Altersstufe unter zehn Jahren sterben 30 Prozent der Katzen an Krebs, zwischen elf und fünfzehn Jahren 21 Prozent und über sechzehn Jahren 15 Prozent. Nummer zwei der Todesursachen sind Harnwegerkrankungen, 27 Prozent bei Katzen von zehn Jahren an aufwärts. Es folgen Autounfälle mit

13 Prozent unter zehn Jahren, 4 Prozent zwischen elf und fünfzehn Jahren und 1 Prozent über sechzehn. An Altersbeschwerden sterben 7 Prozent zwischen elf und fünfzehn Jahren und 24 Prozent, die über sechzehn sind. Bei einem guten Drittel der Katzen führen andere Ursachen zum Tode.

Diese Zahlen mögen für Deutschland ein wenig variieren, im wesentlichen aber dürfte die Situation die gleiche sein. Krebserkrankungen jedenfalls steigen bei Katzen signifikant an. So gut wie jedes Organ, jeder Körperteil kann davon betroffen werden. Es gibt aber auch gutartige Tumore bei Katzen, klar abgegrenzte, runde, weiche Klumpen, die nur langsam wachsen und sich nicht ausbreiten. Mein Grischa hat seit etwa einem halben Jahr so einen Tumor, etwa zwetschgengroß, am Rücken, der nicht schmerzempfindlich ist.

Bei bösartigen Krebserkrankungen fällt als erstes das schlechte Allgemeinbefinden der Katze auf. Die Tumore selbst sind nicht klar abgegrenzt, wuchern rasch und zerfallen dabei in Einzelgeschwüre. Im Anfangsstadium kann eine Operation der Katze vorübergehend helfen und den Prozeß hinauszögern. Da es keine Heilung gibt, muß man gemeinsam mit dem Tierarzt den richtigen Zeitpunkt herausfinden, an dem die Katze nur noch leidet und keine Freude mehr am Leben hat. Dann sollte man sie von ihrem Elend erlösen.

Unter Harnwegserkrankungen als zweithäufigster Todesursache ist hier weniger die Blasenentzündung zu verstehen, als vielmehr die Verstopfung des Harnleiters durch Blasengrieß, wodurch es zu dem gefährlichen, oft tödlichen Harnverhalten kommt. Davon sind besonders kastrierte Kater und Perserkatzen betroffen. Als Hauptauslöser gilt das beliebte, weil so praktische Hartfutter, vor dem man gar nicht genug warnen kann. Die kranken Tiere versuchen vergeblich, Wasser zu lassen. Sie sind sehr unruhig, mauzen viel, legen sich ungern hin und haben offensichtlich Schmerzen, wenn man den Bauch berührt. Wenn nicht sofort ein Tierarzt aufgesucht wird, kann eine Harnvergiftung eintreten, durch den Rückstau gerät der Urin ins Blut. Die Katze muß erbrechen, hat Untertemperatur und fällt rasch ins tödliche Koma.

Ob der Tod eingetreten ist, stellt man übrigens fest, indem man der Katze einen sauberen Spiegel vors Näschen hält und abwartet, ob er beschlägt. Dann atmet sie noch. Bleibt der Spiegel klar, so legt man den Zeigefinger in die linke Armbeuge, dort ist auch ein sehr leichter Herzschlag noch zu spüren. Ist das Ergebnis beider Proben negativ, so hat man noch ungefähr eine halbe Stunde Zeit, um die Katze in ein Tuch einzuhüllen und eventuell in eine Plastiktüte zu verpacken, bevor der Körper steif wird. In München gibt es ein Tiertaxi, mit dem man sie zum Krematorium des Tierheims bringen lassen kann.

Zum Ausklang: Sind Sie ein Katzentyp?

»So einfach ist es, eine Katze glücklich zu machen«, rief der sieben Jahre alte Henry stolz, als er bis zur Erschöpfung Papierbällchen für den Nello geworfen hatte. 1976 war das, in der Türkei. Vorher hatte er mich gefragt: »Versteht deine Katze auch englisch?« Was soll man darauf antworten? »Versuch's nur, er wird dich schon verstehen«, sagte ich.

Eine Katze glücklich zu machen, – mit einer Katze glücklich zu werden – ist es einfach, ist es schwer? Rilke und Hesse waren glücklich mit ihren Katzen, Kästner und Hemingway, ich bin es, meine Freundin Sascha – warum sollten Sie nicht auch glücklich werden mit zwei schnurrenden Stubentigern? Voraussetzung ist allerdings, daß Sie ein Katzentyp sind. Woran man das erkennen kann? Ganz einfach, Sie brauchen nur folgenden kleinen Test zu machen:

Test:

1. Sie haben es eilig, sehr eilig. Auf Ihrem Weg kommen Sie an einem Gartenzaun vorbei, auf dem eine Katze sitzt. Was tun Sie?
   a) Weitereilen zu Ihrem Termin, Ihrer Verabredung.
   b) Stehenbleiben und versuchen, sie zu streicheln.
   c) Stehenbleiben, sie bewundern, leise mit ihr reden.

2. Sie besuchen eine Katzenausstellung, nur so, aus Neugier. Was stört Sie am meisten?
   a) Der Geruch, die Hitze, das Gedränge.
   b) Die vielen Schleifen und Girlanden an den Käfigen, hinter denen man die Katze kaum noch sehen kann.
   c) Die engen Käfige, in denen die Katzen ausharren müssen.

3. Sie stolpern im Urlaub über eine Gruppe heimatloser Katzen. Was tun Sie?
   a) Sie seufzen und sagen sich, daß es keinen Zweck hat, sie zu füttern. Dann vermehren sie sich nur noch mehr.
   b) Sie nehmen ein oder zwei Kätzchen mit in ihre Ferienwohnung, um sie zu verwöhnen, und denken traurig an die Stunde des Abschieds.
   c) Sie füttern die Katzen täglich, stellen ihnen Wasser hin und versuchen, jemanden zu finden, der nach Ihrer Abreise diese Aufgabe übernimmt.

Testergebnis:
3 mal a – Sie sind ein ziemlich hoffnungsloser Fall.
2 mal a, 1 mal b – Katzen liegen Ihnen offenbar nicht so. Wie wär's mit einem Hund?
2 mal a, 1 mal c – Verstand und Gefühl liegen im Streit. Vielleicht wollen Sie nur nicht zugeben, daß Sie Katzen mögen?
1 mal a, 1 mal b, 1 mal c – Ein sehr unwahrscheinliches Ergebnis, das zeigt, daß Sie entweder den Test nicht ernstgenommen oder noch nie über Katzen nachgedacht haben.
1 mal a, 2 mal b – Ein bißchen fasziniert sind Sie schon von der Katze, dem unbekannten Wesen.
1 mal a, 2 mal c – Denken Sie immer daran, mit Autorität erreicht man bei Katzen gar nichts.
3 mal b – Sie zeigen gute Ansätze. Lesen Sie das Buch noch einmal.
2 mal b, 1 mal c – Ihnen ist die richtige Katze noch nicht begegnet. Geben Sie die Hoffnung nicht auf.
1 mal b, 2 mal c – Nur noch ein letzter Sprung über den eigenen Schatten, und Sie...
3 mal c – Sie besitzen die absolute Katzenreife!
– Und wie fanden Sie den Test? Zu leicht, zu schwer, albern, unter Ihrem Niveau, spannend, ganz aufschlußreich, überflüssig? Alles falsch. Es war ein Spiel, nichts weiter.

Das spielerische Element kommt viel zu kurz in unserem Leben, deshalb sind wir oft so verkrampft, so einseitig, so unzufrieden mit uns und der Welt. Wie glücklich und erfüllt wirken dagegen spielende Kinder – und spielende Katzen. Ein fortgeschrittener Katzenfreund wird es lernen, wieder zu spielen, ab und zu mal etwas zu tun, was »nur« Spaß macht, wird lernen, den Streß zu vergessen und sich zu entspannen!

Leben mit Katzen, das ist nicht nur ein faszinierendes Abenteuer, es ist ein Schritt auf einem neuen Weg, eine andere Art zu leben. Man braucht sich nur mitreißen zu lassen. Niemand kann sich so wundervoll entspannen wie eine Katze. Wie sie schon daliegt, die Hinterpfoten in die Luft gestreckt, den Kopf nach unten gehängt! Unwillkürlich legt man sich abends im Bett auch bequemer hin, probiert mal eine andere Schlafstellung aus, atmet gleichmäßiger und schiebt die Alltagssorgen beiseite. Morgen ist auch noch ein Tag. Mañana... Und wenn man dann ausgeruht aufwacht, geht einem alles viel leichter von der Hand.

Sie glauben, ich übertreibe? Durchaus nicht! Es scheint, daß Katzen geborene Lebenskünstler sind und wir die Chance haben, das von ihnen zu lernen – vorausgesetzt Sie hatten nicht 3 mal a als Testergebnis!

Literatur

Bayer, Ludwig, Katzen-Sprechstunde, Münster 1990

Brunner, Ferdinand, Die Katze richtig verstanden, München 1976

–, Die unverstandene Katze, Augsburg 1990

Bulla, Gisela, Katzen, München 1980

–, Katzenlexikon, Reinbek bei Hamburg 1986

Bulla, Gisela und Tina Walden, Reinbek 1992², Endzeit für Tiere, rororo

Cooper-Gay, Margaret, Umgang mit Katzen, Rüschlikon – Zürich 1977

Curtis, Patricia, Die Wohnungskatze, Köln 1990

Fox, Michael W., Versteh deine Katze, Rüschlikon – Zürich 1976

Golowin, Sergius, Göttin Katze, Goldmann 1989

Howey, M. Oldfield, Die Katze in Magie, Mythologie und Religion, Wiesbaden 1991

Hue, Jean-Louis. Katzen, Düsseldorf 1984

Leyhausen, Paul, Katzen – Eine Verhaltenskunde, Berlin und Hamburg 1982

Manolson, Frank, K wie Katze, Rüschlikon – Zürich 1981

Morris, Desmond, Die Körpersprache der Katze, München 1987

–, Katzen – Ihr Mythos, ihre Sprache, ihr Verhalten, München 1988

Müller, Ulrike, Katzen, München 1988

Schimmel, Annemarie, Die orientalische Katze, Köln 1983

Schmitt-Haussner, Gerd, Katzen, Stuttgart 1991

Szymkowiak, Margot, Katzensprache, München 1983

Turner, Dennis C., Das sind Katzen, Zürich 1989

Wolff, H. G., Unsere Katze gesund durch Homöopathie, Regensburg 1983

Bildnachweis

Alle Photos außer den im folgenden gesondert aufgeführten sind von Karin Skogstad (SAVE-BILD).

Ipo-Bildagentur:
I. Polaschek: S. 25, S. 95, S. 115, S. 117, S. 154, S. 227, S. 241, S. 244, S. 245, S. 249, S. 251

SAVE-VILD Bildagentur:
M. Wendler: S. 21

Silvestris:
F. Lane: S. 18
W. Layer: S. 222
W. Rohdich: S. 16
K. Wahl: S. 96

Die Illustrationen erstellte M. Hutschenreiter, München.

Register